◆ 文化津梁丛书 ◆

美国社会文化细节观察

简 悦 [著]

青年读者的热点 + 青年学者的视角
透视文化现象 触摸文化脉络
显文化选择之审慎 作文化交流之津梁

天津教育出版社
TIANJIN EDUCATION PRESS

图书在版编目(CIP)数据

美国社会文化细节观察 / 简悦著. —天津:天津教育出版社,2010.1
(文化津梁丛书)
ISBN 978-7-5309-5491-1

Ⅰ.美… Ⅱ.简… Ⅲ.社会生活—研究—美国 Ⅳ.D771.28

中国版本图书馆CIP数据核字(2008)第208410号

美国社会文化细节观察	简 悦 / 著	选题策划 / 袁 颖
		/ 王艳超
		责任编辑 / 袁 颖
		装帧设计 / 郭亚非

出版人	肖占鹏
出版发行	天津教育出版社
	天津市和平区西康路35号 邮政编码300051
	http://www.tjeph.com.cn
经 销	新华书店
印 刷	天津泰宇印务有限公司
版 次	2010年1月第1版
印 次	2010年1月第1次印刷
规 格	16开(787×1092毫米)
字 数	199千字
印 张	13.5
插 页	2
定 价	28.00元

目录

第一讲　冰山一角　　　　　　　　　　　　　　001

　　我听见美国在歌唱,我听见多姿多彩的欢歌。

第二讲　地理风景线　　　　　　　　　　　　012

　　美国之所以伟大,就在于它在地理和人口构成上的多样化。

第三讲　扣响法律之门　　　　　　　　　　　023

　　没有人凌驾于法律之上,也没有人低它一等;我们在让一个人守法的时候,也无须争得他的同意。

第四讲　合众为一国中国　　　　　　　　　　036

　　……每一个曾经生活在这里的美国人要么本身便是移民,要么是移民的后代。

第五讲　印第安人特写　　　　　　　　　　　054

　　美洲的原住民不到美国人口总数的1%,但是却代表着这个国家近半数的语言和文化。

第六讲　英语之旅　　　　　　　　　　　　　071

　　……恰如其分地使用新词语不仅能够使我们的语言变得丰富而有生命力，同时也能够成为我们表达新思想的工具。

第七讲　文学印象　　　　　　　　　　　　　086

　　让我重申，小说是一种印象，而不是一场争论。

第八讲　西部传奇　　　　　　　　　　　　　099

　　未来属于那些相信美梦的人们。

第九讲　向左走，向右走：枪支文化　　　　　111

　　由全体通过训练学会使用武器的人民所组成的训练有素的民兵是自由国家最好、最天然的保障……

第十讲　车轮上的国家　　　　　　　　　　　125

　　汽车既是这种分散化的原因，也是其结果，它与我们辽阔的疆域完美契合……

第十一讲　美式慈善　　　　　　　　　　　　144

　　真正的幸福并不是通过自我满足获得的，而是通过执着于某个崇高的目标而实现的。

第十二讲　"足球"都是圆的吗　　　　　　　156

　　毕竟，足球是你发泄攻击性，但却不会为此坐牢的绝纱方式。

第十三讲　节日欢歌　　　　　　　　　　　　169

　　人们所要从生活中获取的是源源不断的、真正的快乐。

第十四讲　民以食为天　　　　　　　　　　　　　　188
　　我们提供顾客所喜爱的食物,日复一日。

第十五讲　与艺术有关:《绝望主妇》的绝妙片头　　202
　　艺术是人表达自我,记录他的个性,对于他身处的世界的反应之欲望。

第一讲　冰山一角

I HEAR America singing, the varied carols I hear①…

——Walt Whitman

我听见美国在歌唱,我听见多姿多彩的欢歌。

——沃尔特·惠特曼

有人曾戏言,在美国最可怜的当属历史学家,因为与其他历史悠久的国家相比,美国显得太过年轻。短短两百多年的历史,哪里需要那么多的历史学家来研究?所以他们肯定是最容易失业的人。然而,就是这样一个年轻的国家,却给世界带来了很多惊喜与神话,似乎真的有些"Nothing is impossible"(没有什么是不可能的)的味道了。正因为如此,美国激发了很多人的好奇心,也吸引了众多关注的目光。美国作家厄内斯特·海明威(Ernest Hemingway,1899-1961)曾说过:"冰山运动的庄严就在于其只有九分之一露出水面。"(The dignity of movement of an iceberg is due to only one ninth of it being above water.)在我们走进美国社会文化水面之下的那九分之八部分之前,我们很有必要进行短暂的热身,先了解其水面上的"冰山一角"(the tip of

---

①　节选自《草叶集》(*Leaves of Grass*)中的诗歌《我听见美国在歌唱》(*I Hear America Singing*)。该诗为林肯总统被刺后不久所写,直到现在,美国的男女老少,皆能朗诵。那些衣帽商人也对该诗喜爱有加,他们常把这句诗作为商标,订在衣领上、帽沿边。人们都纷纷去购买标有这首诗诗句的衣帽。

1

the iceberg)。

一、国父(Founding Fathers)

在美国独立战争之后的一段时间里,联邦政府在对外贸易、货币以及国际关系等方面的一些问题上显得无能为力。美国也没有海军来保障国家安全。本已承认美国独立的英国又单方面违反《巴黎和约》(*The Treaty of Paris*)①,继续占领着美国西部的军事要塞。西班牙也对美国船只关闭了密西西比河流域,使之无法进入墨西哥湾。同时,年轻的联邦政府又不得不与印第安人和侵犯沿海的海盗开战。另外,独立战争以后,一些地方的人民由于经济原因而发生大规模的骚乱。在这种情况下,许多人提议建立一个强大的中央政府来应对这些内忧外患。在亚历山大·汉密尔顿(Alexander Hamilton,1755-1804)和詹姆士·麦迪逊(James Madison,1751-1836)等人的努力下,1787年在费城召开会议,各州均派出代表参加会议。在这些代表中有乔治·华盛顿(George Washington,1732-1799)、本杰明·富兰克林(Benjamin Franklin,1706-1790)、詹姆士·麦迪逊和亚历山大·汉密尔顿。当时由于托马斯·杰斐逊(Thomas Jefferson,1743-1826)正在巴黎出任美国驻法国大使,所以未能出席。美国人通常将他们称为"美国国父"。

二、山姆大叔(Uncle Sam)

"山姆大叔"是美国的绰号和拟人化形象。它源自1812至1814年间美英战争时期的一个历史传说。相传在纽约州的特洛伊城(Troy)有位年长的肉类加工商,名叫塞缪尔·威尔逊(Samuel Wilson)。他勤劳、诚实、能干,很有威信,人们亲切地叫他"山姆大叔"(Uncle Sam,Sam 为 Samuel 的昵称)。这位山姆大叔也是一位爱国者,他与父亲和哥哥曾参加过美国独立战争。在1812年的美英战争中,他的工厂与政府签订了一份为军队生产桶装牛肉的合同。美国政府每当收到他交来的经其亲自检验合格的牛肉,就将肉装入特制的木桶,并在桶上盖上"U.S."的记号,这是"Uncle Sam"各词首字母的缩写,而"美国"(The United States)的缩写也是"U.S."。于是,人们便把这两个名称合二为一

---

① 1783年9月签订,英国政府正式承认美国独立。

了,把"山姆大叔"当成了美国的绰号,并逐渐流传开来。

19世纪30年代,美国漫画家根据历史传说赋予"山姆大叔"以具体的人物形象,就这样,一位蓄着胡子的瘦高老头从此深入人心。"山姆大叔"身穿蓝色燕尾礼服和红蓝条相间的裤子,头戴星条旗纹样的高礼帽。他长着高高的鹰勾鼻,留着一缕山羊胡,身材又高又瘦,看上去神采奕奕。由于"山姆大叔"勤劳、开朗的性格和爱国热忱集中体现了美国人民的天性和精神,因此1961年美国国会正式承认"山姆大叔"为美国的民族象征。

美国人的代称,除了"Uncle Sam"外,还有"Brother Jonathan"和"Yankee"。"Brother Jonathan"代表美国人,源自华盛顿的好友——美国民族英雄、革命志士乔纳森·特朗布尔(Jonathan Trumbull,1710－1785)。据说,华盛顿经常向他请教问题,而且喜欢亲切地叫他"乔纳森兄弟"(Brother Jonathan)。至于"Yankee",最初是指在美国东北部新英格兰地区定居的殖民者。在美国南北战争(1861－1865)期间,"Yankee"的含义扩大了。南方军人把北方各州的士兵都叫做"Yankee",即"北方佬"。在第一次世界大战(1914－1918)期间,"Yankee"被简化成"Yank"。每当美国士兵唱起《扬克来了》(*The Yanks Are Coming*)这首歌时,欧洲那些处境艰难的协约国人民无不欢欣流泪。从那时起,"Yankee"对于欧洲人来说,就成了美国士兵或美国人的别称了。在拉丁美洲,"Yankee"拼写作"Yanqui"。在民族独立运动风起云涌的20世纪50年代,长期遭受美国剥削和压迫的拉丁美洲人民发出了"美国佬滚回老家去!"(Yanqui go home!)的吼声,以示对到处耀武扬威的美帝国主义的不满。

三、白头鹰(Bald Eagle)

人们常常用动物来展现民族精神和民族性格。例如,中国的象征是龙;英国的象征是狮子;加拿大的象征则是性格温和,善于潜泳、筑坝、搭巢的海狸(beaver)。美国人则把白头鹰作为国家象征。白头鹰的外貌美丽、体形巨大、动作有力,羽毛呈灰色,脑袋和尾巴则呈白色。它不仅代表着勇猛、力量和胜利,而且异常珍贵,只产于北美,现在大部分生活在美国的阿拉斯加州。白头鹰英文中的"bald"并不是指它是没有羽毛的秃鹰。该词追根溯源来自于"piebald",意思是"杂色的"、"有花斑的"。另外在《圣经》中,鹰也具有美好的象征意义:首先,鹰的翅膀有力,能迅速高飞;其次,鹰很长寿,每年都会换掉大量的羽毛,而在将近100岁时,便会脱掉所有的羽毛,生出新的来,返老还童,变成很"年轻"的样子。因此,当初以信仰基督教的WASP(White Anglo-Saxon Protestants,盎格鲁-撒克逊系的白人新教徒)为主流的美国人把白头鹰作为民族的象征真是太合适不过了!

1782年,大陆会议(the Continental Congress)宣布白头鹰为国鸟,希望这个新生的国家能够像白头鹰一样,展翅高飞,同时又具有长久的生命力。

有一些白头鹰甚至成为了美国的英雄。一只名叫"老阿比"(Old Abe)的白头鹰是美国内战时期威斯康星州一支部队的福星。它跟随这支部队转战14,000英里(约22,530千米),经历42场战役。敌军经常向它射击,但它最终却总能"全身而退"。

不过,本杰明·富兰克林不赞成把白头鹰作为美国的象征,而想把火鸡作为美国的国鸟。1784年,他在写给女儿的信中说:"白头鹰……品质恶劣;就像那些依靠抢劫过活的人一样,它穷困潦倒,肮脏不堪。"或许,富兰克林只是一时戏言,但这种说法却流传至今,人们总觉得他不喜欢白头鹰。

四、国玺(The Great Seal)

1. 正面

1776年7月4日,美国获得独立。大陆会议随即指派一个委员会负责设计国玺。这项任务意义非凡,国玺的设计必须能够很好地体现国父们的理想、价值观念,同时又能代表这个新生国家的主权与尊严。原先的设计方案与我们现在所看到的国玺有很大的不同。本杰明·富兰克林和托马斯·杰斐逊主张以摩西穿越红海离开埃及,而法老率众紧追不舍的圣经故事①为设计方案。另外,他们还想镌刻上一行格言:"反抗独裁者即是服从上帝。"(Rebellion to tyrants is obedience to God.)但是,这项计划却没有得以实施,而大陆会议于1782年6月20日通过了我们现在所看到的国玺设计方案。

---

① 源自《圣经》(旧约)中著名的《出埃及记》(Exodus),它讲述的是犹太人的"先知"摩西(Moses)带领受奴役的以色列人逃出古埃及的故事。在法老的军队追赶到红海边的危急时刻,摩西用上帝的手杖将海水分开,开辟出一条旱道,平安穿越了红海,而法老和他所率领的追兵却被合拢的红海海水吞没。

国玺分正反两面,一美元上就印着这两面的图案。国玺正面的图案也是美国国徽的图案(严格点儿说,二者唯一的区别是国徽上没有顶部的天空、云彩和星星图案)。

国玺上的每一个图案都有着特定的含义。正中是美国的国鸟——白头鹰。它右爪握着的是橄榄枝,橄榄枝上有13片叶子,代表着和平①;左爪握着13支捆在一起的利箭,代表着力量与团结。

白头鹰嘴里衔着一条飘带,飘带上有13个大写字母,是拉丁文"E PLURIBUS UNUM"(out of many, one),意思是"合众为一",表明美国是一个由不同民族融合而成的国度。

白头鹰胸前有盾形纹章,纹章上部有13条蓝色横纹。白头鹰的上方是圆形的蓝色天空图案,空中有13颗星,闪耀着金色光芒,白色的云朵环绕于天边。

国玺图案中的某些颜色也具有象征意义。白色代表着廉洁公正;红色代表着顽强勇猛;蓝色则是警醒、不屈与正义的色彩。

下面来看看美国国玺反面图案的含义。

2. 反面

图案正中的金字塔象征了力量与永恒。这座金字塔是未完工的,只修建到了13层,它表示美国的缔造者为美国立国、建国打好了基础,但仍然需要一代代的美国人继续努力,去完成建设美国这项宏伟的事业。塔尖上方被祥光所包围的眼睛,是上帝之眼,也是荣耀之眼。眼睛上部按弧形排列的是两个拉丁文单词"ANNUIT COEPTIS",共13个字母,译成英文就是"He [God], has favored our undertakings.",意为"天佑国事"。

金字塔的底层写有罗马数字"MDCCLXXVI"②,意即1776年,这是美国建国之年。在金字塔下方有一条呈半圆形摆放的彩带,上面写有大写的拉丁文"NOVUS ORDO SECLORUM",译成英文就是"a new order of the ages",

---

① 源自《圣经·创世纪》(Genesis)中诺亚方舟(Noah's Ark)的故事。诺亚把一只鸽子放出去,要它去看看地上的水退了没有。由于遍地是水,鸽子找不到落脚之处,又飞回方舟。七天之后,诺亚又把鸽子放出去,黄昏时分,鸽子飞回来了,嘴里衔着橄榄叶,很明显是从树上啄下来的。诺亚由此判断,地上的水已经消退。后世的人们就用鸽子和橄榄枝来象征和平。

② 这里 M = 1000, D = 500, C = 100, L = 50, X = 10, V = 5, I = 1,加起来是1776。

意为"旷世新政"。

起初,来到北美新大陆的人们认为自己是"上帝的选民"(God's chosen people),他们生活在一座"山巅之城"(a city upon a hill)①上,应该建立一个为世界其他国家所效仿的模范国家。他们的这些想法的确在国玺的设计上得到了很好的体现。而他们对上帝的信仰,对国家的憧憬,从这一方小小的国玺便能一览无余。

另外,我们不能不注意到"13"这个反复出现的数字。它象征着摆脱英国殖民统治组成联邦的 13 个殖民地②。

五、国家格言(National Mottos)

美国有两条国家格言,其一是"E Pluribus Unum"(out of many, one),为拉丁文,意思是"合众为一"。它最初出现在独立战争时期名为《绅士杂志》(Gentleman's Magazine)的出版物上。被美国国玺引用后得到广泛使用。

美国的另一条国家格言是"In God We Trust"(我们信仰上帝)。这四字箴言源于弗朗西斯·斯科特·基(Francis Scott Key)所写诗歌(后成为美国国歌)的最后一节:…And this be our motto: "In God is our trust."这是在南北战争时期,由美国公民和教会的牧师共同呼吁的,为的是承认神在美国的主权。它首次出现在 1864 年的银币上。国会于 1955 年立法通过了美国现行货币印有"In God We Trust"的字样,并于 1956 年同意将其作为国家的座右铭。迄今为止,美国是世界上唯一一个在货币上印有"上帝"(God)字样的国家。虽然美国宪法规定美国实行政教分离,但是"上帝"已经渗透到人们的生活之中,并随着货币的流通而在现实世界中真正实现"God is omnipresent"(上帝无处不在)了。

---

① 清教领袖约翰·温思罗普(John Winthrop,1588 – 1649)在《基督教慈善的规范》(A Model of Christian Charity)的布道词中说:"我们应该是一个山巅之城,人们的眼睛在看着我们。所以我们在执行上帝的使命时有任何差错,上帝都不会再帮助我们,我们也将成为世人的笑柄。"

② 它们分别是:康涅狄格州(Connecticut)、特拉华州(Delaware)、佐治亚州(Georgia)、马里兰州(Maryland)、马萨诸塞州(Massachusetts)、新罕布什尔州(New Hampshire)、新泽西州(New Jersey)、纽约州(New York)、北卡罗莱纳州(North Carolina)、宾夕法尼亚州(Pennsylvania)、罗得岛州(Rhode Island)、南卡罗莱纳(South Carolina)和弗吉尼亚州(Virginia)。

六、国歌（National Anthem）

美国独立战争结束后，美英之间的主权之争并未停止。作为英国殖民地的加拿大省，人口稀少，防御松懈。美国欲向北扩张，并且期待加拿大居民将美国军队视为解放者。美国声称大英帝国在以下三个方面侵犯其主权：1. 英国不遵守美国独立战争后双方于1783年达成的《巴黎和约》，拒绝移交西部地区军事要塞，并且武装印第安人，威胁美国的西部边陲；2. 英国皇家海军拦截美国商船追捕逃兵，强征美国海员入伍——这些人虽然出生于英国，但已归化为美国公民；3. 英法之间的拿破仑战争导致的贸易禁运，使上百艘美国商船被英国皇家海军扣押，美国的中立国地位未被尊重。1811年，美国众议院的鹰派议员鼓动战争。1812年6月18日，詹姆士·麦迪逊总统向国会发表演讲后，国会投票通过向英国宣战。美英两国之间爆发了美英战争，这是美国独立后的第一次对外战争。

律师弗朗西斯·斯科特·基（Francis Scott Key）在巴尔的摩目睹了英军对麦克亨利堡的进攻和美军的英勇抵抗。1814年9月13日凌晨，他透过炮火的硝烟，看到一面美国国旗仍然在城堡上空迎风飘扬，立即被这景象所深深感染，他随手写下了几行诗。第二天，他把诗稿送给法官尼科尔逊（Nicholson），得到大力赞赏，法官建议用一首当时非常流行的曲子——由约翰·斯塔福德·史密斯（John Stafford Smith，1750–1836）作曲的"致天堂中的安纳克雷恩"（*To Anacreon in Heaven*）作为配曲，同时将歌名定为《星条旗之歌》（*The Star-Spangled Banner*），这首歌深受美国人民的喜爱，很快就在全国范围内传唱开来。1931年，这首歌被正式定为美国国歌。它虽然有四段歌词，但实际上人们几乎只唱第一段，而不唱其他部分，特别是第三段带有反英情绪的歌词。歌词原文如下：

Oh, say can you see by the dawn's early light
What so proudly we hailed at the twilight's last gleaming?
Whose broad stripes and bright stars through the perilous fight,
O'er the ramparts we watched were so gallantly streaming?
And the rocket's red glare, the bombs bursting in air,

Gave proof through the night that our flag was still there.
（合唱）
Oh, say does that star-spangled banner yet wave
O'er the land of the free and the home of the brave?

On the shore, dimly seen through the mists of the deep,
Where the foe's haughty host in dread silence reposes,
What is that which the breeze, o'er the towering steep,
As it fitfully blows, half conceals, half discloses?
Now it catches the gleam of the morning's first beam,
In full glory reflected now shines in the stream
（合唱）
'Tis the star-spangled banner! Oh long may it wave
O'er the land of the free and the home of the brave.

And where is that band who so vauntingly swore
That the havoc of war and the battle's confusion,
A home and a country should leave us no more!
Their blood has washed out of their foul footsteps' pollution.
No refuge could save the hireling and slave
From the terror of flight and the gloom of the grave.
（合唱）
And the star-spangled banner in triumph doth wave
O'er the land of the free and the home of the brave.

Oh! thus be it ever, when freemen shall stand
Between their loved home and the war's desolation!
Bles't with victory and peace, may the heav'n rescued land
Praise the Power that hath made and preserved us a nation.
Then conquer we must, when our cause it is just,

And this be our motto: "In God is our trust."
（合唱）
And the star-spangled banner in triumph shall wave
O'er the land of the free and the home of the brave.

中文大意：
哦，你可看见，透过一线曙光，
我们对着什么，发出欢呼的声浪？
谁的阔条明星，冒着一夜炮火，
依然迎风招展，在我军碉堡上？
火炮闪闪发光，炸弹轰轰作响，
它们都是见证，国旗安然无恙。
（合唱）
你看星条旗不是还高高飘扬
在这自由国家，勇士的家乡？

透过稠密的雾，隐约望见对岸，
顽敌正在酣睡，四周沉寂阑珊。
微风断断续续，吹过峻崖之巅，
你说那是什么，风中半隐半现？
现在它的身上，映着朝霞烂漫，
凌空照在水面，霎时红光一片。
（合唱）
这就是星条旗，愿它永远飘扬
在这自由国家，勇士的家乡。

都到哪里去了，信誓旦旦的人们？
他们向往的是能在战争中幸存，
家乡和祖国，不要抛弃我们。
他们自己用血，洗清肮脏的脚印。

那些奴才、佣兵,没有地方藏身,
逃脱不了失败和死亡的命运。
(合唱)
但是星条旗却将要永远飘扬
在这自由国家,勇士的家乡。

玉碎还是瓦全,摆在我们面前,
自由人将奋起保卫国旗长招展。
祖国自有天相,胜利和平在望;
建国家,保家乡,感谢上帝的力量。
我们一定得胜,正义属于我方,
"我们信仰上帝,"此语是我们的格言。
(合唱)
你看星条旗将永远高高飘扬
在这自由国家,勇士的家乡。

七、星条旗(The Star-Spangled Banner)

美国国旗是星条旗,旗面左上角为蓝色星区,区内共有9排50颗白色的五角星,以一排6颗、一排5颗交错排列。星区以外是13道红白相间的条纹。50颗星代表美国的50个州,13道条纹代表最初北美的13个殖民地。

1777年6月14日,大陆会议通过了美国第一面正式国旗的设计方案,这面旗帜俗称"星条旗"。此后,它又经过三次较大的修改,但仍保持以蓝底白星和红白相间的条纹为基本特征。根据1818年4月4日通过的《国旗法》,只能在7月4日美国独立日这一天对国旗做出修改。最近的一次修改是在1960年夏威夷正式成为美国的一个州后做出的。

美国第一次大规模的国旗纪念活动是在1876年建国100周年时。1949年,国会正式确认每年的6月14日为美国国旗日(Flag Day)。每逢这一天,各州都要举行各种纪念仪式,并在公共场所悬挂国旗,以示敬意。每年7月4日,举国更是成了星条旗的海洋。天黑以后,人们携带国旗纷纷涌入当地的市中心(Downtown),举行各种露天音乐舞蹈艺术表演并观看焰火,自发地庆祝这一美国获得独立的日子。

在美国,按照惯例,每当国旗升起时,着便装的戴帽者,须用右手将帽子摘下,举在左胸前;未戴帽者,以立正姿势对国旗行注目礼;穿军装者,则行军礼。1942年制定的法令规定,美国人对国旗宣誓时,应取立正姿势,右手郑重地放在左胸前,以示对国旗的崇敬。

为了保证每个新入籍的移民对美国的忠诚,美国每年都要举行移民入籍仪式,成千上万的移民在美国国旗下,集体宣誓效忠美国(take the Oath of Allegiance),然后才能获得公民资格,成为美国的正式一员。迄今,学校、少儿组织或在其他庄严场合举行升旗等活动时,大人、孩子都要对着星条旗诵读《效忠国旗宣言》(the Pledge of Allegiance)。这一宣言已经被一代代美国孩子宣读了一百多年,关于这段誓词的产生还有一段小故事。1892年,为了纪念哥伦布发现新大陆400周年,美国各学校纷纷举行庆祝活动。波士顿的一家少儿杂志《少年伙伴》(The Youth's Companion,又名《青年伴侣》)杂志社的编辑弗朗西斯·贝拉米(Francis Bellamy,1855－1931)在该杂志的第八期上发表了一段誓词,以方便孩子们记忆,在庆祝活动时诵读。誓词全文是这样:"我宣誓忠实于美利坚合众国国旗,忠实于她所代表的合众国——苍天之下一个不可分割的国家,在这里,人人享有自由和正义。"这就是最早的誓词版本,后来这个誓词几经修改,成为今天我们能够看到的版本:

I pledge allegiance to the Flag
of the United States of America,
and to the Republic for which it stands:
one Nation under God, indivisible,
With Liberty and Justice for all.

在美国,不允许将旧国旗随意丢弃在垃圾箱里,而要将其烧掉或者埋葬,并且还要举行一个庄重的"国旗葬礼"。如果不知道如何办理这一仪式,可以把旧国旗交给当地的童子军团队(Scout)①,这些组织性强而又训练有素的孩子们对此类活动十分"轻车熟路"。

---

① 在美国有 Boy Scout(男童子军)和 Girl Scout(女童子军)组织。

第二讲 地理风景线

America is great because it has as much diversity in geographies as it does in peoples.

——Aurora Raigne

美国之所以伟大,就在于它在地理和人口构成上的多样化。

——奥罗拉·瑞格尼

说到美国,可以用两个最简单的词来形容,一个是"多",即民族多;另一个是"大",即国土面积大。从美国地图上看,那绵长的国境线给人以巨大的视觉冲击,国土面积大得时而会让人有"空旷"之感。这样的地理环境给人的感受,用法国人种学家克格德·莱维·斯特劳斯的话来形容最为恰当,那就是我们会感受到"精神上的撞击"。

美国西部的太平洋和内华达山脉(Sierra Nevada)以及东部的大西洋和阿巴拉契亚山脉(Appalachian Mountain Range)勾勒出美国大陆上 48 个州的版图。在南部,它以墨西哥湾(the Gulf of Mexico)和里奥格兰德河(Rio Grande River)①为界,与墨西哥相邻。北部的圣劳伦斯河(St. Lawrence)和大湖区(the Great Lakes)将美国与加拿大分隔开来。世界第三大河——密西

---

① 美墨界河。因为河床经常移位而引起的关于两国边界的争议长达近百年。1963 年,两国签订条约,将河流改道部分的领土平分,各得 0.78 平方千米土地,并决定修一条新运河,把这条新运河当做两国的新边界。

西比河(the Mississippi)将整个大陆地区一分为二。横亘在阿拉斯加和新墨西哥州之间的落基山脉(the Rocky Mountain)成为美国西部一条天然的分界线。

这样的自然、地理环境造就了美国各地不同的人文风貌。

一、新英格兰

新英格兰(New England)所指的是位于美国大陆东北角、濒临大西洋、毗邻加拿大的区域。新英格兰地区共包括美国的六个州,由北至南分别为:缅因州(Maine)、新罕布什尔(New Hampshire)、佛蒙特州(Vermont)、马萨诸塞州(Massachusetts)、罗得岛州(Rhode Island)、康涅狄格州(Connecticut)。来自新英格兰地区的人,常被称为"New Englander"。马萨诸塞州首府波士顿(Boston)是新英格兰地区最大的城市以及经济、文化中心。相比其他地区,新英格兰地区的面积算是小的。这里既没有一望无际的肥沃土地,也没有温和宜人的气候。然而,它在美国的发展中却曾经起到过主导作用。从17世纪到19世纪很漫长的一段时间里,新英格兰一直是美国的文化和经济中心。

1620年,100多名清教徒乘着"五月花号"(Mayflower)来到北美大陆,建立了普利茅斯(Plymouth)殖民地——普利茅斯是北美第二个、新英格兰第一个英国人的永久定居点。多年之后,普利茅斯殖民地被并入了马萨诸塞殖民地中。

1629年,英国人约翰·温斯罗普(John Winthrop,1588 – 1649)带着一批清教徒建立了马萨诸塞湾殖民地。温斯罗普一行已不再对英国政府抱有任何幻想,他们的宗教信仰在大英帝国无法得到承认,像很多到殖民地开拓新生的欧洲人一样,他们对曾经的生活心灰意冷,对未来的希望却不曾泯灭。温斯罗普等人只需要征服波涛汹涌的大洋,迎接他们的将是不存在宗教压迫的北美大陆,那将是他们人生的崭新起点。在马萨诸塞湾殖民地,温斯罗普等人需要做的,就是专心致志地按照《圣经》(Bible)所说的去构建"山巅之城"(a city upon a hill)——一座全人类的"灯塔",一个与英格兰不同的全新的英格兰。而在这里,理想也确立了新英格兰人的身份,即他们是"上帝的选民"(God's chosen people)。在温斯罗普还没有到达美国海岸时,就已经筹划好了新生活的蓝图。他们的生活将在新英格兰变得单纯而神圣,而北美大陆就是他们大显身手的舞台。

同是这片热土,也孕育出了霍桑(Nathaniel Hawthorne,1804 – 1864)和梭罗(Henry David Thoreau,1817 – 1862)等美国文豪。在波士顿的北面有个名叫女巫镇(Salem)①的地方,霍桑就是这里的人。在女巫镇,我们能看到霍桑的惊悚小说《七角楼》(The House of Seven Gables)中的主要场景。在波士顿西北部的康科德(Concord)小镇,梭罗写下了著名的《瓦尔登湖》(Walden)。这些人的出现,为新英格兰增添了许多人文气息。

新英格兰地区的口音也很独特,是美国上流社会交际使用的标准口音。据说美国各大广播电台、电视台的播音员多出自此地。

在新英格兰地区,很难发现像美国南方那样大片的耕地。丹尼尔·布尔斯廷在《美国人建国历程》中说:"这里也不产胡椒、咖啡、糖或者棉花,也没有其他大宗的农产品可以向世界出口。"因此,最初到达这里的殖民者便专注于海洋事务(新英格兰的海鲜在美国也是很有名的),例如捕鲸和捕鱼。马萨诸塞州曾经就以丰富的鳕鱼(codfish)资源而闻名。鳕鱼之于他们,近乎于神圣。马萨诸塞议会甚至批准将鳕鱼的图像悬挂在会议大厅。直到20世纪中期,鳕鱼还仍被视为该州的图腾。海洋给了这里的人们赖以生存的生命线。

同时,这种独特的地理环境也造就了新英格兰地区浓厚的商业氛围,熏陶出许多商业奇才。正如丹尼尔·布尔斯廷所说:"新英格兰的最大资源只在于其人精手巧办法多,以大海为依托,化恶山恶水为丰饶的货场。"很多新英格兰人也正是以此积累起了人生的第一桶金。

今天,冰是美国人日常生活的必需品。在美国,由冰(ice)所生成的词语更是多得不胜枚举。在冰的推广上,菲德瑞克·都铎(Federic Tudor)可谓功不可没。

都铎攻克了保存冰的一系列技术难题,设计出一种地上冰库,使冰的损

---

① 1692年1月在这个小镇上举办了女巫审判,共有19人因此上了绞刑台,17人死于牢狱,而起因不过是因为某一位医生在一次出诊时,将久病不愈的病人判断为是被施了妖术的缘故。这段历史为这个小镇蒙上了神秘的面纱,但也因此吸引了众多慕名而来的观光客。

耗率从60%降至8%。他还与合作伙伴韦思(Wyeth)一起改进了采冰的方法,极大地提高了冰的运输效率。最初,人们完全要靠人工一块一块开湖凿冰,开采出的冰形状十分不规则,难于运输,同时损耗也非常大,所以往往是事倍功半。韦思从冬季冰上雪橇留下的辙痕中获得灵感,发明了一种用马拖拽的切冰机。有了这种机器,只需要少量的人力便可以获得大量方正而整齐的冰块。此外,韦思还发明了一种扫冰机。

都铎在新英格兰的各大湖泊区采冰的同时,也打破了瓦尔登湖的宁静。梭罗在其《瓦尔登湖》中就记载了都铎公司采冰人采冰时的场面:

> 百来个爱尔兰人,在新英格兰的带领下,每日从坎布里奇来取冰。他们按韦思的办法(众所周知,且不细表)切成冰块,用滑板拉到岸边,然后利用马匹拉动爪钩、花车,尽快调运到一个冰场上去,平平整整好似一桶桶面粉,叠成堆垛,一行挨着一行,一层高似一层,简直像个方尖塔基,大有矗立云霄之势。他们告诉我说,天气良好时,他们一天就可凿取上千吨的冰,采凿面积大约一英亩……他们又告诉我说,清塘那边有些冰库里的冰已经入库五年了,还完好如故……查尔斯顿、新奥尔良,以及马德拉斯、孟买、加尔各答等地挥汗如雨的人,可谓无不饮于我的井中……瓦尔登湖清洁的湖水已经与恒河的神圣之水混在一起了。

都铎公司所制的冰,不仅热销美国酷热的南方,同时还远销至加勒比海地区、中国以及印度。就这样,波士顿的冰成了重要商品,也为新英格兰打开了通往世界市场的大门。

新英格兰留给美国的另一项伟大的遗产是教育。它是美国法律学院的发源地,美国第一所法律学院是由塔平·里夫于1784年在康涅狄格州里奇菲尔德创立的。常春藤联盟(Ivy League)中的八所高等学府中就有四所座落在新英格兰地区,它们分别是哈佛大学(Harvard University)、耶鲁大学(Yale University)、布朗大学(Brown University)和达特茅斯学院(Dartmouth College)。此外,这里还有著名的麻省理工学院(Massachusetts Institute of Technology,即 M.I.T.)等。

二、中西部

中西部是美国北方向西的进一步延伸。在独立战争和1812年美英战争以后，北方各州的人民开始纷纷向西迈进。1848年后，欧洲保守的君主实行了复辟，很多欧洲北部国家的人民也被"美国梦"所深深吸引，他们迫切地希望到美国去，获得属于自己的农场，或者找到一份能果腹的工作。现在，中西部的美国人大多是德国、波兰、挪威等北欧国家的后裔。

很多中西部的美国人将这里视作美国的"心腹之地"(heartland)。这片土地始终保有一种难能可贵的宁静。这里既没有南方奴隶制度所引发的战争以及战争遗留下的疮疤，也没有大西洋沿岸那么多终日西装革履、忙忙碌碌的资本家与银行家，所以，相对来说，这里的民风更加淳朴，人们诚实、坦率，并且脚踏实地。就连当地人的口音也是平的(flat)。他们崇尚变革，心胸开阔，但在日常生活中却恪守着美国传统的价值观念。

1862年颁布实施的《宅地法》(Homestead Act)为中西部地区的发展壮大提供了坚实的基础。在各国移民中，俄罗斯移民的贡献非常巨大。他们初到这里时，从俄罗斯干草原(Russian Steppe)①带来了小麦种子。小麦很快在这片肥沃的土地上生根发芽，成为最主要的粮食作物。

中西部大部分地区为平原。密西西比河是这里的生命线。密西西比河得名于居住在美国北部威斯康星州的阿尔贡金人。阿尔贡金人是当地印第安人的一支，他们把这条河流的上游叫做"密西西比"。在印第安语中，"密西"意为"大"，"西比"意为"河"，"密西西比"即为"大河"或"河流之父"的意思。密西西比河的源头在明尼苏达州(Minnesota)，它一路向南流淌，最后注入新奥尔良南端的墨西哥湾。它丰沛的河水滋养和灌溉了沿途一半左右面积的良田。滔滔不绝的河水像乳汁一样哺育着密西西比河整个流域的人们，美国人民感恩于密西西比河的慷慨，将密西西比河尊称为"老人河"。密西西比河以东是绵延的山区，河西则相对平坦，以农牧业为主，是全国重要的"农业面包篮"(agriculture breadbasket)、"肉库"(meatpacking)以及"乳品

---

① 欧俄大陆地区树木稀少而多草的大平原。起于摩尔多瓦最南端，经乌克兰南部、顿巴斯(Don Basin)等地。

天地"(dairy land)。除此之外,中西部也深得世界上最大的淡水湖群——大湖区(The Great Lakes)的滋养。它们不仅为人们提供充足的饮用水,还是这里与大西洋沿岸地区间航运的纽带。

此外,中西部还孕育了芝加哥(Chicago)、底特律(Detroit)、克利夫兰(Cleveland)等一批工业、制造业城市。汽车、化工以及钢材成为这里的特色产业。当然,"特产"之一还有环境污染。在20世纪80年代,大湖区的生态环境遭到破坏。流经克利夫兰商业区的库雅荷加河(Cuyahoga)时有火灾发生,原因就在于河水内有太多的石油化工物质。

在两次世界大战期间,中西部成为饱受奴役与压迫的非洲裔美国人的天堂。以前人种学家分别将黄、白、黑三个人种称为"蒙古人种"、"高加索人种"和"尼格罗人种"。"尼格罗"(negro)是拉丁语,意思是"黑色的",在美国种族歧视现象猖獗时,逐渐演变成对黑人的诬蔑性语言,意思等同于"黑鬼"。"Nigger"的说法也是对他们的一种侮辱。美国黑人民权运动崛起后,这些单词都逐渐被弃用,黑人采用"黑色的"(black)自称。20世纪60年代后,因为以肤色称呼人种被认为是不够正确的,所以这个词也被弃用。现在使用最多的、也最为客观友善的说法是"非洲裔美国人"(African Americans),因为美国黑人的祖先来自非洲。这些非洲裔美国人相信在这里总能过上好日子。二战后,随着经济的繁荣,又有大批非洲裔美国人移居至此。于是,本地人与外来人口之间就工作机会和住房展开了激烈的争夺。这为中西部带来了诸多不稳定的因素。

20世纪80年代,中西部的汽车以及炼钢业受到来自美国之外的企业的挑战。大批工厂倒闭,工人失业。很多人在这里的"美国梦"化成了泡影,转而到别处谋寻出路。在那个不景气的时期里,农业这一中西部传统的产业,为其经济复苏提供了强大的动力。

如今,这里的汽车工业又一次崛起。很多地区都实行了振兴经济的计划。随着环境的改善,商业区的日渐繁荣,大批旅游者和艺术品资助人纷至沓来。同时,由于中西部的人口增长率比较低,需要积极吸引其他州的移民。例如,爱荷华州(Iowa)是个人口老龄化较为严重的地区,迫切需要吸收新鲜血液,包括劳动力和纳税人。

在多方面的努力之下,从20世纪90年代起,中西部的经济形势开始好转,犯罪率也有所下降,治安状况得到明显改善。中西部又一次焕发出了生机。曾经臭名昭著的芝加哥,更是决心要成为全美最绿色、最环保的城市。它大力开发和利用太阳能以及风能,解决了近20%的能源需求。同时,为了减少汽车尾气的排放,政府还专门修建了自行车道(bike path)。很多建筑物也安装上了能够更好地利用能源的门窗。

三、西部

西部最显著的特征是地广人稀。即便是在人口2,000多万的得克萨斯州(Texas),也有大片土地尚未得到开垦。广袤的处女地(virgin land)继续着这个国家向西扩张的梦想。在这种向西扩张的进程中,以及在随之而来的新机会与质朴的原始社会不断的碰撞中,美国人所推崇的自力更生、足智多谋、团结友爱、机会平等等思想也逐渐根深蒂固,成为美国人性格中的主导,形成了一种伟大的"拓荒精神"。

西部还是印第安人之乡(Indian Country),这里有一些印第安人保留地(reservation)。除了得州之外,其余各州均是在独立战争和内战之后加入联邦的,所以很多人认为这里缺乏历史感,而是以"新"(newness)字当头。"新",恐怕是对这里最好的一个注解。

活跃于荧屏之上的西部电影将西部放大在人们眼前。移民们举家迁徙的四轮马车(wagon)、牛仔的历险、白人与印第安人之间连年的战争,似乎成了西部最广为人知的主旋律。

西部的气候比其他地区要干燥,有"大平原"(The Great Plains)和"美国大沙漠"(The Great American Desert)之称。因此,从20世纪20年代开始,这里修建了许多大型水坝(dam)。亚利桑那州(Arizona)的凤凰城(Phoenix)、内华达州(Nevada)的拉斯维加斯(Las Vegas)、新墨西哥州(New Mexico)的阿尔伯基克(Albuquerque)等城市,都随着水利灌溉系统的发展而进一步壮大起来。水对于西部来说,是最为宝贵的资源,在西部人看来,哪怕是一滴水都可以灌溉一块草坪。

西部的另一个特殊性还在于,这里聚居着大量的Chicanos。Chicanos是指在美国出生的第二代墨西哥美国人。在墨西哥战争后,美国从墨西哥拿走大半疆土,所以大量的墨西哥人涌入美国,壮大了美国本已人数众多的拉美人(Latino)的势力。

西部有一个非常特别的州——犹他州(Utah),这里以摩门教(Mormon)著称。当年,在摩门教的掌门人约瑟夫·史密斯(Joseph Smith)死后,杨佰翰(Brigham Young)成了摩门教的继承人,教名为"末世圣徒教会"(Church of Jesus Christ of the Latter Day Saints)。但是,当时的摩门教臭名昭著。1847年,末世圣徒教会信徒为逃避迫害向西艰苦跋涉,杨佰翰将包裹放在大盐湖岸边,希望他的团体能最终在此和平的生活。他在查看了这片看似贫瘠的荒地之后,说了一句流传至今的话:"这就是我们要找的地方。"(This is the place.)之后,摩门教信徒就在此安顿下来,建立了美国历史上居住者在宗教信仰方面最为同质的城市——盐湖城(The Salt Lake City)。这座城市中的居住者几乎全都是摩门教徒。直到1869年,横穿大陆的铁路修好后,才带进大批外来者。

西部的大部分土地为联邦政府所有和管理,也有些土地为私人所有。例如,美国有线电视新闻网 CNN(Cable News Network)的创始人泰德·特纳(Ted Turner)就在蒙大拿州(Montana)、新墨西哥州(New Mexico)以及内布拉斯加州(Nebraska)拥有八个大农场,专门为美国最大的野牛群(buffalo)提供草场。很多美国人对此提出了质疑,他们要求政府更多地考虑地区的发展,而不要过度地进行动物保护。这恐怕也是动物保护主义者所面临的最大课题:究竟是动物重要,还是人重要?

西部各州还极力要联邦政府给予各州更多的自治权利,减少联邦政府的干预。正因为如此,在2004年美国大选中,他们也把选票更多地投给了支持这一主张的共和党人乔治·布什(George W. Bush)。

四、太平洋边缘地区

顾名思义,该地区位于太平洋沿岸。美国的海军(US Navy)、海军陆战队(Marine Corps)、空军(Air Force)在这里部署了大型的战略基地,其中以夏威夷群岛上的珍珠港(Pearl Harbor)因二战而最为著名。

太平洋沿岸的各州有着截然不同的历史背景。但是,在经济上,它们却彼此紧密联系。从往来上来看,它们更多地面向亚洲国家和地区。

阿拉斯加以因纽特人(Inuit)为主。夏威夷群岛上以波利尼西亚人(Polynesian)和日本人后裔居多。加利福尼亚(California)是亚洲移民进入美国的最主要的通道。

1845年,英国政府割让了俄勒冈(Oregon)和华盛顿。1848年,美国从墨西哥取得加利福尼亚州。1867年,美国以7万美元的价格从俄罗斯手中购得阿拉斯加。对于很多美国人来说,阿拉斯加地广人稀,这使它成为美国版图上"最后的边疆"(the last frontier)。

从历史上讲,西班牙人曾控制着加利福尼亚州。19世纪,约翰·萨特(John Sutter)在加利福尼亚的萨克拉门托附近发现了金矿。冒险商人、操纵者兼土地投机家布兰纳将发现金矿的消息扩大到全世界,从而开启了沸沸扬扬的"淘金热"(gold rush),随之也引发了一波又一波的移民浪潮。

不仅如此,加州的气候宜人,地理位置优越,风景如画。所以,这里的人口到现在仍在继续增长。加州的人口已经占美国总人口的12%,首府洛杉矶(Los Angles)也紧随纽约市之后,成为全美第二大城市。

洛杉矶最大的产业当属梦工厂——"好莱坞"(Hollywood)。从这里诞生的电影成了联系各地区美国人的桥梁和纽带。加州还在飞机制造等高科技产业方面领跑全国。加州有一个非常值得思考的现象,那就是在2000年的时候,这里的非白人人口总数首次超过了白人。

太平洋沿岸分布着一些活火山,火山喷发以及地震多发于此。其中以中部太平洋的夏威夷群岛最为活跃。

太平洋为这一地区的渔业发展提供了平台。一些大江湖泊盛产大马哈鱼(salmon)和贝类产品(shellfish)。仅阿拉斯加就有成千上万的人从事着与大马哈鱼有关的职业。

从加州到阿拉斯加,生长着大片的杉树林(fir tree forests)。加州红木(California Redwood)和巨杉(giant sequoia)是世界上最大的树种之一,大约有4,000年的历史。联邦政府在加州、俄勒冈州和华盛顿地区所属辖的森林面积与宾夕法尼亚全州的面积相当。

五、南方

美国的南方拥有欧洲殖民者在北美历史最为悠久的殖民地,如西班牙属圣·奥古斯丁(St. Augustine),英属殖民地弗吉尼亚州(Virginia)的詹姆士镇(Jamestown),法属路易斯安那州(Louisiana)的新奥尔良(New Orleans)。

南方人对英国传统情有独钟。"詹姆士镇的移民在1619年就模仿着英国的样子,建立起北美大陆上第一个代议制机构——下议院。在此后很长一段时间,弗吉尼亚一带的人都梦想着过上英国乡绅般的日子,他们的言谈举止、生活方式都刻意模仿英国,弗吉尼亚的贵族们就在不知不觉间领略到英国自由主义的灵魂。美利坚合众国最初的五位总统中,有四位都来自于弗吉尼亚,这并非是一种巧合。"在现代,总统吉米·卡特(Jimmy Cart)和比尔·克林顿(Bill Clinton)也都是南方人。

南方人的身份认同感大概来源于它独特的历史。奴隶制、种族主义、在内战(南北战争)中的失利,乃至其温暖的气候,均造就了南方人独特的生活方式与性格气质。

南方方言以南方腹地(Deep South)①的特点最为突出。南方人在说话时语速缓慢,他们的口音混合了非洲以及苏格兰风格。他们那种慢慢悠悠的腔调被称为"南方腔"(Southern drawl)。有些作家特意将"well"写成"w-e-e-e-ll",以突出南方人拖长的元音。

19世纪时,南方人喜欢射击比赛,最受欢迎的形式是"射牛",最吸引人的游戏是"斗鸡"(cock-fighting)和"赛马"(horse-racing)。后来,斗鸡游戏逐渐在南方消失,而赛马运动则成为美国主要的体育项目之一。

从殖民地时期起,南方所出产的烟草、棉花、大米、蔗糖就源源不断地销往海外市场。最早定居在南方的人大多是英格兰和苏格兰的新教徒,他们从非洲贩卖奴隶,在南方建立起一个等级社会。后来由奴隶制引发了内战。南方输掉了这场战争,曾经给他们带来巨大利润的奴隶获得了解放。这在南方人的心理上留下了一块难以愈合的伤疤,直到今天,这项"输掉了的事业"(lost cause)仍然令南方人困惑。

1976年,卡特成为总统,这犹如给南方人注射了一针强心剂。因为在此以前,南方一直都好像是北方在国内的殖民地一样,为北方提供廉价的劳动力和原材料,十足是在"为他人做嫁衣裳"。

---

① 主要以阿拉巴马州、佐治亚州、南卡罗莱纳州和北卡罗莱纳州为主。

在过去的半个多世纪里,"新南方"成为美国"阳光地带"(sun belt)①的一个组成部分。这里不仅有充足的阳光,同时也以崛起的姿态创造了很多的就业机会,因此吸引了大量移民。现在,墨西哥和越南移民成为了南方人口中的新生力量。

过去人们总认为南方人说话慢,脑子也慢,文化程度低,而且那里的宗教气氛浓厚,工资水平也位居美国全国之末。然而现在,埃默里大学(Emory University)、佐治亚理工学院(Georgia Institute of Technology)、杜克大学(Duke University)等一大批南方学府开始声名鹊起,正积极地帮助南方改变它给人们留下的印象。

---

① 包括美国南部15个州的地区。东南起自维吉尼亚和佛罗里达,西南抵内华达,包括加利福尼亚南部。另外,美国北方和中西部由于经济衰退而被称为"冰雪地带"(snow belt)。

第三讲　扣响法律之门

No man is above the law and no man is below it; nor do we ask any man's permission when we ask him to obey it.

——Theodore Roosevelt

没有人凌驾于法律之上,也没有人低它一等;我们在让一个人守法的时候,也无须争得他的同意。

——西奥多·罗斯福

　　法律在美国人的生活中从来都占据着极其重要的地位,最为明显的佐证就是,以法律为内容的影视作品在美国长期盛行不衰。在美国的大银幕上,从来都不乏以法律为内容的经典电影,《正义法庭》(Rules of Gagement)、《正当防卫》(Just Cause)、《最后时刻》(Reversble Errors)、《我要活》(I Want to Live)、《死囚漫步》(Deadman Walking)、《毒气室》(The Chamber)、《铁案悬迷》(Life of Davd Gale)、《公民露丝》(Citizen Ruth)、《杀戮时刻》(A Time to Kill)、《吉迪恩号角》(Gdeon's Trumpet)、《杀死一只知更鸟》(To Kill a Mockingbird)、《我要求审判》(Nuts)、《好人无几》(A Few Good Men)、《诱惑法则》(Laws of Attraction)、《律政俏佳人》(Legally Blonde)、《无罪的罪人》(Presumed Innocent)等等,不胜枚举。只要你想,你就可以从美国的电影史上找出一堆以美国的法律为主要题材的电影来看。而且并不仅仅是在大银幕上,美国的各家电视广播公司也都争先恐后地推出了一系列律政题材的电视剧来满足对此兴趣十足的美国观众的口味。从《律师本色》(*The Practice*,1997 年首播)、《法律与秩序》(*Law & Order*,1999 年首播)系列、《波士顿法律》(*Boston Legal*,又译《律师风云》,2004 年首播)、《正义律师》(*Just Legal*,2005 年首播)、《正义》(*Justice*,2006 年首播),到现在的《法庭内外》(*Raising the Bar*,2008 首播),美国的电视上从来都不乏这种题材的剧集。仅仅是从这里,我们就已经可以发现美国民众对于法律的关注度与热衷程度。事实上,在现实生活中,美国人也绝对是这个世界上最爱打官司的一群人,他们可以将生活中的任何一件事情都最终归结到法律的问题上去解决。

一、美国的法律文化

美国法是普通法系(common law system)中的一个重要分支,是在继承和改造英国法的基础上发展起来的。而所谓的"普通法系",又称"英美法系"、"判例法系"、"海洋法系"和"英吉利法系",与大陆法系①并称为当今世界最主要的两大法系。普通法系的主要范围包括:英国本土(苏格兰除外)、爱尔兰、美国(路易斯安那州除外)、加拿大(魁北克省除外)、澳大利亚、新西兰、印度、新加坡、缅甸和中国香港地区。普通法系重视"遵循先例",并且极端注重司法程序。

普通法系最先从英国起源,随着英国对诺曼的征服,英国的版图不断扩大。英国国王为了便于在原本实行不同法律的地区进行统治,便在司法审判的过程中大量地引用当地的习惯法,于是便慢慢地形成了英国独特的"普通法系"。后来,随着英国的殖民扩张,英国的版图也就不断扩大,"普通法系"便也就随着英国版图的扩大而被传播到了其他地区。

美国法在很大程度上受到了英国法的影响。1607 年,当英国在北美开辟了第一块殖民地——詹姆士镇(Jamestown)的时候,英国法律自动在美国生效。因此,美国法从一开始就被深深地打上了英国法的烙印。而在美国的独立战争(American War of Independence, American Revolutionary War,

---

① 又称民法法系(civil law system)、罗马-日耳曼法系或成文法系。在西方法学著作中多称为民法法系,中国法学著作中则惯称大陆法系。指包括欧洲大陆大部分国家从 19 世纪初以罗马法为基础建立起来的、以 1804 年《法国民法典》和 1896 年《德国民法典》为代表的法律制度以及其他国家或地区仿效这种制度而建立的法律制度。

1775—1783)时期,出于对英国的盲目抵制,很多律师和法官拒绝在法庭上援引英国判例法,甚至还有几个州通过法律,禁止援引英国在美国独立后发布的判决。而在抵制英国法的同时,美国又因法国与其盟友的关系而明显地受到了法国成文法(Statute)①的影响。于是在很短的时间之内,美国的立法机构便制定出了一系列成文法律,如1781年的《联邦条例》、1787年的《联邦宪法》、1789年的《司法条例》以及1789年的《权力法案》等等。尽管美国人曾经如此急切地想要摆脱英国对其的统治和影响,然而事实上,美国法却自始至终都没有脱离普通法系的范畴。毕竟,对于已经深受英国法影响多年的美国人来说,还是普通法系更适合于这个地区和生活其中的人们。

众所周知,美国是一个实行三权分立制度的国家。根据美国1787年的联邦宪法,联邦政府由国会、总统和联邦法院构成。其中国会拥有立法的权力,是最高立法机构,有权弹劾总统和法官。总统是国家元首和行政首脑,由选举产生。而联邦法院则由几名终身任期制的大法官组成,是最高的司法部门,对宪法和各项法案有最终解释权,有权裁决涉及国家和各州之间的重要案例。联邦最高法院之下,还设有其他各级法院。

三权分立的制度是为了防止独裁统治的出现,然而对比一下,我们会发现,在国会、总统和联邦法院这三者之间,因为法院的判决必须得依靠政府行政部门的配合才能够实现,所以看起来联邦法院似乎是相对势微的机构。可以想象,如果联邦法院的判决得不到行政部门的配合和支持,那它不过就是一个徒有发言权的空架子而已。但是事实上,美国的法院却绝不是一个徒有其表的空架子,否则,美国人也就不会这样热衷于到法院中去寻求解决问题的途径了。

那么,法院这个依赖于行政部门的配合来行使其权力的机构,又是从哪里获得这种让行政部门不得不老老实实进行配合的力量呢?这正是来自于美国民众对于宪法如同对于宗教一般的热忱。事实上,这是一个互为因果的有趣问题。民众因其对法院的无限崇敬而赐予了法院以极高的权威,而法院又因为这种权威而成为美国民众心目中解决问题的最终机构。

---

① 是指由各国的立法机关根据宪法的授权,按照一定的立法程序制定的具有普遍效力的法律条文。

二、美利坚合众国宪法及修正案

美利坚合众国宪法(Constitution of the United States),通称美国联邦宪法或美国宪法(U.S. Constitution)。它是美国的根本大法,奠定了美国政治制度的法律基础。美国宪法是世界上第一部成文宪法。1787年5月,美国当时13个州的代表在费城(Philadelphia)召开了制宪会议。同年9月15日,制宪会议通过《美利坚合众国宪法》。1789年3月4日,该宪法正式生效。后面又附加了26条宪法修正案。

美国宪法规定美国实行联邦制,肯定了以立法、行政、司法三权分立为基本制度的资产阶级民主共和国政体。美国宪法第六条第二款将其本身的地位表述为"国家的最高法律"。而法院所拥有的违宪审查的权力,即根据宪法确定国会的立法是否合法并有效的权力,则成为了司法独立的重要基石,保证了法院实实在在地成为了独立于国会和总统之外的有效机构。

三、美国法律中的关键词

1. 律师

律师在美国社会中占据了极其重要的地位。也许正如托克维尔[①]所说:"美国没有真正高贵或有教养的人,人们对富人持不信任的态度。因此,法学家(实指法律实践家,如律师和法官等)形成了一个高等政治阶级……如果有人问我美国的贵族在哪里,我会毫不犹豫地回答,他们不在富人中间,富人没有把他们团结在一起的共同纽带。美国的贵族是从事律师职业和坐在法官席位上的那些人。"[②]

律师在美国法律中更是担任着极其不可或缺的位置。美国的权利法案的第六条表明,允许被告人有按他们的意愿聘用律师并有禁止法院拒绝这项帮助的权利。但是事实上,这条法律原本不过是保护了有钱人的权利罢

---

① 托克维尔(1805-1859),法国历史学家、社会学家。主要代表作有《论美国的民主》第一卷(1835)、《论美国的民主》第二卷(1840年)、《旧制度与大革命》。《论美国的民主》使他享有世界声誉。

② 【法】托克维尔,董果良译:论美国的民主上卷,北京:商务印书馆,1997年,第308页。

了，毕竟对于很多穷人来说，就算他们有权聘请律师，可是实际上他们却没有能力去这样做。直到 1963 年，这种状况才因为发生在美国佛罗里达州帕拿马市的一件抢劫案而改变。

1961 年，一个叫做克拉伦斯·吉迪恩的贫穷白人因为涉嫌一件抢劫案而被警察逮捕。在法庭上，他请求法官为他免费提供一名律师进行辩护，但这个要求遭到了法官的拒绝。无奈，吉迪恩只能自己为自己进行辩护，但是最终，他被判了 5 年有期徒刑。服刑期间，吉迪恩在狱中的图书馆中刻苦自学法律，并最终给当时美国最高法院的大法官写了一封申诉书。在申诉书中，吉迪恩声称，美国宪法第六条修正案规定，被告人在法庭受审时有权请律师为其辩护，但他因为贫穷而被剥夺了这项权利，所以法庭对他的判决是不公正的。最高法院的大法官在看过吉迪恩的申诉书后，同意了吉迪恩的申诉。最高法院在判决书中强调，要各级法院免费为被控刑事重罪的贫穷被告免费指派辩护律师。1972 年，这一项裁决又惠及到所有即将被开庭审判的受审判者。至此，律师成为所有刑事案件中的一个必要存在。

而在美国的民事诉讼中，律师也代理了绝大多数的案件。通常只有在涉及到极少的款项时，民事诉讼的当事人才不会聘请律师。而一旦他们聘请了律师，那么在绝大多数的情况下，民事案件的主动权便会被移交到律师的手中，由律师来决定提交什么诉讼文件，如何辩论，将向法庭提交哪些证据以及如何提交等等。

而这些在法律实践中扮演了如此重要角色的律师们，则在美国民众的心目中塑造了极其复杂的形象。一方面，他们是正义的捍卫者；另一方面，他们又是邪恶的诡辩者。其实，这又同律师的职业道德有关。谈到律师，就很难不涉及到美国律师的职业道德问题。然而作为一名律师，究竟是应该维护人们普遍认同的"正义"，还是应该维护自己的职责，对于任何人来说都是一个两难的问题。

也许律师本身并不认为自己所代表的一方站在了"正义"的一面，不论是作为刑事案件的律师，还是作为民事案件的律师，只要身为律师，便很难不碰到这样的情况。身为律师，其职责就是帮助自己的客户尽可能地完成其在法律允许的范围内的希望和要求。在这种情况下，律师本身便被推到了一个尴尬的境地。

不过我们倒可以从另外一个角度来对律师的这种尴尬境地做出一种更为明晰的把握。在很长的一段时间内,美国的律师是不被允许用打广告的方式来为自己招揽客户的。然而在 1976 年,毕业于亚利桑那大学法学院的约翰·贝茨(John R. Bates)和范·斯蒂恩(Van O'Steen)却明知其不可为而为之,在当时的《亚利桑那共和报》上刊登了一则涉及到两人的主要服务范围和收费标准的广告。这则广告不仅很快为两人带来了大量的客户,同时也引来了州律师协会的关注。最后,这一案件被送到了美国联邦最高法院,联邦最高法院以七票对两票做出了有利于两位律师和他们的广告的判决。最高法院认为,在全美禁止律师广告的职业守则属于违宪行为,从而使得律师广告得到了合法的承认。

不论当初美国的律师协会禁止律师广告的真实意图是什么,但从这一事件中我们可以发现,律师广告之所以被禁止长达几十年之久,是因为律师这个职业本身的特殊性。律师,除其本身的职业性质外,同样也具有社会服务的性质。在某种程度上,它同公务员一样,要负担起引导和改善社会的职责。律师广告的最终解禁,向人们展示了律师这个职业商业化的一面,它也同其他职业一样,要顺从商业规则的运作。正是律师职业的这种双重性质,导致了律师本身有时不得不身陷双重道德标准的矛盾中。

姑且不论律师本身的道德困境,也不必去理会连美国人自己也还没有争辩明白的这种律师职业化究竟是好是坏的问题,我们相信,一名律师,不论他是多么的机敏善辩、巧舌如簧,他始终都要依据法律来解决问题。法律是律师的武器,并且也是唯一的武器。但是,法律却不是只属于律师的武器。

2. 法官

同律师一样,法官也是法律活动中的一个重要主体。在美国这样盛行判例法的国家里,法官对于一件案子的判决,不仅会影响到案件当事人的权利和义务,而且还有可能在今后其他的判决中被引申和应用。在某种程度上,甚至可以说,是美国的法官一直在创造着美国的法律。这样,我们就不难看出法官在美国的法律实践中究竟占据了怎样重要而不可替代的地位。

值得注意的是,美国的法官并不是由选举产生的,而是由总统进行直接任命的,并且法官的任期为终身制。托克维尔在《论美国的民主》一书中说:

"一个外来者最难理解的,是美国的司法组织。在他看来,简直没有一个政治事件不是求助于法官的权威的,因此,他自然会得出结论说,法官在美国是很强大的政治势力之一。"①诚然,美国虽然是三权分立的国家,而法官也本应该只在司法系统中起作用,但是事实上,法官们却又是一股非常重要的政治势力。因为在美国,法官们的手中掌握着违宪审查的权力,这不仅可以让他们充分的保有司法系统的独立权力,更可以让他们在必要的时候根据宪法来判定政府的行为或是国会的立法是否因违宪而失去效力。因此,为了确保自己的政治要求可以更为顺畅地在司法系统中得到贯彻,美国的历任总统都非常重视联邦法官的任命。

美国的宪法规定,美国最高法院的大法官,包括首席大法官,都由总统任命,并经参议院批准。对于低级的联邦法官的任命,国会的立法也做出了同样的规定。也就是说,法官的任命权很大程度上掌握在总统的手中,所以总统为了让其自身的政治理念得以贯彻到司法部门,总会尽可能地选择与其站在同一阵线上的人,即同一党派的人来担任法官或大法官一职。

尽管法官的任命是由总统来完成的,但法官的权威却是由美国的民众给予的。前文我们已经说到,美国的司法部门作为一个单纯的裁决部门,并没有任何实际意义上的权力。但是由于美国民众对于司法裁决以及法官本身的无上崇敬,使得法官们的判决具有了极大的效力。在美国,就算是一个人站在白宫之中对总统进行辱骂,那也算不得是什么了不起的大事。但是若有人胆敢在法庭上对法官出言不逊,那么他就很有可能要被判处徒刑。法官的权威来自于民众,所以尽管他们因为终身任期制而并不需要担心自己的事业会因为民众的反对而受到威胁,但在绝大多数时候,法官们却还是因为极其在意自己在民众心目中的形象而愿意对民众负责。

3. 陪审团

在美国,虽然在法律实践中,律师和法官都占据着非常重要的位置,但是事实上,真正要对一件案子进行裁决的,却是一群也许并不精通法律的普通人,在法庭上,他们被称做"陪审团"。

---

① 【法】托克维尔,董果良译:论美国的民主上卷,北京:商务印书馆,1997 年,第 109 页。

在美国,陪审团一般由十二个人组成,他们是法庭上非常重要的裁判组织,负责对案件的认定工作。在通常的情况下,陪审员作为公众的代表,根据诉讼一方所提供的证据来确定他们是否有权被满足其所提出的相应的诉讼要求。在陪审员做出判断的时候,甚至有所谓的"不遵守法律"的权力——因为他们的判断并非是根据美国的法律条文,而是根据他们在生活中所获得的常识性判断。

陪审团的十二名成员通常由法院所在地的选民组成。法官在选民名单中随机抽取一些符合条件的人,这里的所谓"条件"其实非常简单,只是要求陪审员是美国公民并且没有犯罪前科等等。在法官抽取出陪审员的候补名单之后,再由控辩双方在这些候选人当中排除一些他们认为对案情具有某种强烈倾向的人,以尽可能地挑选出立场公正之人。控辩双方都可以就某一问题向这些候选陪审员提问,如果他们认为候选人的回答表达了强烈的倾向性,就可以要求陪审员退席出局。而如果这些候选陪审员在回答问题的时候故意隐瞒了自己的倾向,那么一旦被发现,他们就有可能面临一场指控。在挑选出双方都认为合适的十二名陪审员之后,这些陪审员便会受到行动上的限制。他们不被允许与任何人,包括其他陪审员讨论案情,不被允许擅自离开法庭,不得使用电话,不得接触外部信息。这所有的一切,都是为了让他们在不受丝毫干扰的情况下做出自己对于一个案情的判断。而就算是在法庭之上,陪审团其实也并不一定就能看到所有的证据。比如,有的证据与案情本身并没有太大的关系,但却有可能影响到陪审员对嫌疑人的态度,这时,这些陪审员便会被请出法庭,而由公诉人和律师在法官的主持下来讨论这些证据是否应该被陪审员看到。并且,在案件的审理过程当中,法官也会按照法律,对陪审员做出各种复杂而详尽的指示,如在对被告的各项指控当中,区分"罪"与"非罪"的法律标准是什么,对于什么证据可以不予采纳等等。不过在这整个法律过程当中,陪审员都不可以直接询问证人,询问证人的工作只能交给律师或是公诉人来做。最后,当双方所有的证人都被询问结束之后,陪审员就要对案件进行讨论并做出裁决。陪审团成员在最后的投票过程中不可弃权。对于一般的民事和刑事案件,只要陪审团通过九票就可以达成判决。而在指控谋杀的案件当中,陪审团则必须一致通过才能够达成判决。否则的话,陪审团就要进行重新审议。

当然,在面对这样的陪审团制度时,我们不禁会问,美国为何要坚持由一些也许对法律毫不了解的普通人来裁决一件件的案子呢?毕竟,这些人没有丝毫的法律专业知识,在进行裁决的时候他们是很有可能依靠自己的感觉而不是法律来做出判断的。何况,政府还要为请他们在自己的工作时间来到法庭而付出一定的补偿。这样做有没有意义呢?我们可以从这样的一种角度来看待这一问题。法律,作为一种维持社会基本秩序的存在,其实是掌握在少数人手里的。尤其是在美国这样一个以法律条款纷繁复杂而著称的国家里。在美国,恐怕就算是律师跟法官们也无法背出所有的法律条款来,对于普通的民众来说,法律就更是让人无法轻易琢磨得透的东西了。但是,因为有了陪审团制度,法律便不会成为只掌握在少数人手中的武器,而会成为绝大多数人用以保护自己的利器。可以说,正是有了陪审团制度,美国的法律才会是属于美国绝大多数人的法律。

4. 证人

因为在美国的庭审过程中,对于证人的交叉询问是其中最为重要的一个环节,所以证人也是谈及美国的法律时不得不说的一个关键词。

证人通常分为涉案证人和专家证人两类。其中涉案证人是指与案件本身有关的证人。关于涉案证人,一个非常重要的问题便是"品格证据"。在美国,证人的"品格证据"受到极大的重视。美国的证据法规定,如果证人的品格被证明有缺陷而不适合担任证人,那么他的证言就可能不被采纳。所以在法庭上,律师们便经常性地就证人的"品格证据"大做文章。比如,他们会出示一系列也许与本案并无关系但却可以证明证人经常撒谎的证据,来向法庭显示证人的证言并不可信。或者,他们也会揪住证人在法庭上说出的某句谎言不放,而让陪审团相信该证人的全部证词都不可信。这是律师们常常在法庭上采用的办法。而有的时候,证人们则要为自己在法庭上的谎话面临伪证的指控。

除涉案证人外,专家证人也是美国法庭中常见的重要证人。从世界范围看,美国比其他国家都更多地使用了专家的证言。然而对于专家证言的可信程度却历来有着无数争议。但这丝毫不妨碍一个又一个美国专家坐到法庭的证人席上来,也丝毫不妨碍这些专家们从他们的雇主那里拿到他们应得的那部分证人费。

5. 媒体

乍看之下，媒体似乎应该与美国的法律没有什么太大关系，但是事实上，随着媒体的无孔不入，他们却在潜移默化地影响着法庭对案件的审理。

首先，媒体通过对事件的倾向性报道影响着美国民众对事件的看法，而民众的这些看法又势必会影响到法官的判断。其次，尽管在理论上来讲，陪审员不得接受有关案件的任何外部信息，但是事实上，在我们今天这样一个信息社会里，要想确保陪审员们对于外界的信息和倾向性言论达到完全不知的状态却是一件根本不可能办到的事情。这也就是说，从某种程度上来讲，媒体的报道势必会对陪审团有一个先入为主的影响。

在这样的一个媒体时代，想要完全杜绝媒体的报道同样也是一件不切实际的事情。所以一旦媒体的报道有可能给案件的审理带来巨大影响，法院就可以采取一些措施来进行事后补救。

(1) 诉讼延期

当法院觉得媒体的报道有可能会对陪审团的情绪和判断产生影响的时候，法官就可以下令将诉讼延迟，等到法官觉得媒体的影响已经冷却而不致会影响陪审团对于案件的判断的时候就可以重新开庭。

(2) 变更审判地点

当法官认为当地的舆论已经完全受到媒体的影响而有可能做出不公正的裁决时，便可以将审判的地点改到同州的其他地区。不过很显然，在一个地方被大肆报道的新闻，并不可能到了同州的另一个地方就会完全消除影响，所以就算有这样的情况发生，恐怕这也是别无他法的权宜之计了。

(3) 更换陪审员

当法官认为原本的陪审员都已经受到媒体的极大影响而对案件具有了一定的倾向性时，也可以重新更换并选择新的陪审员。但是就算是选择了新的陪审员，也没有人可以保证这些新的陪审员就没有受到媒体的影响。

尽管有着以上的一些事后补救措施，但是我们可以看出，在现在的这个社会中，要完全消除媒体对于案件审理的影响，基本上是不可能的。可见，媒体实在是已经在这个看似与其无关的系统中占据了一个极其重要的位置。

6. 民事案与刑事案

在美国的法律史中,有一个非常有趣的案例,这便是辛普森案。

辛普森是美国的一个橄榄球明星。1994年6月12日,辛普森的前妻妮可和她的男友古德曼被发现死于妮可的公寓门前。很快,辛普森作为最大嫌疑人被警方逮捕并送上法庭。然而在法庭之上,尽管警方列出了一系列的证据来证明辛普森就是杀害两人的凶手,但是最后却因为证人证言和证据上的一点漏洞,最后陪审员一致判定辛普森无罪。

然而就在这件刑事案件以辛普森无罪释放了结之后,被害人妮可和古德曼的家人却又将辛普森告上了民事法庭。结果法庭判决辛普森败诉从而赔偿了原告一大笔赔偿金。

那么为什么同一桩案件,辛普森明明是在刑事法庭上被判无罪,后来却又在民事法庭上败诉了呢?原来美国证据法的一大原则,就是对刑事案件的证据和民事案件的证据的要求不相一致。在刑事案件中,因为被告所面对的控方所代表的是国家,被告等于是在以个人的力量与国家的力量进行抗衡,所以为了保证被告能够得到公正的判决,只有在排除了所有"合理的怀疑"的情况下,即除被告犯罪外所有其他可能的犯罪情况都被排除的情况下,才可以判定被告有罪。

然而在民事案中,对峙的双方就变成了个人与个人之间的较量。在这样的情况下,只要一方提出的可能性大于另一方提出的可能性,就可以判决可能性较大的那方胜利。

所以在辛普森案中,虽然辛普森被刑事法庭判决无罪,但在民事法庭中,他却因为杀害被害人的嫌疑大于没有杀人的嫌疑而被判要赔偿被害人家属一定数量的金钱作为补偿。

四、美国法律中的热点问题

同世界上任何国家的法律一样,美国法律之中也存在着一些一直被人争议不休却难有结论的热点问题。比如人权和民主的问题。

美国的法律里有一项非常重要的规则,即大家都非常熟知的"米兰达警告"(Miranda Warning)。这个规则的全部内容如下:你有权保持沉默;你所讲的一切都可能成为呈堂证供;在我们向你询问前,你有获得律师帮助的权力,询问时有权要求律师在场;如果你无钱委托律师,你可以获得一名由法庭指派的免费律师;如果你现在决定在没有律师的情况下回答问题,你可以随时要求停止询问,直到你与律师交谈。

不过在最开始的时候,这条规则并不存在。它起始于现在美国法律史上非常有名的米兰达诉亚利桑那州案。埃内斯托·米兰达是名有前科的中学生,他因为涉嫌强奸一名未成年少女而被逮捕。在将米兰达逮捕归案之后,警员们轮流盘问了这名嫌犯,最终米兰达在书面供认状上签下名字,承认了罪行。然而在法庭上,米兰达的律师却认为警方因为事先没有告诉米兰达他有权获得律师或可以不回答警方的问题而侵犯了米兰达的宪法权利。最后,米兰达将此事上诉到美国最高法院,而法院做出裁决,因警方确实违背宪法权利而推翻原案。米兰达一案在推翻供词的情况下被重新审理,法院仍然认定米兰达有罪。虽然米兰达的个人境况并没有因为案件重审而有所改变,但是"米兰达警告"却成了美国警方在逮捕嫌犯时必须要说的一段话。

虽然乍看起来,这不过是一种形式主义的东西,但它却在一定程度上反应了美国对于人权的重视。哪怕对象是嫌犯,也一定要将其所拥有的相关权利明确地告知对方。也正是基于这种对人权的重视的基础,美国宪法才能够成为美国民众心目中最为神圣的存在。

然而就在"9·11"事件过后,从出现以来便从未被动摇过的"米兰达规则"却遭到了质疑。因为要念出这样长的一段话来,就势必要影响到逮捕犯人的速度,所以也有人提议要将"米兰达警告"废除。

事实上,不仅仅是"米兰达警告",一向被美国人引以为豪的"人权"现在已经面临着极其可怜的境况。"9·11"事件之后,布什政府迅速出台了《国土安全国家战略》,美国各州也纷纷对这一立法给予了极大的回应和支持。国会和各州议会纷纷通过有关法令,允许在"国家安全"的名义下,对公民的自由和权利进行干预、限制。政府可以在未经法庭授权的情况下监听个人,可以随意地监视公民邮件,可以在不进行任何公开听证会的情况下将外国人遣返出境,等等。美国的民主和自由、美国的人权在"9·11"的阴影之下终于被逼到了极为尴尬的处境。

不仅仅是人权问题,在美国的法律中还有很多问题至今莫衷一是,无法得出统一的结论,如死刑的问题、枪支的问题、堕胎的问题等。

尽管在美国的法律之中还存在着这样那样的问题,但作为普通法系的重要一支,它也同样以其前沿性的法律理论和人性化的法律实践深刻地影响着全世界的法律进程。从美国的法律中,我们最可以借鉴的便是,它以其整个实践告诉我们,法律不单单只是法典上的一些条条款款,它更应该是人类最终的良知体现。

第四讲　合众为一国中国

Another way of indicating the importance of immigration to America is to point out that every American who ever lived, with the exception of one group, was either an immigrant himself or a descendant of immigrants.

——John F. Kennedy

另一种能够暗示出移民对于美国的重要意义的方法便是需要指出除了一个群体以外，每一个曾经生活在这里的美国人要么本身便是移民，要么是移民的后代。

——约翰·肯尼迪

美国有很多独特的地方，最典型的便是，它是一个移民国家。1492年，哥伦布发现美洲新大陆。17世纪后，欧洲殖民者开始相继涌入。1607年，英国人成为"第一个吃螃蟹的人"，一个仅有100多人组成的殖民者团体乘风破浪来到这个"新世界"（The New World）。此后，人们从四面八方移民至此，为人类移民史，更为美国历史书写下灿烂辉煌的篇章。

在殖民地时期以前，北美广大原野仅有印第安人和爱斯基摩人居住，之后这里成为欧洲国家人们的新家园。从英国、法国、荷兰、爱尔兰等国家移民而来的人们，与此前便生活在这里的人们，共同构成了这个年轻的国度——一个多民族共生共存的种族"大熔炉"（melting pot）。近400年来，美利坚民族已成为由100多个民族组成的混合体，移民的烙印深深刻在它的历史之中,就连矗立在纽约的地标建筑"自由女神像"(The Statue of Liberty)①也是在 1886 年从法国"移民"到这里的。

移民们出于各种原因,怀着各自的梦想,远涉重洋来到这片被赋予了无限遐想的土地上,在美国历史上掀起几次大的移民浪潮。可以毫不夸张地说,是移民造就了美国,是移民发展和改变了美国。

正如美国诗人沃尔特·惠特曼(Walt Whitman,1819 – 1892)在《在蓝色的安大略湖畔》(By Blue Ontario's Shore)这首诗中所写到的:

These states are the amplest poem,
Here is not merely a nation but
a teeming Nation of nations. ②

这些州是一首多姿多彩的诗歌,
这里不仅是一个国家
而是合而为一的国中之国。

诗中的"国中之国",一语道破了美国这个移民国家的历史背景。而在美国的国徽上,更是赫然用拉丁语写着"E PLURIBUS UNUM"(合众为一),足见移民在美国发展过程中举足轻重的地位以及不可磨灭的功绩。

---

① 这是法国在 1886 年送给美国独立 100 周年纪念的礼物,矗立在纽约港的一个岛上,就在埃利斯岛附近。自由女神穿着古希腊风格的服装,头戴光芒四射的冠冕,有象征着世界七大洲及四大洋的七道尖芒。女神右手高举象征自由的长达 12 米的火炬,左手捧着刻有"1776 年 7 月 4 日"的法典,脚下是打碎的手铐、脚镣和锁链——象征着自由和挣脱暴政的约束。花岗岩构筑的神像基座上刻着诗人埃玛·拉扎勒斯(Emma Lazarus)《新巨像》(The New Colossus)中的动人诗句:"将你疲倦的,可怜的,/瑟缩着的,渴望自由呼吸的民众,/将你海岸上被抛弃的不幸的人,交给我吧。/将那些无家可归的,被暴风雨吹打得东摇西晃的人,送给我吧,/我在金门旁高高地举起我的灯!"(Give me your tired, your poor,/Your huddled masses yearning to breathe free,/The wretched refuse of your teeming shore./Send these, the homeless, tempest-tost to me,I lift my lamp beside the golden door!)
② 该诗是惠特曼的诗集《草叶集》(Leaves of Grass)中的一首,作于 1856 年。

一、移民之旅

对于今天的人们而言,远行不过是一张车票、船票和机票那么简单。现代化的交通工具不仅拉近了人们与异地他乡之间的空间距离,也扫除了人们认识上的很多盲点。旅程是愉快而有着预期结果的。但是对于早年那些背井离乡移民到美国的人们而言,他们的海上旅行绝非是一种幸福的体验,而是有着太多九死一生的悲壮。他们的目的地,与其说是一片乐土,倒不如说是一个未知数,因为那里充满了不确定与无法预知的艰难险阻。过去成为了历史,而未来又是那么神秘莫测。

正如约翰·肯尼迪总统所言:"……但是在几个世纪以前,移民迁移意味着纵身跃入未知。它是一种极大的精神与情感担负。"(But centuries ago migration was a leap into the unknown. It was an enormous intellectual and emotional commitment.)对于很多早期选择移民的欧洲农民而言,这是他们人生第一次离开故土,离开他们无比熟悉的小村庄。在移民的征途上,他们要学会与同行的形形色色的人打交道,要处理各种以前从未遇到的问题,要想尽一切办法排除万难活下去。

为了能够前往"新世界"(The New World),早期移民不得不省吃俭用积攒路费。一旦时机成熟,他们便告别亲朋好友,踏上征途。对他们而言,这一别可能意味着永远再也无法与亲人团聚。在当时,移民们只能选择海路前往美国。为了能够抵达离境口岸,他们往往一路艰辛。有些人把一些家当装进小货车里便只身前往海港,在上船前再变卖这些家当。而有些人就没这么幸运了,他们随身携带的,只有自己的一身力气而已。为了糊口,他们不得不走走停停,在田间地头打些零工。对于早期移民而言,这一路绝非一帆风顺,而是充满着许多变数:有些人早已经疾病缠身;有些人则遭遇意外;有些人遇上风雨严寒无法成行;还有些人遇上了歹徒的劫持。

即便是好不容易来到了海港,早期移民们又不得不面对焦急的等待,短则几天,长则数月。这时,这些人只能挤进码头附近的小旅店里栖身。他们住的房间狭小而阴暗,连一张像样的床铺都没有,只能睡在稻草上。有些一间50多平方米的小房间里居然要住下40几位房客。期间,他们还要就路费的多少与船长或是船票销售代理商讨价还价。

直到 19 世纪中叶,移民乘坐的还只是帆船,最好的帆船大约有 300 吨重,船上到处都挤满了人,有时甚至多达 1,000 多人。当时,从利物浦到纽约要用上 40 多天。并且,由于受到自然条件、航运水平以及船员技术的限制,很难确定抵达目的地的具体时间。

海上的旅途也同样充满艰辛。移民们只能蜷身于甲板之下狭窄的低等仓里,在那里,身高 1.7 米左右的人是根本无法直腰站立的。打开船舱时,他们被冻得缩成一团;关闭船舱时,空气又令人窒息。船舱内光线微弱,让人分不清白天与黑夜。老鼠吱吱乱叫,还不时有风浪来袭。

他们每天喝的是定量供应的带有醋味的水(vinegar-flavored water)。移民们随身携带的食物往往是有限的,一旦把食物吃光了,他们就只能从船长那里购买高价的食物来充饥了。

由于船上的生活条件极其恶劣,疾病时常肆虐。很多移民死于霍乱(cholera)、黄热病(yellow fever)、天花(smallpox)、痢疾(dysentery)等传染病。每天都有因病而死的人被抛进大海。每十人中大约只有一人能够幸存下来。

当他们抵达美国这个"新世界"时,他们的感情是十分复杂的,既有兴奋与解脱,也有不安和惶恐。原有的生活方式被彻底抛弃,一切都将从零开始。

他们带来的钱和食物都耗费在了旅途上,所以他们根本没有时间休息缓冲,只能振作精神开始找活干,继续向前奔命。不容乐观的生存现状铸就了早期移民不断向前冲、向前闯(move on)的精神,而这种特质也似乎溶入了他们的血液,并世代相传,生生不息,成为美国的民族特性之一。

二、战前移民

第一波移民浪潮始于 17 世纪初。1606 年,伦敦的弗吉尼亚公司(Virginia Company of London)派遣出"发现号"(The Discovery)、"苏珊·康斯坦号"(The Susan Constant)和"幸运号"(The Godspeed)三艘木帆船,第一批英国殖民者搭载着它们来到弗吉尼亚永久性地定居下来。到 1607 年初,他们在詹姆士河口(James River)建立起第一个英国殖民地——弗吉尼亚。13 年后,一批流亡在荷兰的英国清教徒为了逃避本国政府的迫害,搭乘一艘名叫

"五月花号"(Mayflower)的船来到了北美。他们以波士顿为中心,又建立了一个殖民地——马萨诸塞。当时这个地方天气寒冷,一片荒凉。新来的移民们赤手空拳,缺衣少粮,大家依靠集体的智慧和艰苦的劳动,在当地印第安人的帮助下,终于度过了严寒、饥饿的冬天,在荒漠的土地上扎下根来。

当时的移民者相信,在新大陆上会有更多发迹的机会,同时他们也很渴望能够获得宗教自由,于是他们下定决心选择了离开家乡。在所有选择移民北美的团体中,这些早期的移民者面对的生存环境是最为艰苦的,但这也为一些社会变革的产生提供了一些前提条件。早期移民者一边与严峻的自然条件作斗争,一边按照自己的理想打造一个全新的社会。

当时移民北美的人来自许多国家,他们有着不同的种族与社会背景。有从英格兰来的契约佣工(indentured servant)①和为了积累财富而来的贵族,也有来自爱尔兰的破产农民以及从德国来的退伍军人、学者和知识分子。只要能够对殖民地发展有益,殖民地对他们几乎是来者不拒。

1. 英国移民

在第一批移民者中,英格兰人占据了绝大多数,他们奠定了现今美国制度与习俗的基础。使美国从语言到宗教信仰,从法律体系到政府形式,都打上了英国的烙印。随着美国的日渐成长壮大,这些与美国人生活息息相关的方面也都几经变化,但是早期英国移民为美国所注入的基本元素仍然保留了下来,并深深植根于美国人心中。

在美国有"里程碑州"、"美国的摇篮"之称的宾夕法尼亚州的历史,也与一位英国人有着很深的渊源。最早在这个地方定居的西方移民是瑞典人和荷兰人,但这个州的名称是英国教友派教徒威廉·宾(William Penn,1644 - 1718)定下的,是拉丁文,意思是"宾的林地"。当时,英国国王查尔斯二世欠他朋友威廉·宾的父亲——海军上将老威廉·宾(Admiral Sir William Penn)16,000 英镑的债——主要是拖欠的薪金和国库还给他的借款。威廉便要他用这块土地来抵偿债务。1681 年 4 月 4 日,查尔斯二世向威廉·宾颁发了特许状,将此地送给他,并为纪念他已过世的父亲的功绩,将此地命名为

---

① 这些移民到达北美后用劳动来支付从英国到北美的旅资,契约期一般为 4 - 7 年,期间可以被买卖。

"宾",加上威廉·宾为此地命名的"夕法尼亚"(指"林地"),宾夕法尼亚州由此得名。随后,威廉·宾带着3,000移民一起来到了宾州。费城是这个殖民地的心脏,在威廉·宾到来之后不久,这座城市就以宽广的林荫街道、结实的矿石房子和繁忙的码头驰名于世。

不少威尔士农民也毅然选择了移民。他们来到了宾夕法尼亚,成为那里最早移民的一部分。威尔士人之所以走上移民之路,除了受经济原因的驱使外,还有政治上的原因。他们中的一些威尔士民族主义者迫切希望能够在美洲这片新大陆上恢复威尔士的荣光,而不是活在英格兰人的阴影中。在17世纪后期,一批深受宗教迫害的威尔士教友派信徒也陆续到来,进一步壮大了威尔士移民的数量。如今,美国宾夕法尼亚州的布林莫尔(Bryn Mawr)和拉德诺(Radnor)等地名深深地打上了威尔士的印记。"布林莫尔"在威尔士语中有"大山"或"高山"的意思,而"拉德诺"则是威尔士的一个郡名。

爱尔兰人和定居在爱尔兰的苏格兰人也加入到了移民行列。他们在缅因州、宾夕法尼亚州和马里兰州荒凉的边疆地区安顿下来。在这些边疆造访者的推动下,苏格兰教会(即长老教)成为一股强大的力量。长老教信徒对美国高等教育的发展做出了很大贡献。1746年,他们建立了普林斯顿大学,之后又筹建了很多高等学府。

然而,正如托马斯·佩因(其本人也是土生土长的英国人)所说:"欧洲,而非英国,才是美国的祖国。"从欧洲其他国家而来的移民也从不同方面壮大、强盛了美国。

2. 法国移民

法国于1789年爆发了大革命,此后,原来趾高气扬的贵族渐渐没落。曾经受他们雇佣的音乐家、舞蹈家、教师以及假发制造者也因此没了生计,于是他们移民到了北美。他们带来了法国的烹饪艺术以及当时盛行于法国宫廷的沙龙舞(Cotillion)①、华尔兹以及四对方舞(Quadrille)②,为殖民地粗陋

---

① 19世纪流行的一种不断交换舞伴、穿插各种花样的轻快交谊舞。
② 也叫四对舞,是一种古雅的欧洲宫廷舞。这种舞蹈起源于英国,19世纪时在法国盛行,通常由8人一起跳,音乐节奏明快。

的生活方式带来了些许精致。从法国而来的移民也为美国的城市发展做出了贡献。美国首都华盛顿(Washington D. C.)就是由法国工程师皮埃尔·夏尔·朗方(Pierre Charles L'Enfant)主持总体规划和设计的,它成为第一个按照系统规划而建立的美国城市。

3. 瑞士移民

早期移民北美的瑞士人也为美国文化做出了自己的贡献。瑞士盛产能工巧匠,他们深谙用方正木材建造房屋的技巧,并把这种技术带到了北美。而这种结构的房屋日后也成为美国边疆的一大特色,这就是人们熟知的圆木小屋(log cabin)。

4. 犹太移民

犹太民族是一个到处流浪的民族,直到二战前还没有形成自己的国家。在美国独立战争爆发前,大约有2,000多犹太人从西班牙和葡萄牙移居至北美殖民地。他们主要分布在新阿姆斯特丹①和罗得岛的新港(Newport)。1763年,犹太人在新港建造了美国第一座犹太教会堂。这些犹太移民在新大陆上并不甘寂寞,他们充分发挥了经商的天赋,很多人都在与荷属西印度公司进行的糖、糖浆和糖酒②贸易中发了财,成为富贾一方的商人。

5. 德国移民

1683年,13个德国家庭来到了宾夕法尼亚州,成为最早移民美国的德国人。到独立战争爆发前夕,美国已有10万德国人及其后裔。在数量上堪与曾经最占优势的英国人比肩。

6. 意大利移民

在独立战争前,意大利人虽然并没有形成大规模的移民浪潮,但是他们却在当时美国的生活中扮演了不可或缺的角色。早在1610年,意大利工匠就被带到弗吉尼亚州,开创了当地的玻璃贸易。后来,又有一些意大利人来到美国种植葡萄园,筹建丝绸业。在各大城市里也少不了一些意大利医生、商人、小旅馆老板和教师。意大利音乐家到处开音乐会,办音乐学校。美国

---

① 荷兰殖民者为其命名。后来英国人从荷兰人手中夺回这片土地,并将其交给约克公爵(The Duke of York),更名为"新约克郡"(New York),简称"纽约"。

② 即朗姆酒(rum),是制糖业的一种副产品。它以蔗糖作原料,先制成糖蜜,然后再经发酵、发馏,在橡木桶中储存多年而成。

第一批雕塑家和室内设计师也大都是意大利人。

7. 其他国家移民

在独立战争前,美国还有一些波兰、希腊、斯拉夫和东欧以及南亚的移民。在独立战争爆发后,又有很多移民陆续来到美国,他们为战争的胜利做出了不可磨灭的贡献。

三、战后移民——"伟大的人类迁徙运动"

独立战争胜利后,美国的领土不断向西扩张,在经济发展上也逐渐走向了工业化的道路。新大陆的发展前景似乎一片广阔,这蒸蒸日上的情形为新一轮移民浪潮的兴起奠定了基础。当时的美国地广人稀,出于自身发展的需要,它向移民敞开怀抱。

在这一时期发生了被美国历史学家称为"伟大的人类迁徙运动"的移民高潮。

第一波发生在1820年至1860年,这期间移民总数高达500万。移民主要来自西欧和北欧,其中爱尔兰人大约200万,德国人大约170万,还有大量被贩卖到美国的非洲黑奴。同时,移民中也有少数来自亚洲,主要是来美国淘金的中国人。

第二次移民高潮是从1861年到1890年,约有500万移民来到美国。南北战争结束后,美国迎来了工业化的高峰期,对劳动力需求旺盛。为了吸引欧洲移民到美国来,1864年,林肯总统游说国会通过了《鼓励外来移民法》。国务卿西沃德甚至向美国驻欧洲的外交官发出通告,要求他们把吸引欧洲移民作为一项最重要的外交任务来对待。为了从欧洲招募熟练工人来美国工作,一些企业还组团赴欧洲招聘。它们在欧洲许多报纸上刊登广告,印发小册子,对有移民愿望的欧洲人描绘美国诱人的前景。一些企业还对愿意移民美国的欧洲人提供所需的路费。这一时期到来的移民通常被称为"老移民"(Old Immigrants)。

第三次高潮从1891年到1924年,移民人数猛增到2,350万。移民顶峰在1907年,达到128.5万人。这一阶段,美国政府多次立法,限制欧洲移民,排斥亚洲移民。来自英国、德国、瑞典等西北欧国家的"老移民"增长有限,但来自意大利、俄国等东南欧国家的"新移民"(New Immigrants)却增长迅速。

17世纪和18世纪,来自英格兰的移民占多数。但是到了19世纪上半叶,情况发生了变化,来自爱尔兰和德国的移民蜂拥至美国,取代英格兰人,成为美国移民的主要来源。从19世纪后半叶到20世纪初,意大利人和东欧人成为移民的主力。经过这三次移民高潮,1920年,美国的人口总数首次超过1亿。在1820到1920年的100年间,移民数量占美国人口年增长数的20%以上。

19世纪后期,进入美国的人是如此之多,以至于美国政府在纽约市的埃利斯岛(Ellis Island)上开设了一个专门的入境港。它成了美国的移民检查站和进入美国这个梦幻国度的前哨站,是美国移民史最好的见证。埃利斯岛也时常被称为"希望之岛"(Island of Hope)、"眼泪之岛"(Island of Tears)。因为如果能够顺利通过这个岛,就能够进入美国,前途就充满了希望,希望中依稀可以看见思乡的泪水。但是如果通不过,被拒的人就将被遣返回国,眼泪也会情不自禁地随着梦想的破灭而簌簌流下来。从1892年开放到1954年关闭,埃利斯岛成了1,200万人进入美国的门户。它现已作为自由女神像国家博物馆的一部分被保存了下来。

1. 爱尔兰移民

爱尔兰位于欧洲西北部,土地贫瘠,农业落后。土豆于17世纪初传入爱尔兰,在该国广泛种植——比在欧洲其他国家更普遍,并逐渐成为爱尔兰的主要粮食作物。爱尔兰有句俗语:"世界上只有两样东西开不得玩笑,一是婚姻,二是土豆。"在《爱尔兰大饥馑》这本历史学著作中,作者甚至写道:"在大饥馑发生之前,家庭主妇只知道怎样烧土豆,而把烤箱弃之不用;现在,学习烹调除了土豆以外的食物,成了她们最大的麻烦。"

1845年至1846年,爱尔兰爆发了土豆饥荒(the potato famine)。一种真菌首次侵袭爱尔兰,使土豆变黑,枯萎而死。由于爱尔兰的土豆品种不多,全部都没有抵抗真菌的基因,于是真菌很快肆虐全国。土豆收成全面减产,上百万爱尔兰人被饿死。大约150万男女老幼踏上了逃荒之路,移民至美国。

来到美国的爱尔兰人,大多是农村人、小农场主、佃农以及在农场务工的劳工。他们身份卑微,非常贫穷,一旦结束海上之旅上了岸,便再也没有多余的钱往远处走了,所以这些移民就主要集中在东部沿海的城市中。

这些移民中有文化的人很少,也没有什么一技之长,有些人甚至只能够说盖尔语(Gaelic)。初来乍到的他们,打扮得土里土气,操着浓重的乡村口音。另外,爱尔兰人信奉天主教,与以盎格鲁－撒克逊系的白人新教徒(WASP,White Anglo-Saxon Protestants)为主流的美国社会格格不入。因此,爱尔兰移民最初在美国受到了很大的排斥。早期的爱尔兰移民在漫画中甚至被丑化成类人猿,似乎只会酗酒生事。反天主教的一无所知党(The Know-Nothings)对爱尔兰移民极尽嘲弄、羞辱之能事,甚至施以暴力。在20世纪初,爱尔兰人所信奉的天主教还成为了三K党(Ku Klux Klan)攻击的目标。

爱尔兰人在经济上的处境也很尴尬。招工启示上特意标明"爱尔兰人不得申请"(No Irish need apply)。爱尔兰人所从事的通常都是一些少有人问津的体力活,如码头装卸工、挖沟工或是建筑工人。美国曾经开凿的一些主要运河以及不断向西延伸的铁路线,都留下了爱尔兰人的血汗。即便如此,他们的收入却仍然十分微薄,很难养活一家老小,所以妻子和女儿也必须要外出做佣人来补贴生活。

随着时间的推移,情况开始出现转机。那些没有多少文化的爱尔兰人深深懂得了教育的重要性,他们开始非常重视对子女的培养,希望通过教育来改变他们的命运。他们不仅成立了教区学校,还创办了一批天主教高等学府,如圣母大学(University of Notre Dame)、福德汉姆大学(Fordham University)、圣路易斯大学(St. Louis University)等。爱尔兰人的后裔逐渐在经济和社会地位上取得了一定的进步。他们不再只是单纯的从事体力活动了,有的人在先辈们开凿的运河边上建起了农场,也有的人成为了教师、记者和牧师,更有的人进入了法律界,并以此为通道进入政界成为政府官员。美国前总统肯尼迪就是爱尔兰裔美国人的杰出代表。

爱尔兰移民多了,也就把他们的文化带进了美国,并逐渐形成气候。他们在波士顿集会,庆祝圣帕特里克节(St. Patrick's Day),并举办节日游行。随后,一些爱尔兰人集中的城市,如纽约、芝加哥、费城等都先后跟进。起初,爱尔兰移民在美国庆祝圣帕特里克节时常常遭到主流媒体的讥讽。但是,爱尔兰移民在美国的选举制度中充分发挥了他们人多势众的优势,主动提升了他们的政治地位和社会地位,成为美利坚民族的重要组成部分。

如今，圣帕特里克节不仅仅是爱尔兰人的节日，也是美国人民共同庆祝的节日——尽管这个节日还没有成为美国的法定节日。美国人庆祝圣帕特里克节的规模也比爱尔兰本土要大得多。每逢3月17日，美国人通常要在许多大城市举行游行。在这些庆祝游行中，要数纽约市的游行规模最大、最为壮观，这俨然已经成为一种悠久的历史文化传统。现在，纽约的圣帕特里克节的盛大游行每年至少吸引200万人前来观看。芝加哥不但每年举办圣帕特里克节大游行，而且自1962年开始，还将芝加哥河水用蔬菜染料染成绿色，以增加节日气氛。每年3月17日，不管在美国的哪个地方，都能深切感受到圣帕特里克节在美国的重要。

2. 德国移民

从1830年至1930年的100年间，是欧洲人大规模移民美国的时期。这一时期，有近600万德国人移民美国。1850年后，爱尔兰移民趋势渐缓，而德国移民则在人数上后来者居上。

与爱尔兰移民最初聚居在东部沿海地区不同，大部分德国人到美国后分散而居，他们所从事的工作也是五花八门，而不仅仅局限于一些简单的体力劳动。其原因很简单，与赤手空拳移民的爱尔兰人截然不同，德国人往往是有备而来。他们来美国不是为了逃荒，而是被美国廉价的农庄以及公共、铁路用地所吸引。

德国移民成为美国社会一股不可或缺的力量，他们以不同的方式为这个年轻的国家贡献着自己的力量。

移民中有很多人在德国时是农民。他们不但勤劳，还深谙各种农耕方法，他们积极将科学农业、植物轮种、土壤保护等农业发展的理论推广到美国。在他们的努力下，曾经的西部荒地变成了一望无际的良田，他们为美国西部大开发和密西西比河谷的发展做出了巨大的贡献。

德国的技术工人技术纯熟，成为各方竞相征用的对象。他们来到美国后，纷纷进入木材、食品加工、酿造、钢琴制造、铁路、印刷、炼钢、电气工程等行业，成为美国工业化道路上的重要力量。

德国移民中还有一小部分政治难民。法国爆发大革命后，德国的改革呼声一浪高过一浪，这引起了当局的恐慌，他们开始限制人们的思想自由，对出版界、公共集会甚至各级学校、高等学府都实行了严格的审查制度。然而，有一批年轻的知识分子活跃在大学学府之中，积极酝酿着一场社会变革，希望将德国建成一个强大的民族国家和宪法国家。从1830年到1848年间，德国爆发了包括"保罗教堂运动"在内的很多革命运动，但均以失败告终。很多人因为政治原因而在德国无立锥之地，这些人不但受过高等教育，而且享有很好的社会地位，是不可多得的人才。美国瞅准这个机会，向他们伸出了橄榄枝，因此这些人以政治难民的身份来到了美国。卡尔·舒茨（Carl Schurz,1829－1906）就是这些难民中的一员。他在青年时代参加了1848年的德国革命，失败后于1852年以难民身份来到美国。他在美国政界十分活跃，加入了新成立的共和党，支持该党的废奴立场，并且长期担任报纸编辑，是一位知名人士。他还曾经担任美国驻西班牙大使、联邦军的将军、参议员和内政部长等职务。1859年在马萨诸塞州竞选参议员时，他发表了名为《自由与平等权利》（Liberty and Equal Rights）的演说。

在德国移民的影响下，清教徒式安息日（Puritan Sabbath）的传统也得以在美国人的日常生活中温和化。在当时，全美国严格遵行主日安息的规定。礼拜天代表着安静与严肃、庄重，所有商店关门，没有人在礼拜天野餐或旅行，更无所谓"周末"可言。大部分美国人在礼拜天的早上到教堂礼拜，晚上再参加晚间崇拜，他们继承了新英格兰清教徒或加尔文派奉行主日安息的传统。而德国移民却奉行"大陆式安息"（Continental Sabbath）。他们认为，在安息日除了必须去教堂外，适当的放松玩乐也不可或缺。野餐、访友，甚至在自家小花园中一边听着乐队的演出，一边喝点儿啤酒也未尝不可。他们还为圣诞节这一传统的宗教节日增添了一丝娱乐情趣——亲朋好友们在圣诞树下相互交换礼物这一做法，就是德国移民最先引进的。

众所周知，德国人爱好音乐。现在的美国几乎每座大城市都有自己的交响乐团，这就归功于早期的德国移民。著名的纽约爱乐乐团（New York Philharmonic）原来叫做"日耳曼尼亚乐团"（Germania Orchestra），它是由德国人莱奥波德·达姆罗施（Leopold Damrosch,1832－1885）与其子沃尔特·达姆罗施（Walter Damrosch,1862－1950）一步步推向成熟的，最初主要由德国裔音乐家组成。继纽约爱乐乐团之后，美国其他地方也相继成立了地方乐团。另外，德国移民还大力推进合唱团的发展，这也成为德裔社区的一大特色。

美国现行教育体制中不乏德国人的印记。"Kindergarten"（幼儿园）一词本是德语。德国人将幼儿园引进美国，使很多学龄前儿童有了一个和其他孩子一起学习、玩乐的地方。德国移民还推动了"公立大学"这一理念的发展。密歇根大学第一个效仿德国大学，提出了"通识教育"（general liberal arts）的理念，其主要以职业技能培训为基础。

德国是一个有着深厚体育传统的国家。19世纪初，当德国早期民族主义崛起的时候，"现代体操之父"雅恩（Friedrich Ludwig Jahn，1778-1852）就顺应"借体育之躯发展民族精神"的时代潮流，发明了德式体操，并创立了德式体操俱乐部（Turnverein），推广传播他的一整套德式体育思想。美国的体育教育课程就源自于这个俱乐部。YMCA（Young Men's Christian Association，基督教青年会）将德国的体育教育理念推介给美国大众。可以说，美国的运动以及体育教育的传统在很大程度上归功于19世纪移民至此的德国移民。

德国移民的影响力也渗透到了如今美国人的日常生活中。例如，美国人喜欢的汉堡包（hamburger）的历史，可以追溯到中世纪的欧洲，它是一种用两片裸麦粉粗面包夹合腌汁牛肉饼的食物。19世纪前期，德国移民将其带入美国。1904年，在圣路易斯世博会上，牛肉面包得以推广，人们把它称为"汉堡包"。迄今，汉堡包已成为美国人最喜爱的食品之一，并演化成为一种快餐文化。

另外一种深受美国人欢迎的德国食品是热狗。美国一直有股"热狗风潮"，据统计，每个美国人每年可吃掉60支热狗，全美又以纽约人吃热狗最为有趣。街上那一摊摊热狗叫卖车，成了纽约市最具有特色的标记。而纽约人于匆忙中手拿热狗边走边吃的情景，也成了一道独特的都市风景。

热狗，在还未叫做"热狗"之前，一直叫"法兰克福香肠"（Frankfurter）或"熏肉香肠"（wienerwurst）。它是一种牛肉香肠或由牛肉、猪肉混合制作而成的、颜色微红的腊肠，以德国莱茵河畔的法兰克福市（Frankfort）的名字命名。1860年时，来自德国法兰克福的移民相继到美国生活，他们的德国香肠也由此在纽约登陆。

刚开始，德国人在纽约街边用铁板煎热德国香肠，然后一条一条售卖。直到1883年，一名德裔街头小贩为了避免客人在吃香肠的时候烫到手，利用手套包裹香肠以隔热。久而久之,美国人干脆用面包代替手套,热狗于是变成今日的模样。

在美国,热狗通常不会出现于正统的餐厅里,除了小餐馆之外,还可以在街头杂货店(Deli)中找到它。"Deli"来源于德语的"delicatessen",即是"熟食杂货店"。美国很多最早的熟食杂货店,几乎都是由德国人以及奥地利人开设的。

3. 斯堪的纳维亚移民

斯堪的纳维亚人并不是因为政治和宗教原因移民美国的,他们主要是因为看中了美国广阔的农用地,对于他们而言,这才是最具有吸引力的。在所有斯堪的纳维亚移民中,瑞典人来得最早。他们大约从1840年开始移民美国,在1860年后达到高潮。据统计,从1840年至1930年,大约有130万瑞典人移民美国。在19世纪80年代,丹麦、芬兰、冰岛和挪威移民到美国的人数也达到了顶峰。

斯堪的纳维亚半岛气候寒冷,因此那里的人大都非常吃苦耐劳。到了美国后,他们非常善于应付西部边疆恶劣的生存条件,成为理想的拓荒者。最初,他们居住在茅草屋中。有时甚至就找个山洞,用原木做梁,用油毡纸做窗户,定居下来。对于他们而言,就连住上小木屋都是一种奢侈。此外,干旱、冰雹、暴风雨、蝗虫等自然灾害也都成为对他们的巨大考验。

那时,急速扩张中的美国迫切需要解决住房问题。在这一方面,瑞典人功不可没。他们能够熟练使用有"瑞典人的小提琴"之称的斧头和锯子,凭借着这一本事,他们遍访北美各大森林,开山伐木。砍伐下来的木材顺流而下,被送到加工厂加工成一块块搭建房屋用的木板。

瑞典人中有很多心灵手巧的手工艺人。他们用双手打发掉寒冷的冬夜。我们今天流行一时的"DIY"(do-it-yourself)一词其实就是瑞典裔美国人发明的。而公立教育体制中普遍实行的手工技能教育,也是源于瑞典学校中的一门基础课程。

来到美国的丹麦人则对养殖业非常熟悉。他们奠定了美国乳制品工业发展的基础。在丹麦人、德国人和瑞士人的共同努力下,美国有了属于自己的乳酪加工业。

4. 意大利移民

在19世纪末,美国的移民情况发生了显著变化。大量意大利人移民美国。真正意义上的大规模意大利移民是在19世纪80年代开始的。20世纪大约有400万意大利移民纷至沓来。

早期意大利移民是来自意大利北部的农民和手工匠人。有一些人在新泽西州的瓦恩兰(Vineland)和纽约州的五指湖(Finger Lakes)地区以及加利福尼亚州定居下来,开始种植葡萄。在他们的努力下,美国有了属于自己的葡萄酒酿造业。

还有一些意大利人在城市的周边地区安顿下来,他们开始种植蔬菜,以供出售。期间,意大利人的商品蔬菜园(truck gardens)在美国繁荣一时。

然而,选择移民美国的意大利人大部分是来自意大利南方省份的农民。当时,意大利国内的土地资源紧缺,农民们忍受着地主的剥削,生活异常艰难。为了谋生,他们不得已走上了移民之路。意大利移民与爱尔兰移民的处境颇为相似。由于他们囊中羞涩,一旦下了船便再没有能力去往更远的农村地区务农。所以,他们大多流散到了东部沿海城市,以省、村为划分区域聚居在一起。

他们没有什么手艺,语言也不通,初到美国时只能够从事一些简单的、"门槛不高"的劳动。爱尔兰人经济地位提高后,遗留下的体力劳动空缺很快就由意大利移民来填补了。他们帮着修铁路,盖高楼,挖煤矿,建工厂,所干的都是些脏活、累活。也有一些意大利人来到城市,做些小生意,当上了裁缝、鞋匠或者理发师。在意大利时,他们每个家庭成员都得干活,即便到了美国,这一处境也并没有得到相应的改善。但是,随着时间的推移,意大利移民靠着自己勤劳的双手、虔诚的宗教信仰以及强烈的家庭观念,开始被美国主流社会所接受,他们渗入到各行各业并有出色的表现。

5. 犹太移民

在这一时期的美国移民史中,犹太移民也占有重要的地位。在殖民地时期,大多数犹太人是从西班牙或葡萄牙移民来的。19世纪,他们主要来自德国。至19世纪末,分散在俄国、波兰、奥匈帝国、罗马尼亚等国家的一部分犹太人也选择了移民美国。

在19世纪初来到美国的犹太人通常是一些小商贩,他们要么推着小车沿街叫卖,要么开些小店铺。随着美国领土的不断扩张,犹太人有了更多的发展机会和空间。曾经被人瞧不起的犹太商贩渐渐积累了大量财富,并把手中的小货摊或小商店变成了大的百货商店和商业机构。

在1848年后来到美国的犹太人中,有很多是知识分子、教育界人士、哲学家、政治领袖和社会改革家。这些人的到来使得美国向更高的层次发展。我们很难想象,如果美国没有犹太物理学家爱因斯坦(Albert Einstein,1879－1955)和爱德华·泰勒(Edward Teller,1908－2003)将会是什么样子。

6. 中国移民

中国人最早集体到美国是在1848年美国加利福尼亚州发现金矿的时候。当时广东省台山、新会、开平、恩平、四邑的人,纷纷结伴前往加州淘金。他们都是坐在外国船上不通风的货舱里,几十天吃、喝、拉、撒、睡都在里面,像装猪仔一样地被运到美国的。他们到加州峡谷地区的河边,用筛子淘金,维持生活。

加州正式加入美国联邦后,就开始了历史上一连串的反华工运动。1850年加州通过外籍矿工执照法,规定每人月收执照费20元。加上官员的抽成剥削以及税吏的追索捕打,华工多半从峡谷地区逃往旧金山,有的则绝望回国。有的因无颜见江东父老而不愿回国,就留在旧金山,什么下贱劳苦的工作都做。最普遍的就是洗衣。因为洗衣不需要本钱,又由于加州正在开发时代,男多女少,很需要这个行业,加之这种劳苦利薄的事,白人也不愿意做。

在当时反对华工的情况下,打中国人成为白人的消遣。白人在大街上揪着华工的辫子逼迫其叩响头而引起路人的围观、喝彩的现象屡见不鲜。警察对此不但不干涉,甚至看到华工流鼻血就认定他跟别人打了架而把他抓起来。自1850年到1860年间,华工任意被杀戮,许多人惨死异乡。当时的清政府不但不保护华侨,按最早的大清律,华侨回国还可能被杀头。

1864年美国修建横贯大陆的铁路,从东西两岸同时开工。白人为了使用廉价劳动力,想到了"能修建万里长城"的华工。他们开始有计划地在广东招雇了1万多名华工,仍以运猪仔的方式把他们运到美国去修铁路。

这些华工什么苦都能吃,什么活都能干。他们在工地扎营做饭,昼夜不停地工作,并且提出与从东往西铺路的爱尔兰工人竞赛。华工的最高记录是日铺10.6千米铁路,远远超过了爱尔兰工人。但当东西两边举行盛大的接轨通车大典时,华工却被赶得远远的,不允许他们参加。当时华工十分气愤,就把接轨用的最后一块枕木藏了起来。当进行接轨仪式而找不到枕木时,人们才看到一位肩扛枕木的华工走出来。

然而,华工的贡献没有因此得到应有的报偿。横贯铁路修成,华工的地位稍见提高,但接着又引起了一个新的排华运动。当时留美华工总数有6.3万人,铁路修成后不但全部失业,且横遭残杀、驱逐。这一排华风潮也牵涉到当地的经济矛盾。横贯铁路修成之后,西部的很多企业就被代表东部财阀的铁路大王控制了,当地的人因不满而迁怒于修路的华工。特别是在修路工作结束后,穿着短打唐装、留着长辫子的失业华工为了求生,不计工资、不畏劳苦,什么工作都做,更引起本地工人的嫉恨。他们认为是华工夺去了他们的就业机会,于是集体涌向华工聚集的地区,杀害华工,烧毁房屋。1886年,华盛顿州的西雅图市更制定特别立法,强迫华人限期离境。从此,在美国的西部各州,"排华"成为民主、共和两党争取选票的口号。

在这种情况下,幸存的华侨虽生犹死。当时的法律规定,华人不能归化为美国公民,不许拥有房地产,每人付人头税10元,头发不得超过1寸,遗骨不能出境,洗衣坊必须备有收货、送货马车,只允许在砖房开业……专门控制华人的法令多如牛毛。直到1906年旧金山大火之后,法律才允许在美国出生的中国人享有公民权。

美国华侨在过去20年中也发生了巨大的变化,造成这个大变化的主要原因,是1962年美国移民法的改变。新法采取平均制,给中国的配额从每年数百人增加到两万人。结果是,大批中国人从香港、台湾等地移民到美国,给旧金山和纽约的唐人街带来空前的繁荣和人口膨胀,同时也带来很多意想不到的问题。

四、排外逆流

移民浪潮也引发了排外的逆流。在持续100多年的移民潮中,外来移民都曾遭遇经历过这样或那样的被排斥。就美国政府而言,其移民政策也并非一成不变。从1815年到1882年间,美国政府实行完全自由的移民制度。但是从1882年开始,美国移民政策发生了很大变化。限制和排斥外来移民的法律一个接一个出台,其中的规定更是千奇百怪,例如禁止白痴和意志薄弱者入境等。1920年以后,美国彻底结束了自由移民的时代,开始实行有配额的限制性移民政策。由于在就业、宗教和民族问题上的矛盾,1880年至1920年间,美国排外主义发展到了登峰造极的地步。华人、日本人、犹太人、意大利人和匈牙利人等都成为美国本地工人和西北欧移民肆意排斥和迫害的对象。更有甚者,1882年5月,美国国会通过了一个专门禁止华工入美的排华法案,该法案直到61年后才被废除。在这一时期,由美国本地人和先来的西北欧移民新教徒组成的"美国爱国者联盟"、"美国联盟"等排外组织应运而生。其中,影响最大的首推1887年成立的"美国保护协会",该协会到处煽风点火,把这一时期美国社会出现的政治腐败、市政建设滞后、犯罪率上升和人民生活水平下降等问题都归咎为新移民的到来。二战结束后,随着美国民众对移民态度的理性化,移民对美国的贡献逐渐被大多数美国人所承认。

  移民持续稳步地涌入美国,对美国人的性格产生了深远的影响。离开家园,前往新的国家,需要有勇气和灵活性。因此,美国人喜爱冒险和猎奇,以其独立性和乐观精神著称。正如美国劳工部部长赵小兰所说:"美国要感谢移民的贡献。巨大的移民浪潮给美国带来了丰富的文化遗产,也给美国的发展带来了动力。"

第五讲　印第安人特写

Native Americans (American Indians) make up less than one percent of the total U.S. population but represent half the languages and cultures in the nation.

美洲的原住民(美洲印第安人)不到美国人口总数的1%,但是却代表着这个国家近半数的语言和文化。

约翰·肯尼迪总统曾经说过:"另一种能够暗示出移民对于美国的重要意义的方法便是需要指出除了一个群体以外,每一个曾经生活在这里的美国人要么本身便是移民,要么是移民的后代。"(Another way of indicating the importance of immigration to America is to point out that every American who ever lived, with the exception of one group, was either an immigrant himself or a descendant of immigrants.)他所指的那个"例外",其实就是印第安人。印第安人在两万多年以前,跨过今天白令海峡所在的大陆桥,一路从亚洲跟踪兽群来到了美洲。当克里斯托弗·哥伦布在1492年发现"新世界"时,误将登陆的地方——巴哈马群岛(Bahamas)中的圣萨尔瓦多岛(San Salvador)——当成了他梦寐以求的印度,于是他就想当然地将居住在那里的人称为"印度人",也就是我们所说的印第安人("印第安"是英语Indian的中文音译)。

在之后的200年中,许多欧洲人纷纷循着哥伦布的足迹,跨越大西洋,来到美洲探险,建立起贸易站和殖民地。欧洲人的涌入给那里的原住民——印第安人——带来了巨大的灾难。欧洲人通过缔结条约、高压统治甚至是发动战争,从印第安人手中掠夺土地。美国取得独立后,印第安人并没有过上安宁的生活,随着西进运动的推进,他们一退再退,离开祖祖辈辈生活的土地,来到生存条件十分艰苦的保留地(reservation),谱写下悲壮的印第安人"血泪史"。尽管在美国的发展历程中,印第安人被逐渐边缘化了,可是他们在这片土地上所创造的文明却沉淀了下来。同时,作为美国这片辽阔土地上的原住民,他们对美国的社会与文化所产生的影响,直至今日仍然是不容被忽略和淡忘的。

印第安人与美国,这是一个漫长的话题。鉴于本书的篇幅有限,我们只能将这幅漫长的历史画卷浓缩在以下几个"特写镜头"中,以求管中窥豹,略见一斑。

一、印第安的传奇人物

印第安人给美国留下了很多精神财富。印第安人中的传奇人物以及他们与早期殖民者之间所建立的友谊,也时常成为美国大众文化的创作题材,被搬上银幕。

1995年,美国迪斯尼公司出品了动画片 Pocahontas。被引进中国后,英文片名干脆被抛在一边,取而代之的是一个颇为浪漫的名字——《风中奇缘》。相信很多人不明白"Pocahontas"是什么意思,就连对英文单词滚瓜烂熟的 GRE 词汇高手看到这个词恐怕也不免要狠狠拧一下眉头。其实,"Pocahontas"并没有什么高深莫测的含义,它只是一个印第安公主的绰号,直译成中文就是"波卡洪塔斯",意思是"嬉戏的"、"顽皮的"。这部动画片是根据真实的历史改编而成的。历史上确有波卡洪塔斯其人,她是英国在北美拓殖初期的重要人物。

17世纪初,北美对于欧洲人来说,是一处尚未被染指的宝地,正吸引着众多探险者。1606年12月,当伦敦的维吉尼亚公司(Virginia Company of London)获颁皇家特许状后,约翰·史密斯(John Smith)和其他殖民者约100多人,在克里斯托弗·纽波特(Christopher Newport)船长的率领下,乘坐"发现号"(The Discovery)、"苏珊·康斯坦号"(The Susan Constant)和"幸运号"(The Godspeed)三艘木帆船向北美东海岸的切萨皮克湾(Chesapeake Bay)进发。他们的主要任务是寻找黄金或是其他任何能在英国赚钱的东西。经过考察,这批英国人最终于1607年5月4日选定距詹姆士河(James River)50英里处的一个岛屿,并以英国国王詹姆士一世的名字将其命名为"詹姆士镇"(Jamestown)。

当时,弗吉尼亚的森林还是阿尔冈琴印第安人(Algonquian Indians,即波瓦坦人)的家,他们的首领是波瓦坦(Powhatan),波卡洪塔斯是波瓦坦最喜欢的女儿。波瓦坦的领地覆盖了弗吉尼亚的广大地区,共包括30多个印第安部落。他们与自然和谐相处,过着自给自足的生活。玉米、南瓜、大豆是他们的主要农作物,此外他们还种植烟草和进行渔猎。酋长波瓦坦有很多孩子,但他最疼爱的就是顽皮的波卡洪塔斯。

英国人选定的殖民地是块沼泽,那里气候恶劣,缺少水源,生存条件十分艰苦。而且,由于他们是外来者,时常遭到印第安人的攻击。1607年12月,史密斯在切克哈默尼河(Chickahominy River)附近寻找食物,被印第安人捉住去见波瓦坦酋长。当史密斯被带到波瓦坦面前时,酋长身边正坐着他的妻子和孩子们,其中就包括他最疼爱的女儿波卡洪塔斯。伴随着鼓声和歌声,印第安人将史密斯的头按在两块大石头上,印第安人手持棍子围着他,打算用棍子敲碎他的脑袋。突然,波卡洪塔斯奔上前去拦在史密斯和棍棒之间。事后按照史密斯的回忆,在他将要被处死时,是小女孩波卡洪塔斯救了他,她用自己的身体挡在他和行刑人之间。由于波卡洪塔斯是波瓦坦最疼爱的女儿,所以酋长饶了史密斯的性命。史密斯对酋长解释说,他们来到这里并不是为了移民,而是为了贸易。这样,印第安人放掉了他。

因为这件事,波卡洪塔斯获得了英国殖民者的好感。她也对英国人充满好奇,经常去詹姆士镇玩,并开始学习英语。当波卡洪塔斯发现殖民地有一半人没能熬过当年的那个冬天时,她就从父亲的部落拿来火鸡、面包和一篮篮的玉米作为礼物送到詹姆士镇。史密斯在日记中写道:"她是一位天使,把殖民地从死亡、饥荒和彻底的混乱中拯救了出来。"

时间一天天过去,波卡洪塔斯的父亲波瓦坦日渐衰老,他一天比一天更加确定这些英国人根本不想离开这里,他们不是为了贸易,而是要侵犯他的人民,占领他的国家。波瓦坦被激怒了,他决定杀掉史密斯,并为此精心策划了一次进攻。但没成想,这个计划却被波卡洪塔斯透露给了史密斯。

为了惩罚波卡洪塔斯,波瓦坦把她送到了领地的北端,这样她就不可能再到詹姆士镇去。到1610年年底,由于得不到印第安人的帮助,英国人陷入了绝境。他们没有食物,印第安人还不断地攻击他们。这时,离开3年之久的波卡洪塔斯回到了村子。她的归来给英国人实施拯救自己的计划提供了契机。他们打算绑架她作为人质,要挟波瓦坦酋长。他们把波卡洪塔斯诱上一艘船软禁起来,然后派人送信给波瓦坦,要求他用英国人质、盗走的武器和食物来交换他的女儿。

后来波卡洪塔斯遇到了英国移民约翰·沃尔夫(John Wolfe)。沃尔夫引导波卡洪塔斯皈依基督教并陪她接受了洗礼,为她改名瑞贝卡(Rebecca)。沃尔夫还向总督请求获准自己与波卡洪塔斯结婚。英国总督非常愿意促成这桩婚事,以之作为谋求和平的途径。波瓦坦也同意了这桩婚事。这桩婚姻成为两个种族之间的纽带,暂时缓和了双方的敌意。

英国人开始在弗吉尼亚巩固自己的势力。波卡洪塔斯和沃尔夫定居在詹姆士镇北部。沃尔夫盖了一座房子,还扩大了烟草种植地。印第安人非常友善,甚至允许英国人进入自己的领地。沃尔夫在日记中写道:"我们安宁地种植和收割,像在英国一样自由而安全地在树林里打猎,不必害怕危险。"

结婚两年后,沃尔夫和波卡洪塔斯带着儿子乘船返回英国。许多印第安人与他们同行。波卡洪塔斯和同伴在英国人的陪同下游遍了伦敦,并被所到之处的景致深深地打动。这次旅行结束后,波卡洪塔斯便去世了,年仅22岁。

从某种意义上说,波卡洪塔斯对于詹姆士镇的发展与稳定产生了一定的作用。她和沃尔夫的婚姻实际上成了印第安人与英国殖民者之间的润滑剂,促成了他们之间短暂的和平。在此期间,英国殖民者站稳了脚跟,为日后英国人在北美的拓殖奠定了基础。

另一位印第安人的传奇人物是史夸托(Squanto)。1994年,迪斯尼公司将他的经历改编成了电影《终极勇士》(*Squanto: A Warrior's Tale*),让历史在人们眼前重现。

史夸托是居住在今天的马萨诸塞州普利茅斯(Plymouth)的帕图西特

(Patuxet)①印第安人,其人生经历十分坎坷。他曾经被卖到西班牙为奴,之后他成功出逃,来到了英格兰,并学会了英语。1619年,他给到新英格兰地区进行开拓的英国人做向导和翻译,并与他们一起返回新英格兰。当他再次回到自己的部落时,却发现整个部落都毁于发生在1617年的那场瘟疫中了,他成了帕图西特部落唯一的幸存者。后来,他加入到临近的博坎诺基特(Pokanoket)印第安人部落。一年多以后,也就是1620年9月,英国的清教徒(Pilgrim)来了,他们之间发生了一段为人称道的故事。

1603年,当苏格兰的詹姆士六世(James VI)成为英格兰国王(即詹姆士一世,King James I of England)时,独尊英国国教(Church of England),他对清教徒说:"你们必须服从我,否则我会将你们驱逐出境,甚至采取更激烈的手段。"詹姆士一世虽然并未说明更激烈的手段是什么,但是许多清教徒却有不祥的预感,他们不想坐以待毙。他们认为放弃英格兰,到新大陆去建立自己的上帝社群(godly community)的时候到了。刚开始,他们定居在荷兰(Netherlands),后来一小群人(他们中有男人、女人和小孩,其中有一半是清教徒)挤在"五月花号"(Mayflower)上,横渡北大西洋,转战到"新世界"。

在惊涛骇浪中颠簸折腾了66天后,这一行100多人终于在寒冷的11月里,来到一个遥远而陌生的地方——鳕鱼角(Cape Cod)。他们由鳕鱼角上岸后找不到水源,只好继而转向普利茅斯登陆。当年清教徒们登陆时所踩过的那块踏脚石(Landing Stone),现在已被美国人妥善地保存了下来,作为美国历史的见证。

清教徒们最初在当地印第安人废弃的一块玉米地上安顿下来,并把它命名为普利茅斯种植园(Plymouth Plantation)。由于这些清教徒大都来自于城镇而不是乡村,所以他们并不谙农事,也不知道如何在这到处是密林的地方生存。在1620年那个寒冷而漫长的冬天,他们在这块土地上费尽千辛万苦地劳作着,困难重重,还遭遇了一场灾难性的瘟疫,一半人在这场瘟疫中死去,幸存下来的人又面临着饥饿。在这样一个危难的时刻,史夸托和其他几个印第安人向他们伸出了援手。他们耐心地教授清教徒如何种植印第安玉米、南瓜、大豆等农作物。

---

① 属于万帕诺亚(Wampanoag)印第安部落联盟。

到了 1621 年 9 月底,在这些印第安人的帮助下,清教徒们的辛勤劳作终于获得大丰收,这着实令他们欢欣鼓舞。为了庆祝这第一次来之不易的大丰收,他们想要好好感谢一下上帝和当地的印第安人,便邀请史夸托等印第安人来参加他们的庆祝盛宴。据说,这个本打算进行三天的宴会居然一直持续了一个星期。对于清教徒们来说,这的确是一段享受欢乐、愉悦、友谊的时光。他们和当地善良的印第安人一起准备了庆祝盛宴,在荒野中盖了房子,并为即将来临的漫长冬天储备了充足的食物。于是,在这块充满希望、憧憬和向往的新大陆上,第一代移民者开始扎下根来。而这次庆祝宴会也孕育了美国的一个传统节日——感恩节(Thanks-giving Day)。

除了帮助清教徒外,史夸托还是联系印第安人和英国殖民者的语言桥梁。1621 年,当马萨诸塞的总督威廉·布拉德福德(William Bradford)与印第安人首领马萨索伊特(Assasoit)签订《普利茅斯合约》(The Treaty of Plymouth)时,他便充当了翻译。

1622 年,史夸托在鳕鱼角为布拉德福德的部下做向导时不幸染病身亡。

二、皮毛贸易与纽约

有人说:"纽约定义了整个 20 世纪。"(New York City has defined the twentieth century.)由此可见,纽约对美国,乃至对整个世界所起到的作用。的确,20 世纪,世界关注的焦点更多地从欧洲移向了美国。纽约也替代了英国伦敦,成为国际金融的晴雨表;就像 18 世纪的巴黎那样,它成了世界的时尚艺术之都;而世界上最大的国际组织——联合国(The United Nations)也在这里"安营扎寨"。这里有剧院林立的百老汇(Broadway),有世界金融中心华尔街(Wall Street),也有现代广告和公共关系发展的策源地麦迪逊大道(Madison Avenue)①。纽约也是联系大西洋两岸的桥梁。欧洲的几大港口都与它有贸易往来。它也是欧洲移民来到美国的通道,在他们眼中,这里就是"美国梦"开始的地方。对于这样一个富有现代感、让人时而会有迷失感的大都市,我们不禁会叩问:它究竟从何而来,又有着怎样的过去?

---

① 纽约的街道呈棋盘状分布,南北向的街道称为"大道"(avenue),东西向的街道称为"街"(street),一般以数字命名。如世界著名的商业街"第五大道"(Fifth Avenue)等。

也许,我们在华尔道夫-阿斯特酒店(Waldorf-Astoria Hotel)①和纽约公共图书馆(New York Public Library)②这两个纽约地标性建筑的背后能够找到一些答案。它们的交集共同指向一个家族,那就是阿斯特家族。这个家族的发家史就是整个纽约发展历程的缩影。

阿斯特家族与纽约的发展有着千丝万缕的联系,阿斯特王朝的重要人物是约翰·雅各布·阿斯特(John Jacob Astor,1763–1848)。他不仅建立了纽约早期的经济发展模式,也奠定了美国皮毛业的基础。纽约的腾飞并不是偶然的,它之所以能够超越曾经无论是在规模上还是在财富上都更胜它一筹的历史名城波士顿(Boston)和费城(Philadelphia),有一部分就要归功于它独特的地理位置和早期欧洲人与当地印第安人所开展的皮毛贸易。

阿斯特出生于德国海德堡附近华尔道夫(Waldorf)的一个屠夫家庭。美国独立战争结束后,他从德国移民到了美国,他的命运果然在这片新大陆上有了转机。他最终成为当时北美第一大富翁,也是世界上第一个百万富翁。他在1848年过世时,已是全美首富,财产总计超过2,000万美元。据《福布斯》(Forbes)杂志估计,约折合为今天的1,150亿美元,是美国历史上第四巨富。更有趣的是,他的巨额财富并不是通过发展实业、农业种植园或者修建铁路积累起来的,而是与印第安人有关。

1808年,阿斯特创建了美国皮毛公司(American Fur Company),与印第安人进行皮毛贸易,从而建立起一个名副其实的"皮毛帝国"。然而,阿斯特虽然垄断了美国的皮毛业务,却受到了来自英国设在加拿大的哈德逊湾公司(Hudson's Bay Company)的威胁。当时,加拿大还在英国的控制之下,所

---

① 是位于纽约曼哈顿中城的一处42层豪华酒店,创始人是威廉·华尔道夫·阿斯特(William Waldorf Astor,1848–1919)。1949年被希尔顿(Hilton)酒店集团买入,是美国国家历史性地标建筑(National Historical Landmark)。这家百年老店是各国政要名流首选的下榻之处,也是世界各地旅客喜欢的商务客舍。中国国家主席胡锦涛、总理温家宝访美时都曾下榻于此。这里有个很有名的四卧室总统套间。据说,世界上只有英国白金汉宫(Buckingham Palace)比这个总统套间接待过更多的国家元首和政府首脑。

② 发展至今百年来,它已拥有4所研究图书馆及82所分馆,是美国乃至全世界著名的学术兼公共图书馆。它也是一所市民文化机构,面向所有人开放。门口的两座石狮子就是为纪念最早的两个捐赠者阿斯特和莱诺克斯而设置的。20世纪30年代大萧条时期,纽约市长为了鼓励市民战胜经济危机,将这两座石狮取名为"忍耐"和"坚强"。现在的纽约市民一直都把这两只雄狮看做是纽约人的象征。

以哈德逊湾公司出口的皮毛控制了整个伦敦的皮毛市场。

这种情况迫使阿斯特寻找欧洲以外的市场。后来,他把目标锁定了中国,他将从印第安人那里收购来的皮毛销往中国,又从中国进口茶叶、丝绸以及鸦片(当时鸦片贸易在北美是合法的)。这样,阿斯特便将皮毛生意推广到了国际市场,也为纽约的发展奠定了基础。

在北美,欧洲人很早便开始与印第安人进行皮毛贸易。直到19世纪中期,皮毛贸易仍是这里重要的经济发展动力。

印第安人是北美的原住民,没有谁比他们更了解这片土地,更熟悉动物的生活习性,更具备捕猎的技巧与技术。没有他们,北美的皮毛贸易就不可能发展起来,更不可能积累起巨额财富。他们是北美皮毛产业发展的中坚力量,皮毛产业的各个环节都离不开他们的参与。

印第安人通常是结队外出打猎,然后将猎物运回营地,由印第安妇女进行加工,最后进入市场,用以交换白人的军火、金属工具、威士忌酒、烟草和糖。

冬季是动物皮毛生长的最佳季节,因此冬季也成了印第安人最好的捕猎季节,并为他们施展捕猎技术和技巧提供了舞台。

冬季,欧洲人惯用的马车等运输工具在雪地里就派不上用场了。但是,印第安人自有办法。例如,加拿大和大湖地区(The Great Lakes)的印第安人很早以前就发明了一种雪鞋(snowshoe),方便他们在雪地上行走,而不至于时常陷到厚厚的积雪中去。北极地区哺乳动物的脚掌又大又厚,很善于在雪地上行走。印第安人就是从这里获得了灵感,仿造出很实用的雪鞋。印第安人还发明了平底雪橇(toboggan)和马拉雪橇(cariole),以在冬季运输大宗货物。在20世纪人们发明雪地车(snow mobile)之前,没有什么能够比印第安人的这些雪上运输工具更环保、更经济、更有效的了。

冬季虽然是最佳的捕猎季节,但是这时的自然条件也是最恶劣的。雪地反射的强光(snow glare)给打猎带来了诸多不便。为了保护眼睛,印第安人发明了用骨头、鹿茸或象牙做成的护目镜。

印第安人是十分专业的猎手,他们发明了很多诱捕动物的陷阱和罗网。印第安人的这些本领使得他们成为皮毛产业的急先锋。

印第安人与殖民地各国的皮毛贸易有着相当长的历史。法国人、英国人、荷兰人等都曾经染指其中。而且,为了皮毛,他们之间展开了激烈的争夺。例如,英国人从其北美殖民地纽约和宾夕法尼亚进口的皮毛,一度在18世纪中期占到了进口总额的一半之多。

荷兰人占据了哈德逊河(The Hudson River);英国人成立了哈德逊湾公司(The Hudson's Bay Company),并从加拿大南部进入美国;瑞典占据了今天的特拉华(Delaware)地区;法国人则控制了密西西比河(The Mississippi River)以及圣劳伦斯河(St. Lawrence River)地区。俄罗斯人是最后加入皮毛争夺战的。他们从西伯利亚进入阿拉斯加,并一直南下至加利福尼亚,在那里遭遇了向北进发的西班牙人。各国家的殖民者以各自的地盘为据点,开展皮毛贸易。在所有在北美进行拓殖的国家中,只有葡萄牙人对皮毛的兴趣不甚浓厚,他们更热衷于香料。

动物皮毛所带来的丰厚利润使得各国殖民者更加认识到了北美的价值所在。他们之间争夺在北美霸权的硝烟弥漫了近三个世纪。例如,1668年,英国与荷兰开战,结果英国从荷兰手中夺取新阿姆斯特丹,并改名为纽约。18世纪,英法两国又展开了一场长达7年的战争(1756-1763),结果法国败北,英国获得了加拿大和阿勒格尼山脉(Allegheny Mountain)以西直到密西西比河(Mississippi)的大片土地,成为北美霸主。

俄罗斯也不甘寂寞,为了能更多地从皮毛贸易中获利,专门成立了俄美公司(Russian American Company)。直至1867年俄罗斯将阿拉斯加卖给美国为止,俄美公司、哈德逊湾公司以及阿斯特的美国皮毛公司控制了全部国际皮毛市场。

在近三个世纪的发展过程中,这些皮毛公司在与印第安人的贸易中,通过贱买贵卖积累了大量财富。曾经有记载说,皮毛商用一杆枪就能够从印第安人手中换取20张上等海狸皮。这20张皮毛一经转手,就能卖得25英镑。而一杆枪的价钱大约只有1.5英镑左右。皮毛商的获利竟是成本的十几倍,这在任何一个时代都是可观的。同时,从皮毛贸易中抽取的关税也成为各殖民地政府最主要的收入来源,用以修建铁路及港口、码头等基础设施。

由皮毛贸易所获得的"第一桶金"没有流向美国的偏远地区,而主要集中在了东部沿海城市,其中又以纽约受益最多。随着北美皮毛的日益紧缺,以及欧洲皮毛市场需求的减少,皮毛贸易日渐衰落。1834年,阿斯特卖掉了美国皮毛公司。他已经从皮毛贸易中获得了近700万美元的利润,并且大都投资于纽约的开发。他的资金流向了所有与纽约发展相关的产业,其中以地产为最。他在曼哈顿岛(Manhattan Island)上买了很多块地。他及其后代在纽约大兴土木,同时还以买卖或出租土地的方式进行经营。例如,阿斯特利用从皮毛贸易中获得的财富建造了一家现代化的、六层高的阿斯特酒店(The Astor House),并为每个房间配备了洗手盆、水壶和免费香皂。他非常有经商头脑,将这家酒店的经营权转交他人,而他则继续拥有这块地皮以及酒店的所有权。

阿斯特家族成了纽约的"大地主"和地产大亨。到阿斯特去世的时候,他在纽约共计有470个出租契约,每年的租金收入高达20万美元。除此以外,他还拥有很多闲置的土地。他将它们出租给他人,租期为21年,承租人可以任意对土地进行开发和利用。阿斯特家族在纽约所进行的房地产经营,不仅为他们带来了巨额财富,客观上也为纽约的发展提供了契机。

作为纽约的地产大亨,阿斯特非常希望改善纽约的交通运输状况,他也看到了兴修铁路和运河对于房地产发展的重要性。因此,他投资修建了流经纽约、俄亥俄、新泽西的各大运河以及纽约的第一条铁路——莫霍克-哈德逊(Mohawk & Hudson)铁路——这就是著名的纽约中央火车站的前身。

阿斯特还投资修建了阿斯特图书馆(The Astor Library)。它是当时北美最好的、也是最大的图书馆,藏书量甚至超过了历史悠久的国会图书馆(The Library of Congress)、哈佛图书馆(Harvard Libraries)以及费城公共图书馆。在阿斯特图书馆开馆五年后,阿斯特的第二个儿子威廉·柏克豪斯·阿斯特(William Backhouse Astor)又对其进行了扩建,并且增加了235,000册藏书。1895年,阿斯特图书馆与莱诺克斯图书馆(Lenox Library)以及曾任纽约州州长的狄尔登(Samuel Jones Tilden,1814–1886)所设立的狄尔登信托基金会(Tilden Trust)合并,成为纽约公共图书馆。

除了进行基础建设外,阿斯特将大部分财富投资在了金融领域,例如美国银行(The Bank of America)、纽约人寿保险公司(The New York Life Insurance)、信托公司(Trust Company)以及政府和交通运输债券等。他对保险和银行的投资为19世纪下半叶美国北部的工业化发展提供了金融保障,也为纽约成为世界金融中心奠定了基础。

印第安人手中的动物皮毛贸易改变了阿斯特的人生,进而塑造了现代纽约的雏形。尽管纽约更多的是工业革命的产物,但是从某种意义上说,它又何尝不是印第安人历史文化的折射呢?

三、地名背后

美国幅员辽阔,有很多怪异而有趣的地名,而这些地名又都有其历史渊源。欧洲各国早期移民以及印第安人都在美国地图上留下了明显的标记。人们对各个地方进行命名的方式,往往在某种程度上反映了他们的价值观念。在美国,有些地方是以重要的历史人物的名字命名的,例如,首都华盛顿(Washington D.C.)是以开国元勋乔治·华盛顿的名字命名的;俄亥俄州、佐治亚州等地都有以探险家哥伦布的名字命名的城市 Columbus。有些地方是以宗教中圣贤的名字命名的,例如加利福尼亚州北部城市旧金山(San Francisco),就是由西班牙人以方济会①创始人圣弗朗西斯科(St. Francis of Assisi,也称圣方济)的名字命名的。还有一些地方是以在北美开拓的国家的国王、王后或贵族的名字命名的,例如弗吉尼亚州就是为了纪念英国女王伊丽莎白一世(Queen Elizabeth Ⅰ)而得名的,伊丽莎白女王终身未婚,有"童贞女王"(The Virgin Queen)之称,弗吉尼亚州的英文 Virginia 就源自于 virgin;马里兰州(Maryland)是为了纪念英国国王查尔斯一世(Charles Ⅰ)的皇后海丽塔·玛丽(Henrietta Maria)而得名的,意思是"玛丽的土地"。也有一些地方直接把原来欧洲的地名照搬过来,然后在前面加上一个"新"字,例如新罕布什尔(New Hampshire)来源于英国的罕布什尔郡(Hampshire);法国人把法国中北部的城市奥尔良(Orleans)的名字搬到密西西比河口,成了新奥尔良(New Orleans)。

除此以外,有一半的美国地名源于印第安语。400多年前,美国还只是少数印第安人居住的、处于原始社会阶段的一块大陆。居住在广袤的美国

---

① 是天主教托钵修会派别之一。其会士身着灰色会服,故亦称"灰衣修士"。其拉丁语是"小兄弟会"的意思。方济各会提倡过清贫生活,互称"小兄弟"。方济会效忠教宗,重视学术研究和文化教育事业,反对异端,为传扬福音而到处游方。

版图内的印第安原住民在从事最原始的采集、狩猎、捕捞等活动中,必须与周围的山岭、河流、湖泊、海湾等自然地理实体打交道,为了识别各类地理实体,便产生了地名,这是印第安文化宝贵的非物质遗产。

在美国50个州中,有半数以上的州名是以印第安语命名的。其中,有些是印第安部落的名字,或是某个部落对于跟他们临近的部落的称呼。例如:阿肯色州(Arkansas)、伊利诺伊州(Illinois)、堪萨斯州(Kansas)、犹他州(Utah)等。还有一些州名与土地或河流有关,例如:爱荷华州(Iowa)在苏语(Siouan)中是"美丽的土地"的意思;明尼苏达州(Minnesota)是"映射天空的水域";怀俄明州(Wyoming)表示"一片大草原";密歇根州(Michigan)在奥吉布瓦语(Ojibwa)中是"伟大的水域"的意思,肯塔基州(Kentucky)的意思则带有神秘色彩,是"黑油油、血红色的土地";马萨诸塞(Massachusetts)的意思是"伟大的山地";亚利桑那州(Arizona)的意思是"小泉水";俄亥俄州(Ohio)的意思是"大河"。在一般人的印象中,印第安人是十分好战的,但是美国有三个州的名称是跟友谊有关的。例如,得克萨斯州(Texas)在卡多印第安语(Caddoan)中意思是"朋友";北达科他州(North Dakota)以及南达科他州(South Dakota)指的是"同盟者"。

美国一些著名的水体也都保留了印第安语名称。世界上最大的淡水湖群,即位于加拿大与美国之间的五大湖,除了最西部的苏必利尔湖(Lake Superior)的名字源于法语外,其余四个湖的名字都源于印第安语。其中密歇根湖(Lake Michigan)由Michaw(巨大)+sasigan(湖、海)组成,意为"广阔的水域"或"大海";休伦湖(Lake Huron)以居住于湖岸和劳伦斯河两岸一支操易洛魁语(Iroquoian)的印第安部落名命名;伊利湖(Lake Erie)也是以居住于湖岸另一支操易洛魁语的印第安部落名命名,它源于Yenrish,原意为"长毛的野猫"。五大湖最东边的一个湖叫做安大略湖(Lake Ontario),也是源于易洛魁语,由ontara(湖水)+io(秀丽的)组成,意为"秀水遍布之地"。世界闻名的尼亚加拉瀑布(Niagara Falls)介于伊利湖和安大略湖之间,是北美大陆最著名的奇景之一。"尼亚加拉"也源于印第安语,一说源于休伦语(Huron),意为"雷神云水",指瀑布声有似天际雷声,隆隆不绝于耳;另说源于易洛魁语,意为"把土地分割为两半的地方"。美国著名的密西西比河(Mississippi)也来源于印第安语,意思是"水之父"。

源自印第安语的地名往往较长。例如,在宾夕法尼亚州西部有一个市镇名叫"Punxsutawney",由12个字母组成;马萨诸塞州有一个湖名更是长得令人咋舌,由44个字母14个音节组成:Chargoggagoggmanchaugagoggchaubunagungamaug,意为"你们在你们那边钓鱼我们在我们这边钓鱼没有人在中间钓鱼湖"。由于这个名字实在太长,所以现在地图上简称之为"Chaubunagungamaug"。因为该湖位于韦伯斯特镇附近,所以又被称为"韦伯斯特湖"。

看到这些有趣的以印第安语命名的地名,我们最深刻的体会恐怕就是它们都非常形象可感。印第安人之所以使用简单而具有描述性的名字主要是出于实用的目的。印第安人很少绘制地图,也不经常使用地图,所以这些形象的地名有助于他们对某个地方进行辨别,这些名字本身就是一本有效的活地图。

美国的一些城市也是用印第安语来命名的,如迈阿密(Miami),它的意思是"半岛居民";芝加哥(Chicago)的意思是"讨厌的野生洋葱"。然而,用印第安语来命名的最大的城市当数坐落于美国西北部太平洋沿岸的西雅图(Seattle)。西雅图的得名主要是为了纪念一位印第安人酋长——西雅图(Chief Seal'th 或 Chief Seattle)。19世纪,美国拓展领土已达北美的西北角,当地居住着许多印第安部落。1885年,西雅图所属的华盛顿州在成为美国第42个州之前,美国的第14任总统福兰克林·皮尔斯(Franklin Pierce,1804-1869)欲以15万美元买下位于现今华盛顿州普杰特海湾(Puget Sound of Washington)的200万英亩土地。当时,索瓜米希族(Suquamish)的酋长西雅图答复道:"这块土地上所有的一切都是神圣的,我又怎么能将天和地作为买卖来进行交易?土地不属于人类,应该是人类属于这块土地……如同神灵爱护人类,为了所有的孩子,我们应该保存和爱护这块土地。"看到这封信后,总统深受感动,与他成为朋友,并以酋长的名字"西雅图"为这块土地命名。

四、特科抹诅咒

特科抹是北美印第安人的一位著名领袖,以骁勇善战著称。"特科抹诅咒"(Tecumseh Curse)举世闻名,甚至已经成为美国文化的一部分,是美国学校历史课程的必授内容。

1811年,时任将军的威廉·亨利·哈里森(William Henry Harrison,1773–1841)率领军队一举击溃了印第安特科抹人的军队,并实施了残酷的屠杀,最后只剩下一个部落酋长。酋长在临死前留下了一个诅咒:"哈里森将获得伟大的胜利,成为首领……能够让太阳变得灰暗,让烈酒变得平淡。我告诉你们,哈里森会死在任期上的。自他以后,每隔20年,将有一个美国总统死在他的任期上。每一任总统的去世都将使大家记住我的族人的牺牲。"

根据这一诅咒的预示,哈里森将当选为美国总统,并死在任期上,此后每隔20年就会有一名美国总统因各种原因不能圆满结束自己的任期。乍一听,有些让人感到难以置信。但是,这个诅咒在日后的确在某种程度上得到了应验。

1840年,68岁的威廉·亨利·哈里森将军作为辉格党(The Whig Party)总统候选人,经过艰苦激烈的竞选终于在大选中获胜,成为美国第9任总统。他就职那天正好遇上寒流,气候异常寒冷。一个半小时的就职演说使哈里森得了风寒感冒并转为肺炎,大约一个月后,哈里森病故。于是,哈里森成为美国第一位在白宫去世的总统,也是在位时间最短的美国总统。

20年后的1860年,亚伯拉罕·林肯(Abraham Lincoln,1809–1865)以39.8%的选票低票当选为美国第16任总统。他在位期间,领导南北战争(Civil War,内战),维护了美国的统一,废除了奴隶制度,为美国崛起奠定了基础。但是,1865年4月14日,就在其第二个任期刚刚开始的时候,正在华盛顿的福特剧院里看戏的林肯被由南方奴隶主收买的约翰·布斯(John Booth)刺杀。

1880年,拥有数学家、少将军衔双重身份的詹姆士·艾伯拉姆·加菲尔德(James Abram Garfield,1831–1881)当选为美国第20任总统。上任伊始,他立即废止了"政党分赃制",实行文官制度,引起各派强烈不满。四个月后,在华盛顿车站,他遭到一个被怀疑为当官未遂的小叛徒的射杀,由于感染和内出血,他在昏迷79天后死去。

1900年,威廉·麦金莱(William McKinley,1843–1901),连任为美国第25任总统。他在四年半的任期内一方面因复兴美国经济而荣获"繁荣总统"的美名,另一方面又发动美西战争,提出针对中国的"门户开放政策"

(The Open Door Policy),而且派兵参加了八国联军侵华战争。就职半年后,他在出席布法罗泛美博览会时,被一名无政府主义者射伤,不久去世。刺客柯佐罗兹说:"我尽自己一份责任。我不认为一个人该有这么多的工作可以做,而另一个人——我——无事可做。"

1920年,沃伦·G·哈丁(Warren Gamaliel Harding,1865-1923)在妻子的支持下成为美国第29任总统。哈丁的夫人比他大5岁,而且曾经结过婚。她成功地发展了他们的报纸商业并把哈丁送上了政坛。任总统期间,哈丁把自己的许多朋友安插到政府中。他把白宫当成了娱乐场所,经常和朋友们在那里一边喝酒玩牌,一边决定国家大事,形成臭名昭著的"扑克内阁"。1923年,哈丁决定做一次横跨全国的"谅解旅行",途中却因心脏病突发而去世。医生要求验尸时,被哈丁的夫人拒绝,所以有人说是哈丁的夫人毒死了自己的丈夫。哈丁死后,在美国报刊的多次民意调查中,哈丁三次名列"美国最糟糕的十名总统"评选的第一名。

1940年,富兰克林·D·罗斯福(Franklin D. Roosevelt,1882-1945)第三次当选,成为美国第32任总统。他以"新政"(New Deal)和成功领导世界反法西斯战争(二战)而闻名于世,受到美国人民的爱戴。在他第四次当选总统后不久,就因脑溢血而不治身亡。

1960年,约翰·肯尼迪(John F. Kennedy,1917-1963)以微弱优势成为美国历史上最年轻的总统,时年43岁。上任后,他处理古巴导弹危机,建立柏林墙,开展太空竞赛,发动侵越战争。1963年11月22日,他在得克萨斯州达拉斯市与市民见面时,被埋伏在那里的枪手命中头部,不治而亡。

1980年,罗纳德·里根(Ronald Wilson Reagan,1911-2004)当选为美国第40任总统。上任后,他积极复兴美国经济,实施星球大战计划,赢得了"特富龙总统"(Teflon President)①的绰号。1981年3月30日,他被刺客击中,但却奇迹般幸存,成为第一位逃过"特科抹诅咒"的总统。

有人说,里根的妻子非常信奉星相学,里根的每一次出行都要获得星象

---

① 意思是"不粘锅",即没有任何东西能黏住他。"特富龙"(Teflon)是美国杜邦公司对其研发的所有碳氢树脂的总称,包括聚四氟乙烯、聚全氟乙丙烯及各种共聚物。由于其独特、优异的耐热性(180℃-260℃)、耐低温性(-200℃)、自润滑性及化学稳定性等而被称为"拒腐蚀、永不粘的特富龙"。

的支持,从而使他幸免遇难。也有人说,里根的经历表明,"特科抹诅咒"已经失效,以后的美国总统再也不会遭受"特科抹诅咒"的纠缠了。

五、帕瓦大会

帕瓦大会(Powwow)是印第安人生活中的一件大事。它集印第安传统风俗、音乐表演、娱乐游戏、宗教礼仪等于一身,各个部落均可参加,大家各显身手。

帕瓦大会起源于美国南部的密西西比草原地带,其历史可追溯到19世纪上半叶。有些部落,如俄亥俄州的肖尼印第安人(Shawnee),在冬季就分散成几支小队伍。因为在冬季,食物匮乏,人少才好养活。到了夏天,人们又重新聚集到一块儿,他们一起讨论重大问题,唱歌跳舞,弘扬传统,讲述和赞美部落里勇士的英勇经历和功绩。这个聚会就被称为帕瓦大会,它是印第安人的狂欢节。"Powwow"源于阿尔冈琴(Algonquin)①语中的"pauau"一词,原意是"法师和首领们举行驱病仪式的聚会"。

今天,在北美的印第安人部落,整个夏天就是举行帕瓦大会的季节。通过帕瓦大会,印第安人不仅强化了自己的民族意识,也加强了各部落之间的相互联系与往来。

在现代的帕瓦大会上,印第安人穿着传统的服饰,跳着传统的舞蹈。帕瓦大会也不是一成不变的。印第安人生活方式和文化的变化为这一古老的传统注入了新的活力。

现在,帕瓦大会主要有两种形式:传统狂欢节和比武狂欢节。在比武狂欢节上,鼓乐队和舞者进行比赛,胜者获得奖金。在狂欢节上,各种舞蹈竞相亮相。舞者们衣着光鲜,衣服上面镶满了亮晶晶的珠子。他们伴着隆隆的鼓声,和着嘹亮的歌声,纵情舞动。

在帕瓦大会上,很多新兴的艺术也一展风采。艺术是印第安人历史变迁的反映。珠饰图案、装饰品和头饰体现了不同部落文化的相互碰撞以及相互影响。因此,在狂欢节上,当我们看到舞者戴着大平原特色的头饰且又穿着东部林区特色的裙子时,便不足为奇了。

---

① 指住在北美,尤其是渥太华北部的美国印第安人的一个部落民族。

帕瓦大会也是泛印第安文化运动的一个组成部分。在这里,来自不同部落的印第安人共同庆祝和弘扬彼此各异的传统文化。尽管对于某些印第安人来说,不同的部落文化间也存在着竞争,但是大多数印第安人认为,各部落文化皆属于更高一级的大印第安文化圈。

在帕瓦大会上,还经常会有一个很特别的赠送会。不同部落成员之间互赠礼品,表达情谊。可以是艺术品,也可以是一套基本的工具。礼物不在乎大小,关键在于感恩,感谢在困难关头,别人所伸出的援助之手,或者是庆祝毕业或退役。

近年来,帕瓦大会越来越受欢迎,甚至吸引了很多游人前来参观。同时,越来越多的印第安人也愿意通过狂欢节来加强彼此之间的联系。在帕瓦大会上,不同部落的印第安人相互交往、谈天说地、交换信息,结识新朋友,不忘老朋友。他们还烹制传统的食品,制作传统的手工艺品。帕瓦大会不仅是印第安人的一种生活方式,也是他们一项历史悠久的文化传统。

第六讲　英语之旅

There are so many differences between us and England, of soil, climate, culture, productions, laws, religions and government, that we must be left far behind the march of circumstances, were we to hold ourselves rigorously to their standard… Judicious neology can alone give strength and copiousness to language, and enable it to be the vehicle of new ideas.[①]

——Thomas Jefferson

我们与英格兰在土壤、气候、文化、物产、法律制度、宗教信仰以及政府体制上都有很多差异。如果我们总是跟在他们后面亦步亦趋,按照他们的标准来行事,那么我们将会远远落后于环境的发展变化……恰如其分地使用新词语不仅能够使我们的语言变得丰富而有生命力,同时也能够成为我们表达新思想的工具。

——托马斯·杰斐逊

就中国大多数学习英语的人的认识来说,英国人和美国人使用的是完全相同的语言——英语(English)。我们也时常一会儿说美国英语,一会儿又说英国英语。其主要原因是早期中国的英语教材大都是以英国英语为规范的,然而随着美国文化的大量涌入,美国英语也不知不觉地渗透到我们的语言系统内,导致了二者的混用。

---

① 杰斐逊在写给一位语法学家 William S. Cardell 的信中这样写道。

其实,英国英语和美国英语在用词方面差异甚大。正如美国作家马克·吐温(Mark Twain)在《白象失窃案》(*The Stolen White Elephant*)中所说:"英国英语和美国英语是不同的语言……当我用纯正的母语说话时,英国人根本理解不了。"(English and American are separate languages …When I speak my native tongue in its utmost purity an Englishman can't understand me at all.)正是因为这样的不同,所以在二战中,美国军方不得不向派往欧洲战场的美国士兵和后勤人员每人发放一本《生活指南》(*A Short Guide to Great Britain*)。这其实就是一本美语—英语对照词典,里面收集了近200条在美国日常生活中使用而在英国却不常见的词语,用英国人熟悉而美国人未必知道的对应词语加以对照注释。与此同时,英国军方也为派往美国受训的皇家空军飞行员们准备了《注释指南》(*Notes for Your Guidance*),目的也是帮助这些前往美国的英国人学会他们也许根本没听说过的美国日常生活用语。

诚然,美国英语与英国英语同宗、同源,但是在发展过程中,受各自独特的历史、文化、民族、地域等各种因素的影响,形成了自己的特点。

一、美国英语的创新

早期,北美大陆对于那些生活在欧洲大陆的人们来说是具有巨大吸引力的。这里是一个"新世界"(The New World,或者叫做新大陆),它有着丰富的自然资源和尚未得到充分开垦的广袤无垠的土地,人们一切对旧制度的不满以及所有对新社会的憧憬似乎都可以在这里得到最大程度的释放。面对着这样一个"新世界",早期殖民者们的心态也焕然一新。在他们眼中,这里是上帝送给他的"选民"(chosen people)的一座理想的"山巅之城"(a city upon a hill),所以这些幸运的人们要倾其全力将之建设成为其他国家效仿的范本。从一开始,这里便注定要成为一个史无前例的人们理想中的国家。这里的人们不可能向旧世界去要答案,而旧社会也不曾为他们准备好现成的答案。

在这里,生活不仅是对体力的考验,更是对头脑与智慧的考验。于是,这一片等待思想去播种的土地孕育了美国人强大的创新精神。事实上,美国英语就是美国人的创新精神以及反传统精神所擦出的智慧火花。

自17世纪以来,北美大陆在某些传统上与母国英国产生了背离。当时的英国具有相对稳定的社会秩序,英国人在骨子里更加注重传统与约定俗成的社会规范。而美国在20世纪50年代以前是没有这种束缚的,也没有形成循规蹈矩的传统。在美国人的价值观念中,传统意识是很淡薄的,他们更为崇尚的是探新求异,大胆进取,永不满足于业已存在的事物。过去、历史对于他们而言是那么缺乏吸引力。他们一边前进,一边创造着自己的语言。

美国英语源于伊丽莎白时期的英语,其历史和美国的移民史有着非常密切的联系,美国移民史可以追述到300多年前。1607年,约翰·史密斯(John Smith)等首批殖民者120人乘三艘大船横越大西洋,在弗吉尼亚州(Virginia)的詹姆士河口建起詹姆士城(Jamestown)。1620年,从英国东部诺福克郡和沙福克郡来的清教徒乘坐"五月花号"(Mayflower)船抵达马萨诸塞州(Massachusetts)的东南部普利茅斯(Plymouth),建立了殖民地。当时的英国正处于伊丽莎白一世时期,从英语发展史来看,正处于现代英语的早期阶段。在最早移居新英格兰的清教徒中有100多人还是牛津大学或剑桥大学的毕业生,他们将伊丽莎白时期的英语带到了北美新大陆,这成为美国英语的起点。从这时起,英美两国都说伊丽莎白时代的英语。故而在很长一段时间里,美国英语和英国英语之间并没有什么显著区别。

早在英国殖民时期,美国的英国移民起初还和故乡保持着紧密联系,他们的语言尚随其英国本土语的变化而变化,但随着时间的推移,北美的英国殖民地也产生了一种不同于英国本土语的英语——美国英语。

美国英语的产生对于早期殖民者而言是一种必然。陌生的气候环境、动物、植物根本没有办法在英国本土英语中找到对等的名称词汇。诸如"maize"和"canoe"等来自"新世界"的词汇大量涌入英语,极大地丰富了英语这门语言,慢慢形成了英语的另一种变体——美国英语。这种情况引起了来自英国的各种批判。前普林斯顿总督约翰·威瑟斯邦①对美国英语进行了猛烈攻击。他写道:"我在农村、在参议院、在酒吧、在报刊的各种文章上,甚至在布道坛上都听到、看到数不胜数的语法错误、用词错误和粗言俗语。这在大不列颠、贵族、文学界以及任何一个阶层的人都是不会容忍的。"

---

① Rev. John Witherspoon(1723 – 1794),是长老教派的领袖,被选为大陆会议的代表,并参与签署了《独立宣言》,是签署人中唯一的牧师。

(I have heard in this country, in the senate, at the bar, and from the pulpit, and see daily in dissertations from the press, errors in grammar, improprieties and vulgarisms which hardly any person of the same class in point of rank and literature would have fallen into in Great Britain.)1781 年,他在《德鲁伊特教僧侣》(*The Druid*)一书中系统分析了英语在北美殖民地的用法,并批评了殖民地语言与母国英语渐渐偏离的趋势。他在书中创造了"美国腔"(Americanism)一词。他认为美国腔是"一种这个国家特有的话语方式"(ways of speaking peculiar to this country)。从某种意义上说,这种所谓的"美国腔"也就是美国人在语言上的一次创新,这种创新可以体现在以下几个方面:

1. **大写与缩写**

在大写方面,英国英语显得更为保守。在英国英语中,"Government"(政府)、"Prime Minister"(首相)、"Society"(社会)等词,在用作专有名词时总是要保持词首字母大写。而在 18 世纪的美国,出现了一种将大写变为小写的趋势。在托马斯·杰斐逊撰写的《独立宣言》的手稿中,"Nature"(自然)、"Creator"(造物主)甚至连"God"(上帝)全都是小写的。更不可思议的是,在当时,句首和段首的词也是以小写形式出现的。由此,我们可以开玩笑地说,现在中国学生在写作时出现的大小写混乱的状态,大概能够从杰斐逊那里找到根源。与杰斐逊同时代、相对比较保守的本杰明·富兰克林则与杰斐逊的观点不同。他坚持认为,所有名词,不论是专有名词还是普通名词,一律应该大写。在 19 世纪初,反对大写的运动如火如荼,以致从"周一"(Monday)到"周日"(Sunday)这些单词都采用了小写形式。甚至连"Mr."(先生)也改成了小写的"mr."。这一股小写趋势在学术性的《剑桥英国文学史》(*Cambridge History of English Literature*)中也有所体现,"baron"(男爵)、"colonel"(陆军上校)这些头衔都是小写的。

此外,美国人在讲话时不喜欢啰嗦,喜欢走捷径,因此缩写在美国非常流行。约翰·法莫(John S. Farmer)曾经说过:"它们[缩写]在美国的应用达到了一个对于欧洲来说非常陌生的程度。美国人认为人生短暂,而生活节奏又很快,所以简洁不仅是智慧的灵魂,更是商业发展力的核心。美国人的这种个性在生活和思想的各个领域中均有所体现——即便是俚语,有时也被缩短了。"(They are employed, in the United States to an extent unknown in

Europe. Life, they say is short and the pace is quick; brevity, therefore, is not only the soul of wit, but the essence of business capacity as well. This trait of the American character is discernible in every department of the national life and thoughts—even slang being curtailed at times.)"P. D. Q"(Pretty Damn Quick,意思是"非常快"),"T. M. I"(Too Much Information,意思是"别人并不想知道的事"),"N. G."(No Go,"不能通过";或者 No Good,"不好",在拍电影时导演经常使用),"C. O. D."(Cash On Delivery,意为"货到付款"),等等,都是美国人的经典缩写形式。另外一个由美国人独创的缩写"O. K."大概是所有缩写中最成功、最被全世界人所接受的,它是纯粹的美国英语。历来,语言学家们对于"O. K."的来历各执一词。究竟两个字母原来代表两个什么字呢? 美国英语专家和词典编纂者还曾经做过许多不同的考据。

另外,"O. K."也有各种不同的写法,如:okay,okey,okeh,oke;还可以玩花样,学着小孩的口吻把它说成"okey - doke"或"okey - dokey"。

"O. K."在英国的流传也很传奇。早在 1873 年,英国电报行业的报务员就开始使用该词。当时,"O. K."是成功收到讯息的信号。但"O. K."真正为英国各界人士所熟悉,还得归功于美国电影的大量涌入。当"O. K."取代"righto"(英国英语中的俚语,意思是"好"、"可以")时,激起英国爱国人士和学者们的抗议。但是,这种抗议之声最终没能阻挡"O. K."在英国的流行。

2. 拼写简化运动

我们的中学课本上曾经出现过都德的《最后一课》。这是一篇很感人的文章,它不仅为人们塑造了一位充满爱国热忱的教师形象——韩麦尔先生,更让我们理解了语言对于一个民族的重要意义。韩麦尔先生说,法国语言是世界上最美的语言,最明白、最精确;又说,我们必须把它记在心里,永远别忘了它,亡了国当了奴隶的人民,只要牢牢记住他们的语言,就好像拿着一把打开监狱大门的钥匙。的确,语言是民族的象征,是民族文明的起点,是思想文化的载体。当北美英属的 13 个殖民地取得独立的时候,"独立"对于新兴的美国而言,不过还是《独立宣言》(*The Declaration of Independence*)那一纸羊皮卷上的誓言而已。获得政治、经济、文化等方面的现实意义上的独立,还有一段很长的路要走。尽管当时美国知识文化界乃至政界在发展美国英语的问题上存在诸多分歧,但是要求"语言独立"的呼声一浪高过一浪。在多方面的推动下,美国人在语言上实现了创新,也使美国英语和与其同根同源的英国英语在迥异的发展过程中各异其趣。而且,最终美国英语能够脱颖而出,反作用于英国英语。正像本讲开篇所引用的杰斐逊的那段话所说的,环境的变化要求语言与时俱进,也为其产生提供了必不可少的土壤。

在英国殖民者初到北美时,英语的拼写规则还比较含混。这一点可以从早期的文件记载中得到证实,比如今天的"eternal"和"general"曾经分别写成"aetaernall"和"jinerll"。

早在16世纪中叶,英格兰就试图改善当时的拼写,使之更为合理、规范。但是,直到英国人在詹姆士镇(Jamestown)建立殖民地以后,英国的印刷厂才开始明确区分u和v以及i和j。印刷工业的进一步发展更加迫切地需要拼写的统一。到了18世纪,英国作家所采用的拼写跟我们今天的已经相差无几了。1755年,《塞缪尔·琼森字典》(*Samuel Johnson's Dictionary*)得以出版,成为公认的英语拼写指南。在当时,琼森的这本字典在英国以及大洋彼岸的美国都产生了深刻而广泛的影响。

美国独立战争后,塞缪尔·琼森的字典受到了来自美国的词典编纂者诺亚·韦伯斯特(Noah Webster)的挑战。1806年,韦伯斯特首次提出了"美国英语"(American English)这一说法,立志将美国英语与英国英语区分开来。一方面,英语中有很多拼写与读音规则不相符合的地方,客观上需要变革;另一方面,韦伯斯特也受到了其内心爱国情怀的驱动,他希望能够通过掀起一场拼写变革,促进美国本土图书出版的发展,同时也希望使之成为"国家团结统一的纽带"(a band of national union),促成美国真正的独立。他曾经说:"美国人总是对已经取得的独立与自由自鸣得意,但是美国人的思想并没有获得完全的独立,他们对于母国的文学艺术佩服得五体投地,而且在美国人中间,盲目模仿英国人之风仍旧十分盛行。"(However [Americans] may boast of Independence, and the freedom of their environment, yet their opinions are not sufficiently independent; and astonishing respect for the arts and literature of their parent country, and a blind imitation of its manners, are still prevalent among the Americans.)

1786年,韦伯斯特出版了一本拼写书(Spelling Book),以此来规范美国英语的拼写,这本拼字读本又被称为"蓝皮拼字书"(The Blue-backed Speller),它连续被五代美国人用作儿童基础教育课程的组成部分。1789 年,韦伯斯特在其论文(Dissertation on the English Language)中,重申了自己的观点,呼吁独立的美国应该有自己的语言规范:"国家荣誉感要求我们在语言和政体上都要有属于自己的体系。大不列颠不应该再成为我们的标准,因为她的作家的品位已经堕落,她的语言也在走下坡路。"(…our honor requires us to have system of our own, in language as well as government. Great Britain… should no longer be our standard; for the taste of her writers is already corrupted, and her language on the decline.)

从某种意义上说,韦伯斯特是"美国拼写简化运动(simplified spelling movement)之父"。他主张在拼写上清除英语中所有不发音的字母,例如:以-our 结尾的单词中的 u;determine(决定)末尾的 e;thumb(拇指)中不发音的 b;island(岛屿)中的 s;traveller(旅行者)和 waggon(四轮运货马车)中双写的辅音字母 l 和 g 应各去掉一个,变成 traveler 和 wagon;将 frolick 和 physick 中的 k 去掉,变成 frolic(欢闹,嬉戏)和 physic(泻药)。他还建议将-re 变成-er,如 theatre 变成 theater(剧院);centre 变成 center(中心)。他的这些主张一直沿用至今。但是,他提出的将 women(女人)改成 wimmen;省略 head(头)中不发音的 a;将 acre(英亩)改成 aker 等主张并未被采纳。由此可见,美国英语在创新过程中也有一些对于英国英语传统的回归,甚至是妥协。

1828 年,由韦伯斯特花费后半生心血独立编纂的《美国英语词典》(American Dictionary of English Language)开美国英语编纂之先河,一直被后人看成是美国英语形成的重要标志。《美国英语词典》共有两大卷,收词 7 万,是当时世界上规模最大的词典。它使美国人在语言、教育和文化上从英国独立出来,因此,有人把韦氏词典称为"美国独立战争的最后一枪"。直到现在,一提到词典,五个美国人中有四个人会想到韦氏词典。它也与"蓝皮拼字书"一同成为有文化修养的家庭中的必备藏书。如今的美国,全国性的娱乐活动——拼字比赛(Spelling Bee)也与韦伯斯特有关。美国最早于 1825 年就有关于拼字比赛的文献记录。此项比赛最初是根据韦伯斯特于 1786 年出版的拼字读本而形成的。拼字比赛是美国一项全国性的娱乐消遣活动,反映出美国人对英语演变极其浓厚的兴趣。在 19 世纪的美国,开采金矿的工人们经常在夜晚的篝火旁举行"拼字比赛"(spelldowns)以消解一天的疲劳。为什么拼字比赛的英文名会叫做"拼字蜜蜂"？这至今仍是一个谜。其中一种可信的说法是，在19世纪初，如果一项工作对于一个人或一个家庭来说无法承担，那么邻居们就会竞相前来帮忙，大家忙完后，通常会举行一场狂欢，因此，在美国为某种目的而聚集的社会活动就被称做"bee"(蜜蜂)，它衍生为"聚会"、"蜂拥而上的活动"等意思。农民集体剥玉米壳的活动被称为"去壳蜜蜂"(husking bee)；妇女在一起缝被子的聚会是"quilting bee"。拼字比赛可能也是因为群众聚集而被称做"拼字蜜蜂"的，意即"拼字比赛会"，而且其比赛标志也是一个小蜜蜂。拼字比赛的基本规则是，当主持人念出一个词，参赛者就要开始把字母口述拼出，已念出的字母或字母顺序不可再更改。只要参赛者拼错了一个词，他就会立刻被淘汰。比赛以回合制举行，直至淘汰到最后一位参赛者为止。拼字游戏在美国青少年中相当流行，比赛使用的词典单词数量最多达到26万之巨。比赛先是在各地进行，优秀者过关斩将，最后进入全国总决赛(Scripps National Spelling Bee)。冠军可以获得奖金以及到首都华盛顿旅行的奖励。

3. 词汇上的创新

在新环境中，移民们形成了独特而全新的生活方式。无论是食物、居住方式、农耕方法还是狩猎方式，都发生了较大变化。这客观上为美国人的语言创造力提供了富饶的土壤，很多新的合成词应运而生。例如：back country(偏远地区)，camp meeting(信徒的野营集会)，tree frog(树蛙)，bullfrog(牛蛙)，log cabin(圆木小屋)，smokehouse(熏肉贮藏室)等。

美国人民的社会与政治、生活、科技以及商业交往活动，也创造了更多的独具美国特色的新词，比如：lobbyist(游说国会议员的人)，jet lag(跨时区高速飞行后生理节奏的破坏，即人们常常说的"时差反应")，Kadak(柯达胶卷)等。

美国英语中还有非常丰富的跟饮料有关的词汇。就酒精饮料而言，美国人就创造了很多有趣的说法。美国人管"威士忌"(whiskey)叫做"joy water"或"fire water"；"香槟"(champagne)被称为"foolish water"或"bubble water"；"苹果白兰地"(applejack)被称为"Jersey lightening"；带有鸡蛋的饮料被称为"prairie oyster"；"红酒"(red wine)被称为"red ink"和"dago red"。伴随着美国禁酒令（Prohibition）的颁布，还诞生了一个非常形象的词——bootleg，其原意是"私酿酒"，这是因为早在美国厉行禁酒令的年代，私酿的威士忌经常被藏在靴筒里以避人耳目。

美国人还创造了"firestorm"（大火）这个词。起初，北美的原住民印第安人与自然和谐相处。他们很有效地管理着东部树木繁茂的林区。可是殖民者到来之后，人与自然的和谐关系被破坏，森林火灾时有发生。"firestorm"一词由此产生。

在美国，很多英语词汇原来的意义也发生了改变。"Corn"在英国英语中指的是"谷物"；在美国英语中它则与"maize"同义，指的是"玉米"。在英国英语中，"college"指的是大学（university）中的各个学院，有时也指"预备学校"（preparatory school），如著名的英国伊顿公学（Eton College）①；而在美国英语中，凡是不具备大学（university）级别但是能够授予学位的学校就是college。

在旧词的基础上，美国人自由地运用词缀，或者运用拼缀法（blending）和逆生法（backformation）来创造新词。如：debug（寻找并除去导致错误的原因）；defog（除雾）；defrost（除霜）；racist（种族主义者）；smog（烟雾），来自于smoke（烟）和fog（雾）；medicare（医疗照顾），是由 medical 和 care 混合而成的；brunch（早午餐），是 breakfast 和 lunch 的混合体。

美国英语频繁地运用词类转换法（conversion），扩大了词汇量，其中尤以名词转化为动词最为可圈可点。如：to engineer（设计），to style（命名），to resurrect（使复活），to holiday（度假），to model（当模特）等。形容词转化为名词也常出现，如：a depressive（沮丧的人），a moderate（温和派），friendlies（友好的人），hostiles（敌人）。

还有人说，美国英语是英国古英语的一种形式。这是因为，很多古英语的用法在美国英语中获得了"新生"。据研究，美国人所惯用的动词"loan"（出借）最早出现在亨利八世（Henry Ⅷ）在位期间出台的一些法案文件中。

---

① 英国私立男校，坐落在温莎小镇，与女王钟爱的温莎宫隔泰晤士河相望。伊顿以"精英摇篮"、"绅士文化"闻名于世，这里曾经造就过 20 位英国首相，培养出诗人雪莱、经济学家凯恩斯，也是英国王子威廉和哈里的母校。在伊顿每年 250 名左右的毕业生中，会有 70 余名进入牛津、剑桥，70% 进入世界名校深造。

现在英国英语中更常用的不是"loan",而是"lend"(出借)。"sick"(病的)和"ill"(病的)这两个词也是这样。古英语中的"sick"大约在15世纪的时候被ill所取代。现在,在英国英语中更喜欢用"ill"而不是"sick",并且赋予了"sick"以新的含义——"恶心的"。在美国英语中,"fall"(秋天)一词也是被英国人废弃不用的古英语。同样,美国人说"I guess",意思是"I think",而这恰恰是300年前英国人的说法。17世纪时,无论是英国人,还是美国新英格兰地区或南方的人,在读fork、core、brother等词时的[r]音时,略带一点儿卷舌音,即读音时舌头向上卷,语音学家称这种发音为"后曲音"(retroflex)。到了18世纪,新英格兰地区学院兴起,多元文化形成,新英格兰人追求英国经过"创新"的英语,像英国人的祖先一样,在读[r]音时,舌头在口腔内保持平放的位置,发出的音是无[r]的读音;而美国南方人保持着"原始的发音",这是今天美国"南方口音"与新英格兰地区乃至全美的口音的主要差别之一。在美国英语中,像"secretary"(秘书)、"laboratory"(实验室)和"territory"(领土)等词,美国人遵循拼写结构,发音时完整地保留着每个音节,包括最后的第二个音节;而英国人早就省掉了这个音节,读作"secret·ry"、"laborat·ry"和"territ·ry"。这些例子说明,美国人坚持认为每一个音节都应按其应有的结构发音。这类词汇中的其他词语,也同样有其历史渊源。例如,"secretary"一词的倒数第二个音节,美国人把它保留下来作为次重音,而这种读音正是300年前英国英语中的读音。美国人把英国人"革新"掉了的音节保留下来,反倒成了美国英语的又一个特色。

4. 丰富多彩的俚语

美国人在语言上的创新精神还体现在他们所创造的丰富多彩的俚语上。与英国人相比,美国人似乎更善于发明创造俚语。早先的美国俚语被认为来源于社会的底层,粗俗不堪,只有文化程度低、没有教养的人,如水手、罪犯、乞丐、流浪汉等生活在社会底层的人才会使用俚语,俚语就等同于行话、黑话、方言和隐语。1828年,韦伯斯特在《美国英语词典》中对俚语所下的定义是"一种低级、庸俗、缺乏表现力的语言"。但是随着时间的推移,人们对俚语的贬义成分越来越少。1963年的《现代英语词典》对"俚语"的解释是:"俚语是一般用于谈话,但不适合写作或正式场合的词语,尤指某一阶层人士的惯用法。"可见,原先为多数学者所排斥的俚语的语言地位不再低俗不堪,不再只是"行话"或"黑话"的代名词,不再是为上层人士甚至是普通大众所拒绝的语言形式了。如今,俚语与非俚语之间很难找到明确的区分界限了,有些俚语甚至进入了标准用语当中。新闻媒体、政界、商界、娱乐界等社会各个群体和集团对于俚语的广泛使用,更说明了俚语的语言地位已今非昔比。在美国英语中,最贴近人们生活、最能反映平民要求与社会生活特征的就是俚语。俚语的风格新颖时髦,不落俗套,生动诙谐,表达多样。例如,"to criticize"(严厉批判某人)的说法显得过于平淡,为了追求别具一格,美国人创造出"badmouth"的说法;"firefighter"(消防队员)被形象地喻为"smoker eater";对男友失约被说成是"stand him up",这显然要比"keep him waiting"新颖有趣得多;"解雇某人"用"dismiss"太过陈旧,使用"give him the air"就时髦了许多;"筋疲力尽",用"exhausted"显然不如用"pooped out"别致。为了赶时髦,俚语经常更新,从而有大量的同义词语出现,如俚语中泛指"钱"的词语就有 dough、jack、moola、kale、mazuma 等,指"一小笔钱"的有 beans、dibs、peanuts 等。表示"电视"的词语也很多,如 telly、the box、idiot box、goggle box、the one eyed monster 等,个个生动形象。表示人体器官的俚语也很诙谐,表示"脸"的有 dial、phiz、mug 和 puss;表示"眼睛"的有 blinkers、peepers、saucers 等;表示"耳朵"的有 flaps 和 lugs;表示"鼻子"的有 beak、conk、schnozzle、snitch、snout;表示"嘴"的有 bazoo、gob、trap;表示"手"的有 dukes、flippers、meathook、mitts;表示"脚"的有 dogs、plates、stumps。

  枪在美国历史上曾经起了重要的作用。枪是探险家、垦荒者和牛仔必不可少的伴侣。这固然已经是陈年往事,但是这段流逝的岁月却在语言中留下了自己的印迹。美国英语里至今还有不少习惯用语都和"枪"或"开火射击"有关。例如"go off half-cocked"这个习惯用语就来自于 200 年前。当时人们使用的步枪是从前枪口上子弹的,开火前必须先打开保险装置,也就是准备开火的扳机。"cock"作动词用的时候,就解释为"扳上枪上的扳机",所以"half-cocked"的意思是"准备开火的扳机还没完全扳上",或者说是"枪上的开火保险装置还没完全打开"。而短语"go off"就是"开火"的意思,所以这个习惯用语从字面上来看是"枪的保险扳机还没扳上就开火了",而当时的步枪由于装置上的缺陷,时常会出现这样的毛病。现在这个习惯用语的含义已变成"不了解情况就莽撞行事"的意思了。

还有"stick to one's guns"这个短语。"stick"这个词作动词用的时候可以解释为"坚持、坚守、不离开",而且后面往往跟着 to。这样看来,"stick to one's guns"的意思是"坚守自己的枪炮"。想象一下,当敌军步步紧逼、杀上前来的时刻,有人却临危不惧,坚定不移地装上子弹、炮弹向敌军开火,这需要多么坚强的毅力!因此,"stick to one's guns"就是"坚持立场、不动摇"的意思。

还有"a shot in the dark"。"shot"在这里显然是名词,意思是"开枪射击"。"a shot in the dark"从字面解释就是"在黑暗中放出的一枪"。想象一下,在伸手不见五指的黑暗中根本不知道目标在哪里就放了一枪,这一枪必定是凭瞎猜来放的了。所以,"a shot in the dark"的含义就是"漫无目标地瞎猜"。

二、美国语言对其他语言的融合

美国民族向来被誉为"大熔炉"(the melting pot),美国英语同样具有"大熔炉"的特点,在与各民族人民的语言接触中吸纳了大量他族语言。

1. 对印第安语的吸纳

白人在与印第安人的友好交往中学会了许多新的东西,从而充实了自己的语言和文化。在整个殖民时期,白人移民吸收的词汇主要是地名,特别是一些和自然特征有关的词汇,如山川、河流、湖泊、海湾。在美国现今的 50 个州当中,至少有 27 个州取名自印第安语。另外,早期的美国英语借用的词汇还与印第安人的部族关系、生活方式、宗教习俗、农作物用具、动植物等相关,如 moose(驼鹿)、skunk(臭鼬)、chipmunk(金花鼠)、raccoon(浣熊)、opossum(负鼠)、squash(南瓜)、wigwam(棚屋)、sachem(酋长)、wampum(贝壳串珠)、tomahawk(石斧)等。

2. 对荷兰语言的吸纳

历史上,荷兰殖民者曾在北美大陆称霸一方,后来又有为数甚多的荷兰人定居美国,各种生活用语进入美国英语当中。有食品类词汇如:cole slaw(夹心菜丝)、cookie(甜点心)、cruller(油煎饼)、pot cheese(瓷装干酪)、waffle(蛋奶烘饼);农场与建筑物类词汇如:hay barrack(草屋)、stoop(走廊)、sawbuck(锯木架);还有一些社会属性词汇如:boss(工头)、patron(大庄园主)、

yankee(新英格兰人,美国佬)。

3. 对德语的吸纳

德裔美国人是美国当今最大的民族群体之一。据估计,每四个美国人中就有一人是德裔,不少德国的文化特征都变成了美国生活的一部分。德国著名的牛肉香肠、汉堡包、啤酒等都已成为美国人生活的必备之物,而这些都是德国人在美国的即兴之作。美国英语在与德语的长期碰撞中,也生成了不少词汇,如:beer soup(啤味汤)、blutwurst(黑香肠)、diener(实验室助手)、semester(学期)、seminar(研讨会)、hex(符咒)、katzenjammer(醉汉)、wunderkind(神童)、zinc(锌),等等。

4. 对法语的吸纳

法裔殖民者虽然在北美拥有广阔的疆域,但由于常住居民少,因而不像德国人那样对美国英语产生较大影响。但是,在美语词汇中,也不乏法语的影子,如:caribou(驯鹿)、pumpkin(南瓜)、jambalaya(什锦饭)、voyager(航海家)、cent(分)、chute(瀑布),等等。

5. 对西班牙语的吸纳

西班牙在北美也有过200年的殖民统治,在这一时期,西班牙语也大量地融入进美国英语当中,如:rancho(大牧场)、alfalfa(苜蓿)、marijuana(大麻)、mesquite(牧豆树)、yucca(丝兰花)、buckaroo(牛仔)、jerk(肉干)、poncho(披风)、cafeteria(自助餐馆)、conch(海螺),等等。

6. 对汉语的吸纳

汉语也给美国英语输入了 loquat(枇杷)和 jaozi(饺子)等新词。除此以外,还有 kowtow(表示"极其卑顺的态度",来自中文的"磕头")、kungfu(中国武术、功夫)、mah-jong(麻将牌)等。这些词的拼法大多延用韦氏(Wade Giles)音标。另外,有一句常用话,虽然里面没有一个汉字,但公认是从汉语里搬来的,这句话就是——Long time no see!(很久不见!)

三、美国英语的一致性

作为美国唯一的官方语言和多民族通用语言,美国英语具有惊人的一致性。早在17世纪,美国还处在殖民地初期就是如此。美国的早期移民大多来自英国的中部、南部和伦敦地区。在英国,他们基本上属于同一社会阶层,而且讲的是同一种语言。这些人到了美国,他们所处的社会地位或阶层常有变动,居住的地点也不稳定,经常从一个地区流动到另一个地区。但无论流动到何处,从事何种职业,他们都坚持讲自己国家的语言。可以说,无论是在发音方面,还是在用词方面,美国英语都不太容易受到地方色彩的影响,因而美国这块土地上的人所讲的英语克服了空间上的障碍,有着惊人的一致性,这与中国等国家同时并存多种民族语言或方言的情况形成鲜明的对比。美国英语的一致性是美国人民生活进步与社会发展的产物。后来,陆续进入美国的新移民急于挤进已经讲着英语的高级社会阶层,这种心情激励他们学习使用社会通用的语言。来自不同国家和地区的民族集团,生活在同一社会,互相接触、影响和融合,共同创造和丰富了美国的语言与文化。操其他语言的人们也在互相交际中逐渐接受了美国英语。美国英语的一致性,就其地理位置而言,没有"方言"的隔阂,不同民族的国人都能像一家人一样,用同一语言沟通和交谈。美国是一个幅员广大的多民族国家,但是,在这个国度里却没有方言。这主要是因为早期的美国人四处散居,而且有很多人经常流动。一般来说,在欧洲,普通老百姓因受到经济、观念诸多因素的影响,往往是生于斯,老于斯,很少远离故乡。只有占人口总数极少比例的那些中产阶级、贵族或有教养的上层人士才有机会到异地远足、求学、经商、传经、讲学、旅游和度假。因此在英国,郡与郡之间、南方与北方之间、城市与乡村之间,都存在不同的方言和口音;而在美国,情形却恰恰相反。同时,美国人经常迁移,四海为家,相互接触与交谈,也使得美国英语达到了惊人的一致。在美国的一切成就中,没有任何其他成就比美国英语的一致性更有特色。

谈起美国英语,迄今为止,美国的语言学家们认为最简单、最有效的,还是多年来一直采用的传统分法,也就是把美国英语分成三大类:东部美国话(Eastern American)、南部美国话(Southern American)和美国普通话(General American,简称GA)。虽然它们在语音、语调方面有一些地域性的特点,但是,在惯用词语及其他用法方面,所有的美国人,即使是受教育较少的人,都保持相当的一致性。

东部美国话的使用地区在美国东北角大西洋沿岸的新英格兰(New England)这一地区。这种话使用的地区和人数,在美国占极小的比例。但因这一地区的居民与伦敦一直保持着较密切的联系,故他们的发音跟着英国标准英语发音而变化,所以今天的这种美国话的主要发音特点与今天的英国普通话(General British,简称 GB)很相似。

南部美国话的使用地区基本上在美国称为"南方"(the South),即现在的阿拉巴马(Alabama)、阿肯色(Arkansas)、佛罗里达(Florida)、佐治亚(Georgia)、路易斯安那(Louisiana)、密西西比(Mississippi)、北卡罗莱纳(North Carolina)、南卡罗莱纳(South Carolina)、田纳西(Tennessee)、得克萨斯(Texas)、弗吉尼亚(Virginia)这11个州的范围。使用这种发音的地区和人数,在美国也只占较小的比例,但比东部美国话所占的比例要大。在这个范围内的居民,也因跟伦敦一直保持着密切的联系,在发音特点与英国普通话(GB)也很相似,但与东部美国话又有一些区别,例如,南方人比较喜欢拖长音。

美国普通话,也就是一般所谓的"美国音"。这种发音最有代表性,使用人数最多,在除上述两个地区以外的美国广大地区广泛使用。这一广大地区的居民,可能因为很早就与伦敦疏于联系,也可能是主要来自英国北部,所以今天美国普通话(GA)的发音基本上保持英国17世纪标准音的各种特点,与今天的英国普通话(GB)发音有显著的不同,而与英国北部的发音相似。

目前美国普通话可称得上是举国一致的语言,它无论在使用人数、地区和用途上都占有绝对优势。今天,美国广播的播音员、演员以及电影、电视演员,主要使用的都是 GA,因而 GA 的发音无疑对所有听众都会产生影响。美国对全世界的英语广播"美国之音"(Voice of America,简称 VOA)、美国英语语音学专著和教科书,尤其是为外国学生编写的美国英语教材,所用的也都是美国普通话的发音。

第七讲　文学印象

Let me repeat that a novel is all impression, not an argument.
　　　　　　　　　　　　　　　　　　——Thomas Hardy

让我重申,小说是一种印象,而不是一场争论。
　　　　　　　　　　　　　　　　　　——托马斯·哈代

不仅仅是小说,其实整个文学都是如此,都不过是一种阅读之后的印象罢了。有人说,区分文学作品的好坏其实是一件非常容易的事情。但凡一部作品,在你阅读之后,给你留下了深刻的印象,让你好像是患了一种疑似为阅读后遗症似的东西的,便是好的作品;反之则不然。所以,要抒写一国之文学,其实是一件相当费力的工作。毕竟,阅读实在是一件非常个人化的事情,标准难免会因人而异。不过美国诗人庞德①(Ezra Pound,1885－1972)的一句话倒是说得很有些道理,他说:"一部艺术史是名作的历史,既非败笔之作的历史,也非平庸之作的历史。"本章所介绍的,就是为美国撰写"艺术史"的几位文学大家。

一、马克·吐温:用文字画漫画

马克·吐温②(Mark Twain, 1833－1910)应该可以算得上是一位非常多

---

① 美国诗人,主要作品有《面具》(1909)、《反击》(1912)、《献祭》(1916)、《休·西尔文·毛伯莱》(1920)和《诗章》(1917－1959)等。
② 原名萨缪尔·克列斯(Samuel L Clemens)。

产的作家了。他的阅历丰富,先后当过印刷所的学徒、报童、排字工人、水手和轮船驾驶员。丰富的生活经历,尤其是他的童年以及他在密西西比河上当水手的那段记忆,对他的创作产生了很大的影响。他的笔名"马克·吐温"就是来自于他在密西西比河做水手时的行话,意思是"水深两浔",即"水深12英寸,船可以安全通过"。马克·吐温早期是以短篇小说登上文坛的。他的短篇作品很多都非常有名,其中《百万英镑》(The One Million Bank Note,1893)还被改编成了著名电影。不过,标志着马克·吐温真正成熟起来的作品却是他后来的一些长篇小说,其中以儿童惊险小说《哈克贝利·芬历险记》(The Adventures of Huckleberry Finn,1884)最为有名。晚年的时候,马克·吐温开始发表大量游记、杂文和政论。鉴于马克·吐温在美国文坛的重要影响,威廉·福克纳①(William Faulkner,1897—1962)将他称为"美国文学之父"。

尽管马克·吐温最大的成就是他的长篇小说,但在中国,人们知道这个名字却更多的是因为他的短篇小说。马克·吐温的短篇小说往往被冠以"幽默"的名头,不过将他的小说细细读下来,便会觉得讽刺的意味更浓。当然,讽刺和幽默很少会有分家的时候,只是"幽默"一词有时难免会有消解讽刺的嫌疑。在马克·吐温这里,这句话意义尤甚。

马克·吐温的作品,往往是用漫画式的笔触,写一些乍看之下让人觉得啼笑皆非、毫不可信的故事。然而对于这种看似荒诞不经的故事,他却常常以一种煞有介事的口吻娓娓道来。那种感觉就像是在听堂吉诃德(Don Quixote)讲故事,他讲得是那样真挚,以至于你根本不忍心去打断他,不忍心对他说,你的故事毫不可信。然而当我们以敷衍的心态听完了他的故事去面对现实的时候,却会突然发现:"嘿,这件事情跟刚刚的那个故事可真是太像了!虽然一个是现实,一个是故事,两者差别巨大。但是,可真是像!不,是一模一样!"

《竞选州长》就写了这样的一个故事。自认名声不错的马克·吐温先生被提名为纽约州的州长候选人,要同其他两位先生一决高下。然而就在马

---

① 美国著名小说家,代表作为《喧哗与骚动》,其他重要作品还有:《圣殿》、《标塔》、《没有被征服的》、《野棕榈》、《坟墓的闯入者》、《修女安魂曲》、《寓言》以及《掠夺者》等。

克·吐温先生还在犹豫究竟要不要参加竞选的时候,报纸上接连几天刊登出了关于马克·吐温先生的种种劣迹。当然,这些被指证为是马克·吐温先生所犯下的罪行,他本人统统从未做过。当再也无法忍受这样的诽谤时,马克·吐温先生被迫退出了竞选。他最后的署名有着相当长的定语:"你忠实的朋友,过去是好人,现在却成了臭名昭著的伪证犯、蒙大拿小偷、盗尸犯、酗酒狂、肮脏的贿赂犯和恶心的讹诈犯的马克·吐温。"好一个"正直"的新闻界,好一场民主的州长竞选,被马克·吐温用漫画才有的笔触生动地勾勒了出来。

二、欧·亨利:温情的囚徒

有两件东西让吉姆和德娜这小两口儿感到十分自豪:一件是丈夫吉姆家祖传的金表;另一件是妻子德娜的头发。德娜的头发究竟有多漂亮,难以形容,因为再华丽、再优美的词藻用来形容德娜那头漂亮的褐发都会让人觉得词不达意。然而,为了给丈夫吉姆买一条配得上他的金表的表链,德娜毅然决然地卖掉了她的美丽长发。然而就在她高兴地将表链送给吉姆时,才知道,他竟然已经将自己的金表卖掉,而给德娜买了一套非常漂亮的发卡!

在听到这样一个故事的时候,我们无不会为夫妻俩的爱情而动容,也会为他们的贫穷感到惋惜和悲哀。其实后一种情感大可不必,因为在"美国现代短篇小说之父"欧·亨利的笔下,这个故事远比我们想象中的要更加温情和淡然。

欧·亨利(O·Henry,1862 – 1910),本名威廉·西德尼·波特(William Sydney Porter),是与法国的莫泊桑(Guy de Maupassant ,1850 – 1893)和俄国的契诃夫(Anton Pavlovich Chekhov ,1860 – 1904)齐名的世界三大短篇小说家之一。1862 年,他出生在美国北卡莱纳州(North Carolina)一个小镇上的医生家庭。3 岁的时候他便失去了母亲,在父亲的抚养下长大。长大之后,他与年轻的阿索尔结婚,生下了女儿玛格丽特。然而不幸的是,阿索尔后来病逝,而欧·亨利则因一件银行资金挪动案而被送入了监狱,成为了"34627 号囚徒"。有一年圣诞节的时候,为了给女儿玛格丽特购买生日礼物,身在狱中的欧·亨利写了一篇短篇小说,并把它寄给了当时很著名的一家杂志。这篇小说不仅为欧·亨利带来了极大的成功,更让他得到了一笔足够给女儿买圣诞礼物的钱——也许,这对他来说才是最为重要的。就是这样一个让人觉得极富温情的契机,使得美国文学史上出现了一位著名的短篇小说家。欧·亨利的一生中写过近300篇短篇小说,以及一篇长篇小说——《白菜与皇帝》(Cabbages and King, 1904)。欧·亨利最著名的短篇小说除了上面提到的《麦琪的礼物》》(The Gift of the Magi),还有《警察与赞美诗》(The Cop and the Anthem)、《酒吧里的世界公民》(A Cosmopolite in a Café)、《带有家具的房间》(The Furnished Room)、《感恩节的两位绅士》(Two Thanksgiving Day Gentlemen)以及《最后一片叶子》(The Last Leaf)等。

欧·亨利的小说,如同他从事文学创作的契机一般,充满了脉脉温情以及对人性的赞美(如:《麦琪的礼物》、《感恩节的两位绅士》、《最后一片叶子》),这是他小说中最常见的主题,也是他写得最好的部分。虽然也有人认为,正是这样的温情破坏了欧·亨利小说的思想深度,不过能够将温情表现得如此细致入微的作家,世界上大概也绝无仅有。正是凭借这样的温情,欧·亨利才无愧于"世界三大短篇小说家之一"的名号。

当然,他的有些小说也带有讽刺意味,比如《警察与赞美诗》,就讲了一个在街头流浪的小混混,为了能在冬天的时候到位于海岛的监狱里去过冬而想尽了办法要让警察将他逮走。他砸了商店里的玻璃,到饭店里去吃霸王餐,他跟踪一位女士,他在大街上大喊大叫,他做了为进监狱而能做的一切努力,但他身边的警察却丝毫都不体谅他的劳动,而竟一次又一次地放过了他。在他所有的努力都化为泡影之后,他彻底的失望了。怀着这样的心情,他去了一间教堂。在那里,他终于顿悟到生活的美好,而就在他下定决心要好好生活,不再浪费生命的时候,一个警察却突然出现在他的面前。最终,他被送往岛上的监狱——尽管他此刻已经改变了主意,不想去了。

欧·亨利的小说总是如此,在顺其自然的发展下却总是出现一个出人意料的结尾,人们管这种结尾叫做"欧·亨利式的结尾"。无疑,这种结尾是欧·亨利小说最大的亮点。

三、尤金·奥尼尔:展示悲剧的深沉力道

尽管今天美国的百老汇(Broadway)享誉世界,但事实上,与美国的小说和诗歌相比,美国的戏剧其实起步较晚。直到20世纪30年代,美国戏剧才

迎来了它的第一位巨人——尤金·奥尼尔（Eugene O'Neill，1888～1953）。1936年，瑞典科学院在授予奥尼尔诺贝尔文学奖时指出："他在戏剧作品中所表现的力量、热忱和深挚的感情，是完全符合悲剧的原始概念的。"的确，在奥尼尔的作品中，我们总是能够感受到如同古希腊悲剧一般深沉的力道，剧本中浓重的命运感觉和悲剧意识就像是一只扼住人咽喉的无形巨掌，但当你想要反抗的时候，那种压迫的感觉却随即消逝在空气之中，使你仿佛陷入无物之阵。

诚如评论界所指出的那样：在奥尼尔之前，美国只有剧场；在奥尼尔之后，美国才有戏剧。奥尼尔的一生共创作了40多部剧本，其中最为有名的有《天边外》（Beyond the Horizon，1920）、《琼斯皇》（The Emperor Jones，1920）、《毛猿》（The Hairy Ape，1921）、《上帝的儿女都有翅膀》（All Gods Children Got Wings，1923）、《榆树下的欲望》（Desir Under the Elms）、《悲悼》（Mourning Becornes Electra，1931）等。其中《天边外》是奥尼尔的成名作，也是他的代表作之一。

《天边外》全剧由三幕六场组成，每幕两场，一场是在室外的农场，另一场是在主人公罗伯特和安朱两兄弟的家里。幕起时，罗伯特坐在农场的栅栏上，他的哥哥安朱从右边沿着大路走来。那时，罗伯特正打算随着他们的舅舅乘船离开，到他心中遥远而美好的世界旅行，而哥哥安朱则即将要与青梅竹马的露丝结婚。而罗伯特心中其实也同样暗恋着美丽的露丝，在离开之前，他向露丝做了一次并不抱希望的告白。没有想到的是，露丝竟然接受了他的告白，于是一个难题摆在了罗伯特的面前：是离开农场去追寻他心中的梦想，还是留下同露丝结婚？事件的最终，是哥哥安朱代替罗伯特出海远行，而罗伯特留在了农场与露丝结婚。若干年过去了，罗伯特和露丝生活困顿，安朱却带着成功和财富归来。受够了贫穷的露丝认为自己的真爱不是罗伯特而是安朱，而罗伯特却带着对于天边外的向往死在了农场的树下。

这是一个再简单不过的故事，但故事中却蕴藏着一种深沉的悲哀。罗伯特和安朱从一开始就是两种人——一个是理想家，一个是实干家。一生困顿于农场的罗伯特一心向往着天边外的世界，然而他对于所谓外面的印象却全部来源于书本，是一种理想化的世界。罗伯特死前的最大遗憾不是妻子对于他精神上的不忠，而是没有能够到外面的世界看一看。事实上，就算他走出农庄,他将得到的也必然只是一种幻灭而已。但他并不知道这个道理,所以当命运的慈善难得地降临在他头上的时候,他反而将之看成了一种桎梏。罗伯特最大的悲剧也许正是在于没有意识到命运的善意。反倒是对于安朱,命运才显现了一种毫不留情的残忍。对于愿意老实一生的安朱来说,如果从来都不曾离开农场,他大概倒有可能真正得到一种除了物质之外的满足人生吧。

四、叙事简洁的厄内斯特·海明威

"海明威"(Ernest Hemingway,1899 - 1961)这三个字,如雷贯耳。他是美国文学史上的重要作家,他是"迷惘的一代"(Lost Generation)的杰出代表,他是1954年的诺贝尔文学奖获得者。他的一生发表过大量作品,如《太阳照样升起》(*The Sun Also Rises*,1926)、《永别了,武器》(*A Farewell to Arms*,1929)、《丧钟为谁而鸣》(*For Whom the Bell Tolls*,1940)等等。不过他最为著名的作品却是他在晚年发表的一篇中篇小说——《老人与海》(*The Old Man and the Sea*,1952)。

《老人与海》取材自作者早年从一个老渔夫那里听来的他在海上跟踪鲨鱼并与之搏斗的故事。小说的情节十分简单,写了一个古巴老渔夫经过苦战,终于捕到了一条比船还要长的马林鱼的故事。然而在回程的路上,老人却一次又一次遭到一群鲨鱼的攻击。尽管老人进行了不懈的战斗,但当老人最终回到岸上时,一直拖在船后的马林鱼却成了一副鱼骨。简单的故事似乎反映了一个深刻的哲理:就算失败无法避免,人也决不能够失去尊严和勇敢,向失败妥协。小说中有一句名言:"一个人并不是生来要被打败的。你尽可能把他消灭掉,可就是打不败他。"这句话一直激励着美国的青年一代。

不过真正让海明威赢得诺贝尔殊荣的,与其说是《老人与海》中的不屈精神,倒不如说是他在叙述上的精湛技巧。正如诺贝尔的评奖词中指出的那样,海明威对于叙述艺术的精通,突出地表现在他的《老人与海》中。海明威在谈到《老人与海》的创作时说道:"《老人与海》本来可以写1000多页那么长,小说里有村庄里的每一个人物,以及他们怎样谋生、怎样受教育、生孩子等等的一切过程。"但实际上,这篇小说却只有5万多字,并且也仅是描写了老人在海上捕鱼的三天而已。正是一直被海明威所实践着的这种"冰山理论"①,第一次从理论上为文本本身寻到了一方内在的世界。

五、玛格丽特·米切尔:不屈的意志永不随风消逝

据说,在一次作家见面会上,一个小有名气的作家旁边坐了一位相貌温和的女士,因为前面演讲者的讲演内容冗长,作家忍不住与坐在自己旁边的这位女士攀谈了起来。他向女士搭讪道:"您能来参加这个见面会,说明您也是一位很有名气的作者。我到目前为止已经写了十几本小说,不知道您一共写过几部小说?"女士谦虚地笑了一笑,说道:"我这一生只写过一部小说。"原本还显得很有礼貌的作家闻言不由露出了鄙夷的神情,说道:"哦,您才写过一部小说,那么它叫什么名字呢?"女士对作家神态的转变不以为然,只淡淡地说了一部小说的名字。而就在女士说出这部小说的名字之后,作家立刻露出了羞愧又崇敬的复杂表情。这位女士便是大名鼎鼎的畅销书作家玛格丽特·米切尔(Margaret Mitchell,1900 – 1949),而她一生所写的这唯一一部小说便是至今仍为人乐道的世界名著——《飘》(Gone With the Wind)②。

尽管这部小说是美国出版史上最畅销的小说,同时也是在中国知名度最高的美国小说之一,但是,不论是在美国自己的小说史中,还是在中国的外国文学史中,它都不曾被浓墨重彩地加以描绘过。毕竟,在很多人的意识中,一部通俗小说能够在文学史上占有一席之地就已经是一种莫大的成就了,而无需再给它带上更多的光环。然而事实上,这部小说早已经超越了一般通俗小说的意义,因为这部小说真正体现了人类的最高品质——不屈的意志。

故事讲述了南北战争时期,生长于美国南部的大庄园主的女儿斯嘉丽从16岁到28岁的一段传奇经历。在这其间,她经历了爱情的缘起缘灭,家

---

① 海明威曾在《午后之死》一书中写道:"如果一位散文作家对于他想写的东西心中有数,那么他可以省略他所知道的东西;而读者呢,只要作者写得真实,就会强烈地感觉到他所省略的地方,就好像作者已经写出来似的。冰山运动的庄严就在于它只有九分之一露在水面上。"

② 直译为《随风而逝》,1936年首次出版。

族的破产,战争的侵袭,文明的崩塌以及道德的重建。可以说,斯嘉丽的这 12 年历程比很多人一辈子经历的都要多,她无数次地被灾难席卷,无数次地面对最为严峻的考验,很多她身边的人都在这场人为的灾难面前倒了下去,而这个年轻的女人却凭借着一股韧劲挺了过来。所以尽管斯嘉丽这一人物是那样自私自利,甚至乍看之下有违崇高的道德标准,但她那不屈的生命意志却震撼着每一个阅读者的心灵。

这部小说自 1936 年出版,70 多年已经过去了,但它却从未被历史抛弃,仍然以其曲折的情节和生动的人物形象吸引着大批读者。当然,也许是因为作者本身的性别的关系,这部小说更容易被女性读者所接受和喜爱,甚至可以套用一句流行的句式来说,那就是"每个女人的心中都有一个白瑞德"。因为这部小说在情节构思和人物塑造方面的成功,根据其改编的电影《乱世佳人》也已成为美国的经典影片之一。

我们在阅读这部小说的时候,除了小说本身之外,不得不去思考,比起那些被学院派的评论家们无限解读之后便被束之高阁的所谓"严肃小说"来说,像《飘》这样经过岁月的洗礼却仍旧留在人们心中的作品不是更为经典的吗?至少,"它永不会随风消逝"。

六、杰洛姆·大卫·塞林格:守护纯真的孩子

《麦田里的守望者》(*Catcher in the Rye*)是塞林格(Jerome David Salinger, 1919 –   )一生中第一部、也是唯一一部长篇小说,但正是这仅仅的一部小说,却奠定了塞林格在美国文学史上不可动摇的地位。《麦田里的守望者》这个名字跟小说的内容其实没有什么太大关系。它得名于苏格兰诗人彭斯的一首名为《从麦田里走过来》的诗歌。诗歌讲述的是诗人站在悬崖之边,望着一群孩子在麦田里嬉戏,他的任务就是要保证这些孩子不会在嬉戏中不小心掉下悬崖去。可以说,"麦田里的守望者"是孩子们的守护者的象征。

小说讲述了 16 岁的主人公霍尔顿·考菲尔德被学校开除之后,因为不敢回家面对父母,而一个人在纽约流浪了一天两夜的故事。当然,时间算不上很长——尽管是对一个 16 岁的孩子来说。然而主人公在这其间的经历却实在是有些曲折。他先是被一个妓女和侍者骗了钱财,然后又碰上了往日的情人并迅速旧情复燃,后来他到他的老师家去,却发现老师似乎是想要与他发生同性恋行为。在这一天两夜的时间里,发生了这么多的事情,实在算得上是节奏紧凑。

不过这篇小说真正感动人的东西其实是主人公霍尔顿与其弟、妹之间的纯真感情。小说的开头部分,在霍尔顿已被开除出学校却还没有离校的时候,与他同宿舍的同学为了出去跟女孩子约会而让他帮忙写上一篇作文。在这篇并没有按照同学的要求来写的作文中,霍尔顿借由一只弟弟留下的棒球手套无限深情地缅怀了因病去世的弟弟。后来,在霍尔顿因为没钱而不得不潜回家去的时候,作者又用细致入微的笔墨描写了霍尔顿和他的妹妹老菲比之间真挚的感情。这里让人感到有趣的是,他叫自己的妹妹"老菲比"。老菲比是一个非常纯真而体贴的10岁孩子。霍尔顿在回家之前买了一张唱片打算要送给菲比,可是在路上不小心将唱片摔碎了。当他在老菲比面前拿出被摔碎的唱片的时候,老菲比非但没有责怪哥哥的不小心,反而将碎唱片郑重地放在床头柜里,并告诉哥哥她本来就正在收集碎的唱片。后来,当霍尔顿下定决心要离家出走而想要与老菲比做最后告别的时候,他去了菲比的学校。然后,他在菲比学校的墙上看见了一些非常不好的字眼,这令他非常生气,因为他不想让菲比或是跟菲比一样的小孩子看见这样肮脏的字眼。尽管霍尔顿满口脏话,看起来很像那种所谓的坏孩子,但实际上他却不过是一个纯真而敏感,不满于虚伪的大人世界的孩子罢了。霍尔顿就如同那个麦田里的守望者一样,对于单纯的孩子拥有着无比的热爱,试图用自己微薄的力量守护着孩子们的纯真。

七、拉尔夫·埃里森:揭示无法逃脱的人生困境

黑人问题是美国自建国以来就一直存在的一个严重的社会问题。相应的,黑人小说也因此成为美国小说中一个重要组成部分。纵观美国的黑人小说,它们往往站在被侵犯和被损害的立场上,讲述黑人的不幸遭遇和他们对于白人的憎恨与反抗。作为美国黑人小说的里程碑之一的《土生子》(Native Son,1940)①就正是这样一种小说的典型代表。而到了埃里森(Rolph

---

① 是美国黑人文学史上跨时代的里程碑,它的作者为美国著名黑人作家理查德·赖特(Richard Wright,1908 – 1960)。

Ellison,1914－1994)的《看不见的人》(*Invisible Man*,1952)这里,尽管从表面上看小说的内容仍然逃不脱美国黑人小说的传统内容,但细细读来,却发现这部小说早已超越了一般美国黑人小说的主题,它毫不留情地揭示了人类生存所面临的一个普遍无法逃脱的困境。也正基于此,这部小说才能够成为美国公认的一部经典之作。

《看不见的人》的主人公是一个无名无姓的黑人,全文以主人公"我"的自述展开。主人公生活在纽约的一家地下室里。他偷接了电力公司的电线,用以点亮地下室中的1,000多只灯泡。尽管这些灯泡将地下室照得如同白昼一般明亮,但主人公仍旧明言自己是一个别人所看不见的人。主人公从自己的中学时代开始,回忆着他这不被人所见的一生。这是一个倒叙的文本,尽管故事本身充满曲折,但大约是因为作者用了超现实主义的手法,并且本意上也不并打算靠情节来吸引读者,所以多少让读者有些生硬得读不下去的感觉。如同在人生当中品第一口咖啡,除了奇怪的苦味,很难从中体会出什么美妙滋味,只有当你硬着头皮再去喝第二口的时候,才能够品出其中的香醇。这部小说正是如此。故事在现实与超现实之间任意转换,乍看之下不过是表现美国黑人悲惨遭遇的情节,却深刻地揭示出人类的一种普遍困境。小说的主人公作为一个黑人,为了融入白人主导的世界,不断消解着自身,以异化自己的方式来将自己假扮成白人社会的一员。然而自欺者却无法欺人,当主人公被白人社会一把推开的时候,他又稀里糊涂地加入了一个反白人的黑人团体。尽管那里的人们有着相同的肤色,主人公却仍然无法得到真正的认同和接纳。最后主人公得出结论,不论在哪里,他都只是一件被异化了的外套罢了,而真正的他,却是一个谁也看不见的人。

也许是因为作者本身的黑人身份,也许是只有黑人才能更清楚地体会到这种"无法被人看见"的悲哀,小说的主人公被设定为黑人的身份。其实,我们每个人又何尝不是如此呢?假装自己符合一切的社会要求,按照他人的需求来异化和装扮自己,好像自己是社会中无法被剔除的一分子,然而那个真实的自我又是否早已成为一个连我们自己都看不见的人了呢?读《看不见的人》,就像是读一本恐怖小说,那样让人遍体生寒到想要忽略的深刻现实,却突然赤裸裸、明晃晃地被拉出来摆在你的面前;明明因为心悸而想要立刻停下来不再读下去,但手指却不知何时,已失去了合上书本的力量。

八、约瑟夫·海勒:设置绝妙的圈套

20世纪60年代的时候,美国出现了一支影响了世界的文学流派——"黑色幽默"(Black Humor)。但是作为"黑色幽默"的重要代表作家的约瑟夫·海勒(Joseph Heller,1923－1999)和库尔特·冯尼格特(Kurt Vonnegut,1922－2007)等人,却并不承认自己是"黑色幽默"作家。随着这种表现手法的盛行,"黑色幽默"成为了美国乃至世界文学史上的一个重要组成部分。有些评论家将"黑色幽默"称为"荒诞的幽默"、"变态的幽默"、"病态的幽默"或"绞刑架上的幽默"、"大难临头时致命的幽默"等等。约瑟夫·海勒的《第二十二条军规》(Catch－22)①便是"黑色幽默"的代表作之一。

故事讲述了第二次世界大战时期美国第256空军轰炸机中队内部发生的一些故事。全书以主人公约塞连为中心,他是飞行大队所属的一个中队的上尉轰炸手。约塞连对升官发财不感兴趣,只想早早地完成军队所规定的飞行任务,然后回家去过正常的日子。然而每当他以为自己完成了规定的飞行次数之后,他就会发现,飞行的次数已被上调,也就是说,他不得不继续飞行以期能够满足已经上调的目标。然而目标始终像是没有止境一般地浮动,使得他不得不另想他法来拒绝飞行。这时,军队中一条不成文的法令——第二十二条军规成了他唯一的希望。根据"第二十二条军规"的规定,他只有在疯了的情况下才能申请终止飞行。但是一个真正的疯子是绝不会提出这样的申请的,所以如果他提出申请,那就证明他没疯,还可以继续飞行。事实上,这"第二十二条军规"根本就是一个绝妙的圈套,是空军中队的司令官为了压榨士兵、任意增加飞行指标所设下的一个骗局。

尽管这部小说在客观上表现了战争的残酷,并且也正像很多评论家所说的那样,"黑色幽默"小说的内容总是离不开战争,但是海勒自己却坦言,他对战争完全不感兴趣,他感兴趣的,是官僚权力结构中的个人关系。

诚然,"第二十二条军规"正是对于这种官僚权力的一种绝妙的揭露和讽刺,它有力地影射了当时看似完善,但解释权却全部都在官员的美国法律——这些法律最终不过是美国高层玩弄民众的工具而已。事实上,如同

---

① 1961年首次出版。

"第二十二条军规"一样的条款并不仅仅只存在于20世纪60年代的美国,直到现在,它也仍旧存在于我们的生活之中。只是我们有时并不自觉,甚至麻木到习以为常而已。但是约瑟夫·海勒早在40多年前便以其独有的敏锐将这种人类自制的困境深刻地揭示了出来。如今,"第二十二条军规"(Catch-22)已经正式地进入了英语词典,但是我们希望,有一天这个词汇会被归纳到历史的范畴。

九、挚爱生命的E.B.怀特

"随笔作者是些自我放纵的人,天真地以为,他想的一切,围绕他发生的一切,都会引起大家的兴趣。此人陶醉于他的事情,就像喜欢观察鸟类的人陶醉于他的郊游一样。随笔作者每一次新的出行,每一次新的'尝试',都与上一次不同,带他进入新的天地。他为此兴奋。只有天生以自我为中心的人,才会如此旁若无人,锲而不舍地去写随笔。"

这是怀特(E.B. White,1899-1985)在他的随笔集《这就是纽约》前言中的文字,这似乎也是对于他的写作的一种最真切的诠释。当然,比起前面几位响当当的大作家来说,怀特在中国还算不上十分有名,不过,但凡看过他的文字的人,就很难不被他那自然不做作的文字所吸引。E.B.怀特是美国一本很有名的杂志《纽约客》(*New Yorker*)的主要撰稿人。怀特曾经说:"我生活的主题就是,面对复杂,保持欢喜。""我在书中要说的一切就是,我喜爱这世界。"的确,读怀特的文字,你会自然而然地从中感受到他对生活的热爱。在他的笔下,几乎每一件小小不言的事情都可以变成一段优美的文字。在我们为赋新词强说愁的时候,怀特却将他身边的一件件小事娓娓道来,并丝毫不会让你感到啰唆或无趣。事实上,怀特的文字有着一种自然而然的幽默,不是可以让你捧腹大笑的那种,而是会让你会心一笑或释然一笑,这大约来源于怀特对于生活所保持的那种自在态度。

尽管怀特是如此醉心于细微的生活,但他却从未放弃过他对于重大事件的发言权力。怀特最为人所津津乐道的,大约要算是他在《这就是纽约》中对于"9·11"事件的精准预言:"纽约最微妙的变化,人人嘴上不讲,但人人心里明白。这座城市,在它漫长历史上,第一次有了毁灭的可能。只须一小队形同人字雁群的飞机,旋即就能终结曼哈顿岛的狂想,让它的塔楼燃起大火,摧毁桥梁,将地下通道变成毒气室,将数百万人化为灰烬。死灭的暗示是当下纽约生活的一部分:头顶喷气式飞机呼啸而过,报刊上的头条新闻时时传递噩耗。"当然,我们都知道,这所谓的"预言"其实不过是一种巧合而已,但在这巧合之中,何尝没有暗藏着怀特精准的眼光。

关于怀特的文字,评论得再多,也无济于事。同小说这种就算你没有看过原作也可以说得头头是道的东西不同,散文这种东西,是非要亲自去读上一读才会明白其中的妙处的。而当你真的去翻开他的文字阅读的时候,我将毫不怀疑,喜欢怀特的人又会多上一个。

第八讲　西部传奇

The future belongs to those who believe in the beauty of their dreams.
——Franklin D. Roosevelt

未来属于那些相信美梦的人们。

——富兰克林·D·罗斯福

当我们提起美国西部的时候，最先映入我们脑海的也许是粗犷豪情的牛仔，也许是可以让人一夜致富的"淘金热"（gold rush），也许是一望无际的戈壁和大草原，也许是富有传奇色彩的冒险故事……

在我们心中，美国西部就是一个传奇之地。传奇性的人物，传奇性的故事，在那里我们似乎都可以轻易找到。然而我们脑海中这一切对于美国西部的印象，其实只是那些美国西部小说和西部片带给我们的一种罗曼蒂克化的美丽幻象，而真实的美国西部却隐藏在这种幻象之后安之若素。

如果我们想要了解真实的美国西部，我们就不能不注意到其真实与传奇同构的双重性质。

一、英国统治下的西部挺进

美国最早的欧洲移民，大都集中在以纽约（New York）为中心的美国东海岸。这些移民在来到美洲的同时，也带来了先进的科学技术，所以，以纽约为中心的这些移民地在很短的时间内便快速地发展了起来。同时，随着移民地的发展，越来越多的移民相继进驻到这里，人口在短时间内迅速增长。为了解决人口压力的问题，许多人向西搬迁到与纽约相邻的宾夕法尼亚州的皮兹堡(Pittsburgh)，这就是美国最早期的"西进"。而从皮兹堡再往西，则是一片完全未经开垦的"处女地"，面积相当于当时美国国土面积的6.5倍。

尽管当时还不曾有移民大批量地进入宾夕法尼亚州皮兹堡以西的俄亥俄盆地，但以英国人为首的欧洲移民却早已经对这块地方垂涎三尺。一些土地开发商也蠢蠢欲动，盘算着如何把俄亥俄盆地的土地占为己有，然后再卖给需要土地的新进移民。1747年，来自弗吉尼亚州的几位有影响力的富商为了将土地占有合法化，成立了历史上著名的"俄亥俄土地开发公司"，并向英国女王提出开发俄亥俄州的建议。1748年，英国女王批准了俄亥俄土地开发公司的申请，将皮兹堡以西一块面积为20万英亩①的土地划拨给了俄亥俄土地开发公司。虽然美国这时还是属于英国的殖民地，但是可以说，俄亥俄土地开发公司的建立正是美国西部大开发开端的标志。

二、美国独立后的西部土地政策

1783年，美国取得了独立战争的胜利，从此，美国摆脱了英国殖民地的身份，作为一个主权国家而存在，赢得了独立的美国也同时赢得了自主的向其国土西部扩展的权力。然而，如何治理这片广阔的土地却成了邦联国会②所面临的一个重大问题。当时，美国由13个刚刚从英国殖民统治下独立出来的州组成，邦联国会行使着作为美国政府的职能。对于这13个刚刚联合在一起的州而言，彼此之间的联合却还并不是那么紧密。所以，西部广袤大陆的土地分配问题在这个时候就显得尤为尖锐，只要稍有不慎，对于土地的争夺就有可能导致刚刚联合在一起的邦联解体。所以，邦联国会对西部土地的开发问题慎之又慎。

---

① 合800平方千米。
② 美国独立战争之后，美利坚作为一个新兴的独立国家出现在世界舞台上，这时美国还仅有13个州，都是从英国的殖民统治下独立出来的。为了将这13个州团结在一起，邦联国会出现了。从1781年到1789年，邦联国会一直履行其作为美国政府的职责，直到后来被美国第一届联邦政府取代为止。

邦联国会的大多数代表认为,西部广袤的土地不应该以各州额外增地的形式分配给各州,而应该通过在西部建立新州来推动西部的开发。他们希望广大的西部土地能够同已经存在的13个州一样,成为合众国不可分割的一部分。1780年10月,大陆会议①通过了一项关于邦联土地的决议,该决议规定:"凡可能割让或转让给合众国的尚未分配使用的土地……其日后的处理应符合合众国的公共利益,在那里安置移民而组成的各个共和州,应成为邦联的成员,并应享有与其他州相同的主权权力、自由和独立。"在这样的理论基础上,1784年4月23日,邦联国会通过了第一个关于西部土地开发的法令——《西部领地组织法》。这部法令确定了西部的范围,并将西部土地按照经纬度划分为几个新州。法令确定,这些新州同原来的13个旧州一样都是合众国的一部分,它们在地位上完全平等。虽然法案已被通过,可却并没有马上施行,因为东部各州害怕新州上广袤的土地将旧州的大量人口吸引过去,从而会对东部不利。1785年5月20日,邦联国会通过了第二个有关西部土地的法令——《西部土地出售法令》。它是一部关于测量和出售西部土地的法令。如果说第一部法令是在本质上确认西部土地为国有的话,那么这部法令就是要将国有的土地变为私有。1787年7月13日,邦联国会在部分议员缺席的情况下又通过了《俄亥俄河西北合众国领地组织法》,简称《西北法令》。

邦联国会制定通过的这三部法令,确定了美国西部大开发过程中的一些基本土地政策。在具体的实施过程中,确定了先将西部土地收为国有,然后又将公地以出售和承认"先占先得"的方式交到移民的手中。以这三部土地法为基础,大批移民进驻了美国西部。

三、西部农业的开发

最先进入美国西部的移民大多是农民,在政府颁布的一系列有关土地的法令的刺激下,这些农民付出了极大的热情,为西部开发做出了重要的贡献。

---

① 1774年至1789年英属北美13个殖民地以及后来美利坚合众国的立法机构。大陆会议共有两届。

为了鼓励农民开发耕地,邦联国会在低价出售了一阵土地之后,开始承认土地的"先到先得权"。政府规定,每个年满21岁的美国公民,只要缴纳10美元的申请费,就可以免费获得160亩没有耕种过的土地,而连续耕种5年后,就可以拥有这块土地的所有权和出售权;也可以在耕种6个月之后,按照当时的最低土地价格(每英亩1.25美元)买到土地的所有权。

邦联国会的土地政策极大地刺激了农民们的开发热情,为了获得土地和财富,他们大量涌入西部。起初,农民们对于土地的开发还是原始的和粗放式的,随着西部开发的深入,这种原始粗放式的开发渐渐被自觉的和集约式的开发所取代。对于土地,人们开始有了较为明确的规划和目标。人们因地制宜,重视多种开发模式的结合使用。后来,随着更先进的农业科学技术的引进,美国西部的农业很快就成为西部的一大重要产业。

四、"畜牧王国"的兴起

尽管新进移民们对向西的开拓充满了热望,但事实上,真实的西部生活却远没有移民们预想的那般简单。对于新到的移民们来说,"封锁去路的莽莽森林,峭然耸立的层峦迭峰,杳无人烟、荒草丛生的草原,寸草不生、一望无垠的荒原,还有干燥的沙漠,剽悍的蛮族,所有这些都是必须加以征服的。"[①]

然而为了土地、自由和财富,大批移民者仍然不畏艰难来到了这片未经开垦的土地之上,他们相信,依靠个人的奋斗,他们可以在这片土地上获得他们想要的一切。家庭背景、原本的社会地位,在这里都失去了意义,只有辛苦地付出和奋斗才可以成为个人资本。他们的努力没有白费,曾经的荒原之地,最终变成了美国的"畜牧王国"。而在这个过程当中,有一大批英雄值得永远地被历史铭记。

1. 牛仔

在现代美国人的印象中,牛仔大概就相当于"英雄"的代名词。他们头戴毡帽、脖系围巾、脚穿长靴,身怀手枪,骑着一匹高大的骏马,挺立在荒漠

---

① 【美】卡尔金斯,王岱等译:美国扩张与发展史话,北京:人民出版社,1984年,第11页。

边缘的落日余晖之下……牛仔,代表着美国最罗曼蒂克的爱情故事,也代表着最富于传奇性的冒险故事。我们印象中的牛仔们,其主要工作似乎并不是放牧牛群,而是同恶势力进行无畏的搏斗,赢得美女的芳心。

其实,真正的西部牛仔不过是一个个骑着马的农场工人,他们是美国历史上一个特定时期的一群特殊的劳工阶层,是美国19世纪后期畜牧垄断资本直接的剥削对象。他们每天工作12到14个小时,干着又脏又累又危险的工作,却拿着最微薄的收入。他们那身看似帅气的打扮并不是为了赢取姑娘的芳心,而是因为那是对他们而言最为适合的工装:他们的宽边毡帽可以使他们免受烈日和风雨的侵害,到了晚上还可以卷起来做枕头;马靴可以方便他们在困难的情况下踩紧马镫;皮裤则可以保护他们在林间穿行的时候不会被树枝将腿划伤。他们的工作既艰辛又危险,他们的生活也绝不像大众印象中的那般惬意和浪漫。

这些牛仔们,大部分是小农场主的儿子、到西部定居的居民、战前的奴隶、破产的农场主和退伍的士兵,除白人外,他们中间还有印第安人、墨西哥人和黑人。1865年到1895年间,是西部牛仔的黄金时期。那时,因为出现了牛肉保鲜的新方法,肉食牛有了很大的市场空间。与此同时,铁路的兴修也为牛肉的长途货运提供了可能。美国西部的牧牛业在这样的背景下开始兴起,而牛仔便成了不可或缺的人群——他们的主要工作是将牛群赶到离铁路最近的地方去。

牛仔们因为各种各样的原因来到美国西部,有些人是因为生活所迫。美国东部工业化和城市化的发展使得大批年轻人没有住处和工作,他们知道西部畜牧业的发展需要大批牛仔,于是来到这里,他们觉得只要努力,就可以挣到一笔钱,从而能够谋求以后的发展。当然,也有很多年轻人来到这里是因为受了当时的媒体美化了牛仔生活的影响。他们不愿意年纪轻轻就被固定在乏味的生产流水线上,与做着无聊而又辛苦的工作相比,他们更情愿来到这片开阔之地,把自己的年轻和勇敢投注为一场冒险的资本。

牛仔们的生活非常艰辛,早期只能睡在窝棚里、帐篷里,甚至露天而眠。后来,牛仔们虽然得以住进牧场主提供的工棚,但工棚却也仅仅只是一间简陋的屋子而已,屋内没有任何设施,牛仔们只能睡在地上。

除了艰苦的生活环境外,牛仔们还要面对极其危险的工作,比如割牛角等。得克萨斯长角牛的双角非常锐利,加之这种牛的脾气暴躁,为了不让这些长角牛在发起疯来的时候弄伤人,牛仔们每隔一段时间就要将牛头上的利角割掉。这是一件极其危险的工作,一不小心,牛仔就会被牛弄伤甚至致死。

牛仔最辛苦的工作自然还有长途跋涉将牛群送到规定的地点。一般,牛仔们会组成一个小队,以分工合作的方式来驱赶牛群。一支理想的赶牛队通常需要十一二个人,除老板外,还要有看马人、车夫、厨师和六七名牛仔。他们通常会赶上2,000到3,000头牛,每天凌晨就出发,并时刻保持着高度的警惕。一路上,他们不仅要在严酷的气候条件下保证牛群的安全,还要时刻提防印第安人和强盗的袭击。为了能够将尽可能多的牧牛安全送达目的地,牛仔们每时每刻都要冒着生命的危险。这些危险来自于牛群本身,来自于恶劣的天气,也来自于敌人的袭击。

尽管牛仔们做着如此艰苦而危险的工作,但是,他们所得到的工资却极其微薄。当牧场主们通过畜牧产业发家致富成为富翁的时候,一个普通牛仔花费数月驱赶一次牛群的工资所得,却仅仅只够他们买一顶帽子或一双鞋子。

牛仔们的生活,远没有我们想象中的那样浪漫和富有传奇色彩,但正是他们的艰苦劳动创造了美国西部"畜牧王国"的神话。而他们的精神,也正像我们所知道的那样,乐观、进取、积极开拓,影响着一代又一代美国人的精神面貌。

2. 牧羊人

牧羊人同牛仔一样,在美国西部的发展史上做出了重要的贡献。但是同牛仔在人们心目中被英雄化了的地位不同,牧羊人却是被美国历史所漠视的存在。历史上的牧羊人们,甚至都得不到应有的尊重,他们成了被诋毁和歧视的对象,尽管他们也做出了与牛仔们一样的贡献。

这些牧羊人大多是美国下层的劳动者和外国的贫穷移民。他们由墨西哥人、印第安人、英籍美国人和一些外国移民构成。平常,他们单独一人,或是两人一组,住在没有窗户、没有家具、只有几张脏羊皮的小屋里。他们的长枪或手枪,破旧的衣服,肮脏的帽子、皮靴,还有发了霉的雨披,全都凌乱地散放在地上。当他们出去游牧时,通常只带一顶破旧的帐篷,有的甚至连帐篷都没有，只能露天而眠或睡在山洞里。

牧羊人的生活非常单调孤寂，与牛仔们组成团队一同出去游牧不同，牧羊人往往都是单独行动，最多两人一组，赶着一大群羊到较远的山区放牧。他们整天看护羊群，晚上就在羊群的附近睡觉以防有猛兽过来袭击羊群。有的时候，一连几个月的时间，牧羊人都无法见到其他人，在广袤的山区里面，他们只能与寂寞为伍。如果说牛仔们要面对凶猛甚至可以致命的牛群，那么牧羊人所要面对的就是更加可怕的敌人——孤寂。

当然，除了孤寂之外，他们还要面对同孤寂一样可怕的敌人——恶劣的气候。牧羊人的职责是保护羊群，他们必须时刻都同羊群待在一起，不离不弃，哪怕是刮风下雨，风雪侵袭。人们经常会在羊群的旁边发现牧羊人的尸体，他们或是被雨天的雷电击中，或是被冻死在厚厚的雪层之下。

在产羔期，牧羊人也会非常辛苦和繁忙。每年5月是羊群中母羊的产羔期。初产的母羊往往不认幼羔，因此牧羊人必须以人工方式喂养小羊。除喂养小羊外，牧羊人还要特别地照顾母羊。在产羔期内，一群羊中通常会有1,000只到1,500只母羊临产。在这种情况下，牧羊人需要一边照顾刚刚出生的小羊，一边又要随时观察是否有母羊即将临产。他们每天早晨5点起来工作，一般要工作到晚上8点，甚至更晚，这样的生活要整整持续上将近一个月的时间，其间的辛苦可想而知。

然而牧羊人最辛苦的时候还是剪羊毛的季节。在格兰德河平原，每年有两个剪羊毛的季节，每个季节大约要持续上两到三个月。每一个牧羊人得每天剪上80只到100只羊的毛，没有做过这项工作的人大概很难想象出其中的辛苦。

长途驱赶羊群同样也是牧羊人需要负担的一项艰苦工作。一个牧羊人通常要独立赶着5,000只到7,500只羊走上七八个月的行程，其间各种困难自然不言而喻。甚至连寻找水源对于牧羊人来说都是一件颇为艰巨的任务。因为羊对水质的要求十分挑剔，在长途跋涉的过程中也不肯稍稍屈就一下。通常，羊群只喝池塘、湖泊、溪流和泉中的活水，除此之外的水源，即使再干渴难耐，羊群也不愿去喝。所以，给羊群寻找合适水源这项任务足以让牧羊人们颇费脑筋。而且，同马背上的牛仔不同，牧羊人完完全全需要靠着自己的双脚去走完整个放牧之旅，从这方面来看，牧羊人的工作甚至比牛仔还要艰苦得多,然而他们的名字却被掩埋在历史之中,没有得到应有的尊重和赞扬,这不得不说是一件极为遗憾的事情。

3. 牧区妇女

乍看之下,牧区似乎是男人们的地盘,牛仔也好,牧羊人也好,乃至牧场主们,都是清一色的男性,这里好像根本就找不见女性的身影。然而事实上,女性不仅存在于这片天空之下,更为这里的发展做出了巨大的贡献和牺牲。

牧区的女性,最主要的身份是牧场主的妻子。在来到牧场之前,她们可能有着各自不同的身份,也许是贵族家庭的小姐,也许是贫穷人家的女儿,也许就是当地印第安女子。但是在来到牧场之后,她们就全部自觉地恪守着一个共同的身份,那就是牧场主的妻子。身为妻子,她们要尽到抚养孩子和照顾家庭的重任。尽管这是当时每一个美国妇女都要去做的事情,但在那种特殊的艰苦环境下,她们所要付出的,自然要比其他妇女多得多。

为了给通常习惯早起的丈夫提前准备好早餐,女人们每天都要起得很早。在19世纪80年代以前,她们甚至不仅要为丈夫和儿女准备早餐,还要为牧场的牛仔们做饭。实质上她们已经义无反顾地担当起了牧场厨娘的重任。除了料理三餐之外,她们还要日复一日干着家中的各种杂活,像是洗衣服、熨衣服、补衣服和清洁打扫等等。在大平原上还没有出现水井和风车之前,缺水给人们的日常生活带来了极大的不便。尽管如此,她们却也还是要将也许在一夜之间就会重新又布满灰尘的房屋收拾得干干净净。她们在日复一日不知疲倦地做着相同工作的同时,还要忍受孤独和寂寞。在大平原上,最近的邻居恐怕也要骑上马走上很久才能够见到。有时候,一个牧场主的妻子会长达数月见不到其他女人。她们没有说话的对象,当丈夫和牧场的牛仔们在白天外出工作的时候,她们就被孤伶伶地留在家里,做着永远也做不完的杂活。在远离城镇的牧场里,这些牧场主的妻子们甚至连必须的生活用品都很难得到。在这种与世隔绝的生存环境中,她们必须依靠自己的努力去改善生活条件。

一些有作为的牧场主妻子还为牧区的社交生活方面做出贡献。就算相邻的牧区相隔遥远,但是只要有可能,临近的牧区之间还是会组织一些聚会或活动。社交生活在一定程度上缓解了牧区中牛仔们的孤独之感,让他们可以在接下来的生活中以乐观而开朗的心态坚持下去。

除了牧场主的妻子外,牧区中还有一些女性亲自担当了牧场主这样的重任。她们要管理牧场,像男性一样在艰苦卓绝的条件下带领牛仔们将牧场经营下去,她们干得并不比男性逊色。

这些生活在牧区之中的妇女们,用自己辛勤的劳动为整个美国西部的发展做出了绝不亚于男性的贡献。也正因为此,不论是在当时的美国还是在现在,她们都得到了应有的尊重。

五、西部采矿业

19世纪后半期,欧洲大部分国家的第一次工业革命已经接近尾声,第二次工业革命则正在进行之中,随着电力、化学、石油等新兴部门的迅速崛起,各国对于原料的需求也已经达到了一种鼎盛之势。为了获得更多的原料,人们纷纷把目光聚集在了不仅土地肥沃而且矿藏丰富的美国西部。

早期,采矿者们只需要使用简单的淘金技术和采矿器械就可以进行采矿活动。他们骑着骡子,带上镐、淘金盘等一些简单的淘金用具,用镐来挖土和打碎含有金子的石头,然后把被敲成粉末的碎片放到淘金盘中。淘金盘是一种偏平的盘子,淘金者们用盘子装满河里的泥土,然后加水,一圈一圈地旋转。沙子和泥会一起随着倒掉的流水重新回到河里,而金子则因为自身的重量留在了盘底。早期的采矿者们就是利用这样简单的设备来得到他们想要的矿产的。然而随着深层挖掘的展开,他们开始需要吊车、钻井以及深层排水机等一些较为复杂的设备。这时候,采矿者已经无法依靠个人的力量独立进行开采,于是借助外来的资本便成为西部采矿业的一种必然趋势。加之当时欧洲各国本来就想从美国西部的矿区获得他们想要的原料,于是很快的,欧洲资本流入了西部,并且对西部采矿业的发展起到了重要的作用。不仅仅是外国资金的投入,西部采矿业的发展同时也得到了美国东部资本的支持。大量资本的投入为西部的开发提供了充足的资金,保障了各矿业公司的顺利运转和扩大生产。

继1848年加利福尼亚的淘金热后,人们又在科罗拉多山区的克利尔河北支发现了金矿。1878年,利德维尔附近发现了贮藏量丰富的银矿。1880年,该地区又发现了铅矿。1877年,亚利桑那的比斯比发现了铜矿。随着大量矿藏的相继发现,越来越多的矿业公司出现在美国的西部,那里成了美国重要的矿业基地。

在这其中,1848年加利福尼亚的淘金热自然是最为人所乐道的。事实上,早在1848年之前,太平洋沿岸就已经多次发现过金矿。据记载,1841年在洛杉矶附近、1842年在南加利福尼亚都有较大金矿被发现。但是这两次金矿的发现却都没有引起太大热潮。主要是因为这些区域当时都还处于印第安人的生活区域,在印第安人的意识里面,黄金并不是多么具有价值的东西。所以尽管金矿相继被发现,但却没有引起较大的重视。

但是在1848年,情况因为美国人的西进运动而有了较大改变。加利福尼亚的金矿一经发现,在一些有心人的传播下,淘金的浪潮立刻席卷了整个美国,乃至世界。这些传播消息的有心人在淘金热潮来临之前就已经看到了即将与之一同到来的巨大商机,于是他们将这个消息大肆传播开来。随着淘金者的到来,他们也的确获得了他们想象中的巨大财富。

不仅仅是私人的有心推动,美国政府也同样参与到了这场浪潮之中。美国政府本来就十分重视西进运动,他们鼓励大批淘金者进入加利福尼亚,以使这些地区的人口数量能够达到以州的名义申请加入联邦的法定数额,同时借用这样的方式从法律上得到加利福尼亚这片广大的土地。

私人资本和政府的有心推动很快就让这股淘金热席卷美国。无数美国人义无反顾扔下了自己原有的一切,奔赴到这场致富美梦中去。成千上万的淘金者带着对于财富的热切渴盼来到这块原本人烟稀少的土地,大量涌入的人群使得周围的城市瞬间繁荣起来。

六、西部城镇的相继发展

随着美国西部农业、牧业和矿业的发展,城市也慢慢在美国西部发展起来。在大批移民进入西部定居的过程当中,一些小的城镇首先出现并发展起来。这些城镇中,有的城镇不过只是昙花一现,像是那些因为矿业发展而聚集起来的中小城镇,它们最终因为矿产的枯竭而被人们废弃,只留下一片废墟。而有的城镇,却因为优越的地理位置和巨大的发展潜力而最终成为美国西部的重要城市。

美国著名的城市洛杉矶就是由一个小城镇发展而来的。这里原本是西班牙殖民者的属地,鲸鱼、海豹成群,水产品极为丰富,又有很多天然的港口,可以说是具有了先天的优越条件。但是因为当时西班牙殖民当局禁止居民与外来船只进行贸易,所以这里虽有优厚的地理条件,却并没有得到较大发展。直到30年后,美国的商船不顾西班牙的禁令进入到这里的圣佩德罗港,这里才开始与外界有了接触。而在1848年加利福尼亚出现淘金热潮的时候,这里才终于获得了发展的契机。洛杉矶虽然并不是当时的主矿区,但却因为靠近矿区而成为当时矿区食物和日用品的供应基地。1850年,洛杉矶扩建为市。1876年,南太平洋铁路通达洛杉矶。9年之后,圣菲铁路也通到了这里。交通的改善使得洛杉矶真正成为美国西海岸的重要门户,其港口快速发展,这里很快就成为美国最为重要的城市之一。

除洛杉矶外,圣迭戈、旧金山、西雅图等城市也都如此,从一个不起眼的小城镇或居民点发展而来。这些城市的发展因美国向西部地区的挺进和开发而来,而它们自身的发展又同时促进了西部地区的开发和工业化的进程,并促进了一个整体现代化美国的诞生。

七、现代化的美国西部城市概况

1. 拉斯维加斯

拉斯维加斯(City of Las Vegas)被称为"世界娱乐之都"(The Entertainment Capital of the World)、"罪恶之城"(Sin City)和"赌城",它是美国内华达州最大的城市,以赌博业为中心发展起来的旅游、购物和度假产业使它成为世界著名的旅游城市之一。

"Las Vegas"源自西班牙语,意思为"肥沃的青草地"。这里原本不过是一个公路与铁路的中转站,直至后来在其附近发现了金矿,这里才逐渐繁荣起来。金矿衰竭之后,这里也同很多其他矿区城市一样,因不再有人前来开采而被抛弃成为一座废城。1931年,美国经济大萧条时期到来,为了渡过难关,内华达州议会通过了一项关于赌博合法化的议案,从此,这里便作为一座赌城而迅速繁荣起来。不过最近几十年来,拉斯维加斯已经不再满足于只以赌博来招揽来客。现在的拉斯维加斯已经成为一个集娱乐、美食、艺术等为一体的多元化城市。

2. 旧金山

旧金山又被称为"圣弗朗西斯科"(San Francisco)或"三藩市"。这里应该是中国人比较熟悉的一个美国城市。19世纪中期,随着淘金热的兴起,第一批华人在这里登陆,他们把这个象征着财富与梦想的地方称为"金山"。直到后来澳大利亚的墨尔本也发现了金矿之后,为了与被称做"新金山"的那里有所区别,这里才改称"旧金山"。

旧金山是一个真正崇尚多元文化的城市。在这里,黑人、白人和黄种人和谐共处,他们原本来自于不同的地方,将自己的文化和风俗带到了这里,旧金山以它的恢宏、大度容纳了各种各样的人所带来的一切。在这里,你可以吃到法国大餐、意大利菜、日本料理和中国美食,也可以看到各种风格迥然不同的建筑和艺术。世界上再没有哪个城市能像旧金山这样把世界上如此多元的文化全部熔铸在一起,共铸成一个城市。

3. 洛杉矶

洛杉矶(Los Angeles)现在是美国加利福尼亚州最大的城市,也是美国人口最为稠密的地方。今日的洛杉矶已经成为美国工业、科技、经济甚至文化的中心。

洛杉矶的原意是"天使之城",原属西班牙的统治之下,后来被割让给美国,成为美国的领土。现在,这个地方已经成为美国多种现代思潮和主流流行趋势的诞生之地,深深影响着当代美国人的生活方式。

4. 西雅图

西雅图(Seattle)是美国太平洋西北地区最大的城市,始建于1869年,是美国太平洋西北部商业、文化和科技中心。西雅图一向都给人以浪漫之感,它的东部有奥林匹克山(Olympic Mountains),西部有卡斯克德山脉(Cascade Mountain Range),本身又介于普捷湾(Puget Sound)和18英里(约29千米)长的华盛顿湖(Lake Washington)之间。多雨多雾的气候让西雅图比美国其他城市更加绿意盎然,因此它又被称为"绿宝石城"(The Emerald City)、"雨城"(the Rainy City)、"常绿之城"(Evergreen City)等等,这里是美国最适合居住的城市之一。

第九讲　向左走,向右走:枪支文化

A well regulated militia, composed of the body of the people, trained to arms, is the best and most natural defense of a free country…

——James Madison

由全体通过训练学会使用武器的人民所组成的训练有素的民兵是自由国家最好、最天然的保障……

——詹姆士·麦迪逊

据说,美国第一夫人劳拉·布什(Laura Bush)也跟普通家庭主妇一样,是电视剧《绝望主妇》(Desperate Housewives)的忠实"粉丝"。自从中央电视台引进了这部美国电视剧后,它也着实在中国掀起了一股"主妇"热。这部电视剧对于喜爱英语的人来说,不仅是很好的语言学习范本,同时也是了解美国社会与文化的一面镜子。

正如莎士比亚所说:"一千个人眼中有一千个哈姆雷特。"(There are a thousand Hamlets in a thousand people's eyes.),每个人看过这部电视剧后的感受和思考都是千差万别的:死亡、隐秘、阴谋、友情、亲情……丝丝入扣地纠缠在一起,让人产生种种感慨。而这部剧集最令人感到耳目一新的是,它在看似不经意的地方巧妙而自然地向人们展示了美国文化的一个方面:枪支文化。虽然,相对于充满悬疑的故事情节,人们很容易将这方面忽视,但是实际上,枪,贯穿了电视剧的始终,枪的所有功能几乎都在剧中找到了用武之地。对于玛丽(Mary Alice)来说,枪是她"对抗生活的无聊和疏离的最好方式"①,她用它结束了自己的生命,全剧也在这一声枪响中跌宕开来;正在举办派对的布瑞(Bree Van De Camp)在受到不速之客——药剂师乔治(George)的"歌声"骚扰后,立即从床下拿出一杆猎枪(shotgun),朝窗外的扬声器打去,吓跑了乔治,对她来说,枪是最有效、最直接的威慑工具,无需多言,只用枪来说话;凯瑟琳(Katherine Mayfair)一枪打死了让人难以宽恕的前夫,使秘密永远不得见光,枪是她最好的自我保护武器;枪还是布瑞和凯瑟琳两个女人斗法的媒介,表面上她们是在借射击娱乐,而其实是在比谁更强势⋯⋯这一切都是美国枪支文化的反映。不论玛丽、凯瑟琳,还是布瑞,都只是普通的美国民众,是看上去温文尔雅的家庭主妇。即使平凡如她们,都仍然可以"用枪说话",可见枪支文化在美国的渗透力。一句话,美国是一个从上至下被武装起来的国度。

现在,美国是世界上为数不多的几个允许守法公民合法拥有枪支的国家之一。它也是世界上守法公民拥有枪支最多的国家——3亿美国人口掌握着2亿多各种类型的枪支。他们在自己、家人、朋友和其他人的生命、尊严和财产受到严重威胁时,可以用枪来进行自我防卫和保护弱者。此外,美国还有大批枪支收藏家,有许多供人们打猎的狩猎场,社区里供人们练习射击、交际的枪支俱乐部也不少。

在美国50个州中,有将近40个州的法律允许公民合法持枪。绝大多数州不允许公民在公共场所公开佩戴枪,但也有一些州允许公民在某些特定的公共场所隐藏佩枪(concealed carry)。隐藏佩枪一般需要到当地的执法机构申请许可证,同时还要在指定的地点接受一定的培训,并通过一系列基本的测试。

美国人买枪就跟买手机似的稀松平常,而且十分方便。人们可以从许多合法经营的商店或个人处购买枪支,例如兼营打猎用品的体育用品商店(Sports Stores)、专业枪店(Gun Shop)、靶场(Shooting Range)、枪刀展会(Gun Show)、当铺(Pawn Shop)或邮购(Mail Order)。但法律规定,邮购不能直接寄给买枪人,而是要通过当地具有联邦枪械经营证的个人或店铺经手,购买

---

① 加缪语。

者才能拿到枪。随着网络购物的发展,枪支也和其他商品一样,可以通过网络进行交易。看看虚拟世界中各种关于枪支的商业广告,就知道这种商品买卖的热闹程度丝毫不逊色于现实世界中的其他一般商品。

但是,枪支毕竟是危险的武器,因此美国法律对购枪者有一定的要求:属于美国公民或绿卡持有者;历史上没有一至三级犯罪记录(Class 1/2/3 Felony Charge);非非法使用违禁药物者、被定性为精神有问题的人、被军队开除的人;年龄在 18 岁(可持长枪)或 21 岁(可持手枪)以上;没有受到法院的限制,无家庭暴力史;没有正在受法院的通缉和执法机构的犯罪调查;在当地连续居住 60 至 90 天并可以提供电话、水、电或有线电视的账单作为证明等等。在得克萨斯州,买枪时需要提供以下材料:1. 护照或驾驶执照(美国公民),绿卡和驾驶执照(非美国公民);2. 最近两到三个月电话、水、电或有线电视的账单。另外,这些账单和所提供证件上的地址一定要一致。

民用枪支基本以手枪、猎枪和步枪为主。一般情况下,以自卫为目的的人多使用手枪和猎枪(如《绝望主妇》中,布瑞家中所使用的就是猎枪),打猎则是以猎枪和步枪为主。美国针对手枪所制定的法律、法规比针对猎枪和步枪的更多、更为复杂。

正如美国著名社会学家赫尔曼·康恩所说:"枪支是美国文化的核心。"枪支作为一种具有杀伤力的武器,之所以能够在美国像其他商品一样被出售,并形成为一种具有影响力的文化,是有着其深刻的历史根源与现实条件的,它是一种特定环境下的产物。

一、枪支文化的历史渊源

美国枪支文化的形成是与美利坚民族的形成相生相伴的。枪,在美国历史上扮演了重要的角色,它既是早期殖民者赖以生存的工具,又是他们推翻暴政、维护个人自由、限制政府权力膨胀的利器。没有枪,他们怎么能够在陌生而又复杂的环境中生存?没有枪,他们拿什么去跟强大的英国军队作斗争?没有枪,他们怎么能够对暴政具备抵抗能力?没有枪,他们怎么能够筑起一道坚强的心理防线,随时准备推翻暴政?正如开国元勋华盛顿所说:"美国人民永远有推翻暴政的自由!"这一切都是枪支文化的本源,也是枪能够一直掌握在民众手中的历史支撑。

1. 生存的工具

16世纪,当第一批欧洲人历经艰辛来到北美大陆后,他们所置身的,并不是那种田园牧歌般的美好生活,而是极为恶劣的生存环境。在欧洲并不常见的野兽在这里却经常在周围出没,而原住民印第安人也与他们不断发生冲突。为争夺在北美的霸权,英、法、西班牙等殖民地战火连绵。在当时这种纷繁复杂的情形下,并没有政府或者社会组织提供有效的公共防卫措施,唯一可以信赖的就是自身的力量,而枪支在保障人身安全方面发挥了重要的作用。不仅如此,在北美大陆,打猎从一开始就成为一种谋生手段。当时的皮毛贸易非常繁盛,市场对于皮毛的大量需求也促进了狩猎的发展。而捕猎自然也少不了枪。在这些社会活动中,枪支自然成为维持生计、猎杀野兽的重要工具。有了枪支的存在,早期人们在北美大陆艰苦的环境中生存下来的几率大大提高了。也正因为如此,有人说:"美国诞生之时就有一支来复枪(rifle)在手中。"

2. 推翻暴政的工具

(1) 民兵制度

在北美殖民地时期所形成的民兵制度(militia)使利用手中的火器进行防卫的思想更加深入人心。英国在北美殖民地民兵制度的形成中扮演了重要的角色。

由于早期殖民者大都来自于英国,所以他们不可避免地将英国的传统、价值观和法律理念带到了新大陆上。因此,北美殖民地很明显地打上了其母国英国的烙印。早期的殖民者们对于英国传统的"政府享有有限权力"(limited government)这一理念非常推崇。现实中,这一理念的直接产物就是英国的普通法(common law)。尽管18世纪时很多欧洲国家都明确承认皇权的神圣不可侵犯,但是英国却是个例外。在英国出现了非常具有开创意义的法律体系,即普通法。在这一体系中,英国人引进了陪审团制度(jury)以及必要的法律程序,以保证人民的生命、自由,特别是财产的安全。这些权利不仅受到法律的保护,同时也受到国王和议会的尊重。普通法强调了人民的基本权利,同时旨在限制王权以及政府的权力,使其不至于无限扩张。在北美殖民地,英国的政府享有有限权力的传统也得到了很好的体现。在各殖民地中,人们有权要求陪审团陪审,同时也具有有限的言论自由。另外,英国著名法学家威廉·布莱克斯通(Sir William Blackstone,1723 – 1780)在《英国法注释》(Commentaries on the Laws of England)中对于普通法"出于自我保护与防卫的目的,持有和使用武器的权力(right of having and using arms for self-preservation and defense)"的解释也激励了很多北美殖民者,使他们支持民兵发展。

同时,在英国普通法的影响下,在"政府享有有限权力"这一思想的指引下,北美殖民地精英们对于常备军持怀疑态度,担心他们为政府所操纵,危害人民自由安全。依据一些英国哲学家的论述,他们对于常备军一方面持怀疑态度,认为常备军常常压制人民的自由;另一方面,他们也害怕常备军失去政府控制,从而引起战乱,破坏稳定。为了防止这种局面出现,有效地维护个人的权利,武装民众、组成民兵成为最直接、最有效的办法。因此,北美殖民地民众对于民兵制度是很推崇和支持的。

为了能够发展、组织民兵,殖民地政府鼓励民众持枪。在早期殖民者到达北美大陆的最初几年,弗吉尼亚当地政府就开始武装每位男子,发展民兵制度。1623年,弗吉尼亚禁止没有携带武器的当地居民外出或者到田地去劳作。1631年,政府开始要求殖民地居民在星期天进行射击练习,并携带武器去教堂礼拜。1658年,该州要求每户人家中都必须拥有一种可以使用的火器。不仅如此,1673年,弗吉尼亚州更是通过法律,明确规定:如果一个公民因为太穷而难以购买枪支的话,政府就会为其购买一件武器,等这个公民有能力偿付的时候再付给合理的价钱。在马萨诸塞州,殖民地的立法机构也下令:自由人,甚至是契约佣工,必须拥有自己的武器。到1644年,政府对于任何没有武装起来的公民处以6先令的罚款。纽约州则规定,每个城镇都需要常备武器,凡16岁到60岁之间的男子必须拥有武器。这些武装起来的男子,平时进行劳动,遇到紧急情况时,则拿起武器组成民兵,进行防卫。由此,各州逐步建立起全民皆兵的服役模式——组建民兵,担负正规部队的防卫功能。

18世纪中期,英国开始在北美殖民地增兵,这引起了殖民者的高度警惕。1770年,英国士兵在波士顿的大街上打死五名男子,这就是美国历史上著名的"波士顿大屠杀"(Boston Massacre),它成为美国独立战争的导火索。1775年,英军在莱克星顿(Lexington)遭遇了马萨诸塞州民兵,打响了美国独立战争"响彻世界"(the shot heard round the world)的第一枪。当时,除宾夕法尼亚之外,其他12个殖民地都有自己的民兵。在这次事件中,其他州的殖民者清楚地认识到手持武器的民兵对于保证"自由州之安全"(security of a free state)所起到的重要作用。而此后的实践也证明,各州的民兵在反抗英国殖民统治的美国独立战争中确实起到了关键作用。

独立战争的胜利为枪支增添了许多神圣的色彩。枪支成为限制政府权力的利器与法宝。正如托马斯·派特森(Thomas E. Patterson)在《我们人民》(We the People)一书中所指出的:"独立战争从某种意义上是对英国不能尊重其自身享有有限权力的政府这一传统的反抗。英国在殖民地所制定的各种宪章已经践踏了身在美洲的英国人的权利,而且随着时间的推移,英国国王首相对于这些人的权利是越来越不尊重。"(The Revolutionary War was partly a rebellion against England's failure to respect its own tradition of limited government in the colonies. Many of the colonial charters had conferred upon American's "the rights of Englishmen", but English kings and ministers showed progressively less respect for this guarantee as time went on.)殖民地的精英们认识到民兵的价值所在,而个人拥有和持有枪支武器的权利与组成民兵是不可分割的。若非如此,在需要时组成民兵也就无从谈起。由此,"枪支作为反抗暴政、争取自由的武器是必不可少的"这种观念深深植入了美国文化的根系。

(2)宪法第二修正案

1787年夏天,刚刚脱离英国殖民统治而独立的北美13个州的代表在费城集会,为建立统一的国家起草宪法。他们于9月完成草案,并开始送交各州议会批准。新宪法制定出国家政府如何运作的蓝图,但却并没有包含有关公民个人权利的条款。这一点很快引发了公共辩论。宪法草案的支持者认为,规定保障个人权利的条款是多余的。而其他一些人则坚称,既然早期英国《权利法案》(British Bill of Rights,1689年)和1776年弗吉尼亚《权利宣言》(Virginia Declaration of Rights)都明确规定出受保障的个人权利,那么宪法有必要包含阐明个人权利的具体规定。1787年12月,辩论进入白热化阶段,时任驻法国公使的托马斯·杰斐逊致函新宪法的主要起草者之一、"美国宪法之父"——詹姆士·麦迪逊。杰斐逊在信中说:"权利法案是人民抵制世上所有政府——无论一般而论,还是具体而言——的权利,当不应被任何公正的政府所拒绝,也不应是基于推断而存在。"杰斐逊的论点赢得了广泛的支持,并最终形成一个折中方案,即在根据新宪法召开的第一次全国立法会议上通过确保个人自由的修正案,以此为前提,经各州议会同意批准通过宪法草案。1791年,这十条修正案(amendment)得到认可,正式生效,被统称为《权利法案》(Bill of Rights)。200多年过去了,《权利法案》没有被修改过一个字。从生效的第一天起,它们就是美国的最高法律(supreme law of the land)——《宪法》(The Constitution)最重要的组成部分之一,成为美国立国的基石。

　　需要特别提醒大家注意的是,《权利法案》的第二条写道:"管理良好的民兵是保障自由州的权利所必需的,人民持有和携带武器的权利不受侵犯。"(A well regulated Militia being necessary to the security of a free State, the right of the people to keep and bear Arms shall not be infringed.)如果说,独立战争是用枪支推翻暴政的一次实践,那么第二修正案的出现,则是一种对可能出现的暴政和可能出现的危害人民民主权利的威慑力量。它也是一种建国者们对于政府不信任的体现,是一种对于政府有可能发生异化而设立的防备。

　　在维护公民的持枪权和认识民兵制度在推翻暴政、维护自由上的意义方面,美国国父们颇有些共识。托马斯·杰斐逊曾说过:"不得剥夺任何自由人在自己的土地或居所使用武器的权利"(No freeman shall be debarred the use of arms (within his own lands or tenements));"对于自由和意欲维护自由的民族而言,有组织的武装民兵是最好的安全保障。"(For a people who are free and who mean to remain so, a well-organized and armed militia is their best security.)亚历山大·汉密尔顿认为,如果正规的常备军要推翻政府或者支持暴政,那么民兵可以立即被召集进行反击;在这些随时准备着为自由而战的民兵面前,正规军并不可怕,民众的自由坚不可摧。詹姆士·麦迪逊将独立战争的胜利归功于武装民兵。他说:"美国人有权、也有条件被武装起来——而不像其他国家的公民那样,政府不敢相信武装起来的人民。"(Americans [have] the right and advantage of being armed—unlike citizens of other countries whose governments are afraid to trust the people with arms.)

　　国父们的这种思考,成为宪法第二修正案存在的理论依据,并最终以法律的形式加以确立。这也正是美国无法全面禁枪的法律根源。对于美国人来说,枪,从最初的一种工具逐渐演变成了《权利法案》所规定的一种不可侵犯的权利。

3. 西进运动与美国内战

在随后的西进运动(Westward Expansion)中,枪支再次扮演了重要角色,成为一种象征。向西开拓的过程,充满了艰辛。西部的道路条件十分恶劣,很多时候必须要骑马。人们栖身在临时搭建起的破房子里。四周人烟稀少,几英里内都看不见其他人家。传染病时常肆虐来袭,又没有足够的医疗条件。食物也十分匮乏。同时,人们还要随时面对与印第安人部落之间的冲突。荒凉的大西部也是很多不法分子聚集的地方。在这种情况下,枪成了人们自我防御的好帮手。尽管人们将主要精力全部投入到生存斗争中,但是这些边疆人偶尔也有些非常务实的娱乐放松。打猎、射击成为他们主要的消遣方式,目的是以此提高生存能力。男孩子们从小就要学习如何使用枪支等火器,参加射击比赛。他们常以射杀的猎物数量多少来决定输赢。由于射击本领与生存密切相关,所以射击成了他们由男孩成长为真正的男子汉的必由之路。直到今天,美国人还把能够熟练使用枪支看做是成熟的标志。同时,打猎也是如今美国枪支文化的一个重要组成部分。

然而,枪支文化的牢固确立却是在美国内战(Civil War)期间。当时,林肯政府为了确保北方的胜利,大力鼓励武器的生产和武装北方的民众。数百万的美国人被武装起来,他们学会了如何使用枪支,如何作战。可以说,内战进一步确立了枪支在美国人心目中的地位,人们也将拥有枪支视为一项不可剥夺的权利。

正如美国政治学家罗伯特·斯皮泽(Robert Spitzer)所评论的:"这个国家早期的历史为美国现代的枪支文化留下了两个风潮:即打猎/运动风潮和民兵/边疆风潮。"(Two elements of the modern American gun culture have survived since the earliest days of the country; the hunting/sporting ethos and the militia/frontier ethos.)

的确,经过这种漫长的演变后,拥有和使用枪支逐渐成为美国生活方式的一个组成部分。不仅如此,在整个19世纪,美国政府基本上没有采取任何行动来从法律上限制使用武器,拥有枪支已经成为十分平常的事情。枪支在其他国家被认为是危险品,但在美国却被认做是"秩序的象征和保守主义的图腾"。

二、枪支管制

美国国父们之所以将"管理良好的民兵是保障自由州的权利所必需的,人民持有和携带武器的权利不受侵犯"写进《权利法案》,是基于美国建国的历史、维护自由和推翻暴政这些考量,是有思想与理论依据的。美国建国前后,拥有和携带枪支的权利,和言论自由一样,已被视为人们最珍视的个人权利之一。但是,现实总是比法律条文更加复杂,也总是超越人们的想象与推理。本以自我防卫、维护自由和推翻暴政为己任的枪支,却在社会发展进程中越来越多的构成对公民安全与自由的威胁。枪支文化已经成了一把悬在美国人头上的"达摩克里斯剑"(The Sword of Damocles)[1]。

私人大量拥有枪支引发了一系列的社会问题。在这种局面下,美国从20世纪60年代开始,兴起了大规模的枪支管制运动。时至今日,枪支管制问题已经成为美国政治生活中一个极富争议的话题,它与环境、堕胎一并成为总统竞选必然涉及的三大问题。

尽管校园枪击案时有发生,枪支越来越威胁到人身安全,但是血淋淋的事实并未能让美国人统一思想,他们仍在枪支问题上存在巨大分歧。因此,在美国实行枪支管制的道路是曲折而漫长的,要么停滞不前,要么前进一步、退后两步。

由于美国人对枪支的特殊情感,枪支管制最初并未像现在这样具有争议。从19世纪末开始,关于枪支管理的法律规定大都局限于各州和地方层面上,而且漏洞百出。纽约州是枪支管制最为严格的。它在1911年出台了《苏利文法》(*The Sullivan Act*)[2],规定即便是拥有或携带很小型的、可以隐

---

[1] 达摩克利斯是希腊神话中暴君迪奥尼修斯的宠臣,他常说帝王多福,以取悦帝王。有一次,迪奥尼修斯让他坐在帝王的宝座上,头顶上挂着一把仅用一根马鬃系着的利剑,以此告诉他,虽身在宝座,利剑却随时可能掉下来,帝王并不多福,而是时刻存在着忧患。人们常用这一典故来比喻随时可能发生的潜在危机。

[2] 苏利文是当时一位政客,他操纵了腐败的纽约市警察局,还拥有一家赌场。他提议出台一部枪支管制法案,本法就是以他的名字命名的。他在法案中提出了几条对他自己非常有利的条款。例如,保证自己的保镖可以随身携带武器,而禁止他对手的保镖携带武器。

藏的枪支,也要获得许可。另外该法案还规定,要想取得许可,每支枪要缴纳3美元。很多穷人根本无钱支付,所以他们也就没有办法拥有枪支。这对于控制枪支起到了一定的作用。

由于各州在枪支管制上的法律规定各不相同,不仅不便于管理,还引发了一些不良后果。要想解决问题,必须出台统一的联邦法。

在联邦一级上,关于枪支管制的立法则比较迟缓,而且存在诸多问题。美国国会最早采取的措施是于1919年通过的《战争税收法》,该法规定对枪支征收10%的联邦税收。1927年,由于犯罪率上升、民众担心枪支会落入罪犯手中,国会颁布法案,禁止通过邮寄方式(不包括快递公司递送)来出售手枪给个人。

20世纪30年代初,经济大萧条(The Great Depression)①席卷美国,社会动荡不安,失业人数剧增,犯罪率大幅上升。1929年,在芝加哥发生了犯罪团伙之间的街头枪战。1933年,在迈阿密又发生了试图刺杀罗斯福总统的事件。面对这样的形势,国会最终通过了《1934年全国枪支法》(*The National al Firearms Act of 1934*)。该项法案禁止传输和拥有机关枪和被锯短的霰弹猎枪,对于制造和销售这类枪支要征税,并要求拥有这类枪支的人进行登记。1938年,国会又通过了《1938年联邦火器法》(*The Federal Firearms Act of 1938*),授予财政部给枪支经销商、制造商和进口商颁发执照的权力,禁止销售武器给已经确认有重罪的犯人和逃犯,规定运输被盗枪支为非法。

这些法案的通过和执行,虽然遇到了一些阻力,也存在着诸多问题,但是在实践中还是取得了一定的成效,也使美国一度在枪支问题上保持了相对平静的状态。

大约在20世纪60年代,美国兴起了当代枪支管制运动。从那时起到20世纪90年代,枪支管制的立法也在不断解决现实问题的实践中前进。

首先,20世纪60年代,美国社会犯罪率进一步上升,人们对于加强枪支管制的呼声越来越高。其次,美国发生了一系列骇人听闻的刺杀事件。1963年,约翰·肯尼迪总统被刺杀。1968年,民权运动的领袖马丁·路德·

---

① 是指1929年至1939年之间的全球性经济大衰退。这次经济危机爆发的标志是,1929年10月下旬纽约华尔街股票市场崩溃。

金(Martin Luther King,1929－1968)和参议员罗伯特·肯尼迪(Robert Kennedy,1925－1968)遇刺。在这种压力下,1968年,参众两院经过激烈辩论,最终通过了《1968年枪支管制法》,禁止跨州运输火器(手枪和长枪)、弹药给私人;禁止出售枪支给未成年人、吸毒者、精神病人以及已被认定为罪犯的人员;强化对于枪支经销商和收藏者的执照和档案管理;将联邦政府管理和征税的对象扩大到"破坏性的装置",诸如地雷、炸弹、手榴弹和同类爆炸物;加大对于那些使用枪支从事联邦政府法律所界定的犯罪的惩处;除了出于那些用于射击运动目的的枪支之外,禁止进口外国制造的多余武器。

《1968年枪支管制法》是自20世纪30年代以来国会通过的最具有实质性的枪支管制法案。与此前的联邦法律相比,该法的通过标志着美国在枪支管制问题上又迈进了一大步,虽然它也还存在着明显的漏洞。

该法的实施并非一路畅通无阻。仅仅在通过此项法案的第二年,在全美步枪协会(National Rifle Association,简称NRA)的游说下,国会就废止了关于要求销售霰弹猎枪和来复枪弹药商登记购买者个人资料的规定。另外,反对枪支管制力量所制造的最大障碍是1986年《火器拥有者保护法》(*The Firearms Owners Protection Act*)的通过。它直接保护了火器使用者的权益,例如使出售枪支而没有执照的个人更方便地出售枪支;允许枪支经销商在枪支展览会上出售枪支等。

与NRA等拥枪派形成对比的,是主张实行枪支管制的枪支管制有限公司。它是推进美国枪支管制最大的,也是最活跃的核心力量。从1987年起,枪支管制有限公司就全力推动国会通过《布雷迪防止手枪暴力法》(*Brady Handgun Violence Prevention Act*,简称《布雷迪法》)①。该法要求购买手枪者

---

① 曾担任里根新闻发言人的吉姆·布雷迪(Jim Brady)以其特有的幽默感在记者中享有很高的声誉,但真正令他被载入史册的却是其戏剧性的经历。在就任发言人的第一天,布雷迪就在办公室的橱柜里发现了一件他的前任留下来的防弹衣,上面附有一张字条:"困扰你的不是子弹,而是鸡零狗碎的小事。"然而,恰恰是子弹困扰了布雷迪的后半生。里根入主白宫仅仅50天之后的一个下午,发生了令人震惊的总统遇刺事件。当时,布雷迪就陪在里根身边,子弹击中了里根的左胸部和布雷迪的头部。里根很快治愈出院,布雷迪却因头部伤势太重,虽然奇迹般地死里逃生,却落就终生瘫痪。年仅40岁的他从此告别了白宫新闻厅。不过,里根为他保留了新闻秘书的头衔,只是另择他人担任总统发言人。后来,美国国会制定并通过了枪支管理法,并以布雷迪的名字命名这项法案。

要有一个星期的等候期。这样,既可以使警方有时间对购枪者的背景进行核查,同时也能够让购枪者可能存在的愤怒情绪得以缓冲,使其能够理性地使用枪支。不仅如此,该议案还要求经销商将销售情况向当地警察机构报告而不是向联邦机构报告,这样就可以避免一些人对于联邦政府权力扩大的担心。此外,该议案还禁止保留经销商报告中提供的信息,以避免反对枪支管制组织对其"实际上是要建议一个全国枪支登记体系"的指控。由于这些限定,议案的条款变得非常温和。即便如此,这项法案还是在 1988 年和 1991 年两次未能在国会中获得通过。

后来,国内政治环境变得对枪支管制运动相对有利,枪支管制有限公司加紧了游说活动。为了保证该项法案的通过,支持枪支管制的人士进一步做出了两项妥协:首先是将一周的等候期缩短为 5 个交易日;其次,警察使用电脑系统对购枪者过去 5 年的背景进行即时核查即可。为此,该议案规定每年将提供 2 亿美元帮助各州升级电脑系统。

在推动国会通过《布雷迪法》的过程中,克林顿总统发挥了不容忽视的作用。这一时期,枪支管制组织取得的另外一项重大成果是国会最终通过了禁止攻击型武器的议案。1994 年 8 月,国会通过了《暴力犯罪和执法保护法》(*The Violent Crime and Law Enforcement Protection Act*)。它规定:在未来 10 年里 19 种指定武器的销售和拥有为非法,同时禁止销售和拥有与这 19 种攻击型武器类似的复制品。它还规定:未来国会可以根据该法的规定增加禁枪的种类。通过法律确立购枪等候期,并禁止攻击型武器的销售和拥有,是枪支管制组织取得的一个显著胜利。经过多年不懈的努力,枪支管制运动终于有了进展。

在《布雷迪法》通过后,许多反对枪支管制的议员进入了国会,保守派力量大增。1996 年,众议院以 239 票对 173 票通过了废除禁止攻击型武器的规定。此后,枪支管制运动又陷入了停滞不前的局面。

2008 年 6 月 26 日,美国最高法院裁定美国公民有权在用于个人用途的情况下拥有枪支,同时推翻了美国首都华盛顿实施了 32 年之久的禁枪令。这是美国历史上最高法院首次对于个人是否有权拥有枪支做出明确裁决。主张实行枪支管制的人对此感到颇为失望。这一裁定意味着枪支管制冬天的到来。

三、全国步枪协会

前文中所提到的全国步枪协会（National Rifle Association，简称 NRA），在美国极力反对枪支管制。

19 世纪后期美国南北战争之后，美国练习枪法的社会风气十分盛行，作为一个推广射击体育项目的组织，NRA 应运而生。NRA 是美国最大的枪支所有者协会，成立于 1871 年。起初，它的名字叫做"ARA"，即美国步枪协会（American Rifle Association）。NRA 为自己的立场辩驳时常使用"杀人的是人，不是枪"的说法，也常将加拿大的枪械自由作为引证。在美国枪支管制未被大众重视之前，它主要是在全国范围内普及用枪知识，为提高打猎技巧等方面提供培训，并给一些地方射击俱乐部及其成员颁发证书。它还自称是"美国历史最悠久、规模最大的民权维护组织"。

20 世纪 60 年代后期，枪支犯罪越来越严重，美国政府在枪支管制方面受到压力，不得不在枪支管制方面进行立法。也就是从那个时期开始，NRA 的角色逐渐从一个普通的枪支爱好者俱乐部转变为世界上规模最大的反枪支管制政治团体。

在所有反对枪支管制的协会中，NRA 的影响力最大，它是美国实行枪支管制的最主要障碍。它反对枪支管制的手段非常多样，它在大选中竭力选举枪支拥有拥护者，在生活中宣传拥有枪支的必要，在法律上阻止枪支管制法律的通过，削弱有关枪支管制法律的作用，以此种种来实现其反枪支管制的目标。

NRA 的会员超过 200 万，潜在会员估计超过千万人。相对美国 3 亿的人口数目，200 万可能不值一提。但如果到了选举时期，这个数字就足以产生颠覆性的效果。NRA 掌握着大量资金，足以左右部分选举结果。在美国国会选举中，NRA 的选票只投向拥护《宪法第二修正案》的候选人。NRA 有自己的出版物——《美国步兵》（*American Rifleman*），发行量巨大。NRA 的会员人手一份，除此之外，还向社会公开出售。NRA 要求自己的会员给每一位众议院或参议院候选人评分。评分的主要标准就是是否支持枪支拥有。然后，NRA 将会员的评分汇总，出版带有明显偏见的《投票指南》。其后果可想而知——枪支管制的拥护者往往会受到巨大打击。1998 年至 2006 年，用于反对枪支管制的资金总共有大约600万美元,其中NRA的资金大约占了90%。

从某种意义上说,白宫对于枪支管制的态度决定了总统任职期间枪支管制立法的命运。因此,对于NRA而言,攻下白宫就可谓成功了一大半。自1977年开始,NRA每年都会在其电台或电视台中支持反枪支管制的总统。受此恩惠的总统不在少数,例如西奥多·罗斯福、约翰·F·肯尼迪、艾森豪威尔、尼克松、里根、老布什和小布什,这些总统都是反枪支管制或不支持枪支管制立法的拥护者,小布什更是NRA的会员。一个有趣的现象是,这些总统绝大多数都是共和党人,因为共和党在其参选纲领中明确指出:"我们支持公民拥有枪支的权力。我们反对枪支管制。"NRA的目的也确实达到了。在这些总统就任期间,美国枪支管制立法进展得相当缓慢。

关于枪支管制问题的争论也具有很浓厚的地域色彩。在美国南部和中西部山区,人们钟爱狩猎,传统上依赖枪支防身,加之当地人思想保守,所以民意倾向于支持持枪自卫;而在城市比较集中的地区,比如美国东北部新英格兰地区及西海岸的加州,人们出于对犯罪率上升的担忧,主张枪支管制的呼声较高。这也是近来扩大公民自卫权的州多在美国西部和南部的原因。

在2008年美国总统竞选中,"是否支持私人持枪"再次成为一个重要议题。所有总统候选人都必须直面该问题,他们为了争取支持率,在枪支问题上采取了温和的立场。克林顿曾经被描述为"有史以来在枪支管制议案上展开最有力的游说和做出短兵相接努力的美国总统"。他的夫人希拉里则表示赞成个人持枪,为了与选民套近乎,还说自己会打猎。奥巴马也认为每个人都有拥有枪支的权利,只是必须采取相关的管控措施。麦凯恩的态度是,拥有枪械是宪法赋予的人权,唯一要注意的是不让枪械落入"坏人"之手。由此不难看出,在多重因素的作用下,美国要想全面禁枪还有一段相当长的路要走。

第十讲　车轮上的国家

The automobile, both a cause and an effect of this decentralization, is ideally suited for our vast landscape

——Brock Yates

汽车既是这种分散化的原因,也是其结果,它与我们辽阔的疆域完美契合……

——布瑞克·叶芝

一、关于汽车的"美国梦"

在《美国梦:一个塑造了整个民族理念的发展简史》(American Dream: A Short History of an Idea that Shaped a Nation)一书中,吉姆·卡伦(Jim Cullen)从美国国会图书馆中找来了美国作家斯科特·菲茨杰拉德(F. Scott Fitzgerald)①和他妻子泽尔达(Zelda Fitzgerald)的一张老照片,并且专门为它加上了几行注解:

---

① 美国20世纪最重要的作家之一,是"爵士时代"最重要的代表人物。1920年发表长篇小说《天堂的这一边》,1925年发表代表作《了不起的盖茨比》(The Great Gatsby)。他塑造的人物形象大多是一群战后追求梦幻的青年男女,但他们在生活经历和精神世界方面都与作者有着密切的内在联系。从这些内在联系中,我们可以看到菲茨杰拉德从追求理想的"美国梦"到梦幻破灭的过程,即所谓的菲茨杰拉德的"天路历程"。菲茨杰拉德的魅力来自于他清晰的叙述,优雅的文风,多姿多彩、点石成金的遣词造句法,这些在他的短篇小说中都得到了最好的体现。他每一篇成功的作品都是诗人的敏感和戏剧家的想象力的结晶,都是他艺术才能发挥到炉火纯青的地步的产物。

THIS SIDE OF PARADISE　　Scott and Zelda Fitzgerald on their honeymoon, 1920. The photo is a virtual compendium of American Dreams: house, car, beauty, youth, talent. (*Photo from the collections of the Library of Congress*)

天堂的这一边①　　1920年,斯科特和泽尔达·菲茨杰拉德正在度蜜月。这张照片是"美国梦"在现实中的缩影:房子、车子、美貌、青春、智慧。(照片来自国会图书馆馆藏)

经济大萧条前,共和党人赫伯特·克拉克·胡弗(Herbert Clark Hoover)在竞选总统期间甚至提出"让每一个美国家庭都有一辆汽车,烤箱里面都有一只烤鸡"这样的竞选口号,结果赢得大选,成为美国第31任总统。

的确,拥有一辆汽车,哪怕是一辆用来载货的卡车,是无数美国人的一个梦。在"美国梦"激励一代又一代移民们自强不息的时代,"汽车"是他们过上幸福生活的一个标志,象征着财富与地位,也是他们拼命工作的目标。有了汽车,窗外的风景就变成了一幅流动的画卷;有了汽车,连爱情也多了

---

① 菲茨杰拉德的第一部长篇小说。它是一部划时代的作品,描述了一个时代的结束以及新时代的开始。它描写的是一群20世纪20年代美国青年放荡不羁的生活,这些青年人有一个共同心理:憎恨并惧怕衰老,希望能永远停留在20几岁。因而他们紧紧抓住20几岁的青春年华,尽情地享乐,狂热地追求和热切地爱恋。小说的主人公阿莫瑞家境富裕,享有各种特权,他娇生惯养,多情善感,充满了年轻人的幻想:要娶"最漂亮的姑娘",要登上社会的"顶峰"做个"大人物"……他进入普林斯顿大学读书,爱上了费城年轻的寡妇克拉拉,并提出要跟她结婚,被婉言拒绝。不久,第一次世界大战爆发,阿莫瑞赴军营受训。战争期间母亲病死,家业败落,朋友各奔东西。战后,阿莫瑞爱上了好友亚历克的妹妹罗莎琳德,可是她却决定嫁给比阿莫瑞更有钱的道森。阿莫瑞的一切幻想都破灭了,终日酗酒。不久,在一次去马里兰州的旅途中,他遇到了一个名叫伊莉诺的漂亮女子。在那里,他们共同生活了几个星期,然后各奔东西。对此,阿莫瑞先是诅咒那姑娘,后来开始"厌恶这个社会制度",盼望着来一场社会革命,以把自己推到社会的顶峰……小说基本取材于作家在普林斯顿大学读书时的生活,反了映他对上流社会物质文化生活的羡慕之情。该小说使菲茨杰拉德获得"爵士时代""桂冠诗人"的称号。这篇小说体现出菲茨杰拉德的一些艺术特色:风格优雅细腻,语言流畅,结构严谨,尤其是人物对话自然逼真,富有个性。

几许浪漫。《麦田里的守望者》(The Catcher in the Rye)①中的主人公就喜欢开着车带着女友去兜风。大众汽车美国公司前董事阿瑟·莱顿也曾认为，"事实上，与其说美国人喜欢汽车，不如说他们喜欢汽车所蕴含的浪漫感觉。有了汽车，一家老小便多了一处聚会的天地；有了汽车，生活就可以不受空间距离的限制；有了汽车，也就意味着掌控了速度，可以节省出更多的时间，去创造更多的财富，因为在这里，时间就是金钱——汽车之于美国人，是幻，是梦。它是代步的工具，更是一个梦想的开端，是一种生活方式和生活态度。它烙印在移民们的思想深处，不时地释放出前进的动能。在心情低落时，当"雨季"(rainy days)②来临时，它足以让人重整旗鼓，拼命向前(move on)！

托马斯·杰斐逊在《独立宣言》中写道："我们认为以下这些真理是不证自明的，即所有人都是生而平等的，他们都有天赋的不可让与的权利，包括生存的权利、自由的权利以及追求幸福的权利。"(We hold these truths to be self-evident, that all men are created equal, that they are endowed by their Creator with certain unalienable rights, that among these are life, liberty and the pursuit of happiness.)这一段简单的文字让美国人一直心潮澎湃到现在。而汽车，也一直是他们所追逐的一种自由与幸福的象征。

"美国梦"也与时俱进。如今，房子也好，汽车也罢，都已经不再是什么遥不可及的梦想——只要稍微地伸一伸手，就可以轻易触碰到。根据马斯洛的需要层次理论，当这些物质上的追求很容易得到满足时，人们便开始向更高层级的需求移动。但是，汽车在美国人的心目中却一直不曾褪去光彩，时间、历史将其沉淀成一种文化，渗透、浸润到美国人生活的各个角落，那些被车轮辗过的痕迹依旧清晰可见。

如今，汽车的造型已不再仅限于福特的 T 型车(Ford Model T)了，变得越来越新颖独特，甚至有些超现实主义的味道。人们不断地将自己的价值

---

① 作者是美国作家塞林格(J. D. Salinger)。小说的主人公是一个中学生，名叫霍藤(Holden)，在一个名叫潘塞(Pencey Prep)的中学上学。这是一篇自述体小说。作者以一个中学生的视角，写了一个中学生在校内外多层面的生活经历和所见所闻，由此折射出美国社会的众生相。

② 暗喻修辞，指人生的困境、逆境和低潮。

观、生活态度和行为方式反映到汽车文化上来。好莱坞电影更是对美国的汽车文化做出了最为直观的诠释。比如,电影"蝙蝠侠"第五部《决战时刻》(Batman Begins)中蝙蝠侠所驾驶的蝙蝠车(Batmobile)和《黑客帝国》(The Matrix)中类似F-117隐形战斗机的凯迪拉克CTS。此外,大家也许还记得曾经红遍全球的那部脍炙人口的美国真人版影片《变形金刚》(Transformers)。简单地说,这就是一部关于汽车的电影。影片中,以前一直被当做配角的汽车一跃在镜头前成为主角。让人目眩神迷、叹为观止的博派变形金刚汽车人们(autobots)简直将美国的"汽车文化"推向了极致,以至从电影院出来后,人人都想拥有一辆神奇、威猛的"擎天柱"(Optimus Prime)或是顽皮又富有人情味的"大黄蜂"(Bumblebee)。于是,谁会否认汽车在美国文化中那蓬勃不息的生命力呢?一位美国社会学家斩钉截铁地说:"没有汽车的出现,就不会有现代的美国。"美国,就是一个汽车的王国,一个行走在"车轮上的国家"。正如人们所说:"当今世界上,几乎没有一个国家没有汽车,但是没有一个国家形成了像美国那样的汽车文化。"

在没有汽车之前,美国有的是骑着骏马奔驰在茫茫草原牧牛而歌的牛仔,以及乘坐着四轮马车向边疆地区寻找生机的拓荒者。从汽车诞生之日起,汽车便成了美国的一道生命线。美国土地广袤,本土的48个州绵延4,500千米,跨越四个时区。美国也是一个人口流动性极强的国家。美国人永远不会固守在一个地方,可以说,机会在哪里,他们就去哪里。法国人托克维尔(Alexis de Tocqueville)在其著作《美国的民主》(Democracy in America)一书中有一篇题为《为什么美国人在其繁荣的进程中如此不安分》(Why the Americans Are So Restless in the Midst of Their Prosperity)的文章指出:"美国人常会建筑房子以备安度晚年,可是往往在屋顶尚未盖好之前就已经脱手卖给别人。美国人整辟花园,栽花种草,却未等开花结果便转手他人。美国人垦荒拓地,而由外人收获秋实。美国人谋求到一份差事,不久便离职他就。岁末,经过整年辛勤的工作,倘若有一丁点儿空闲余暇,永不歇息的好奇心也将支使他们遨游广袤的美国疆域。不消几天,行踪数百里,引以为乐。最后,当死神悄然驻足之际,美国人依然未曾厌倦于这般没有结果地追寻那个永远未圆的梦。"(In the United States, a man builds a house in which to spend his old age, and he sells it before the roof is on; he plants a garden, and lets it just as the trees are coming into bearing; he brings a field into tillage, and leaves other men to gather the crops; he embraces a professions, and gives it up; he settles in a pace, which he soon afterwards leaves, to carry his changeable longings elsewhere, if hi private affairs leave him any leisure, he instantly plunges into the vortex of politics; and if, at the end of a year of unremitting labor, he finds he has a few days'vacation, his eager curiosity whirls him over the vast extent of the United States, and he will travel fifteen hundred miles in a few days, to shake off his happiness. Death at length overtakes him, but it is before he is weary of his bootless chase of that complete felicity which forever escapes him.)

在这种情况下,如果没有汽车,"不安分"的美国人简直就是寸步难行。一般美国人16岁时就有了驾驶执照,由此开始了"开车生涯"。为了适应开车的生活,美国有许多"免下车"的餐馆、剧场、银行和邮局,甚至还有"免下车"教堂。最近麦当劳在中国开设的"得来速"汽车餐厅,就是美国这种"免下车"模式的翻版。美国还有4,000多家汽车电影院,人们可以边喝咖啡,边坐在车中享受电影带来的乐趣。

二、"为世界装上轮子的人"

在众多人眼中,卡耐基是美国钢铁业的标志;洛克菲勒是美国石油业的代表;比尔·盖茨则是美国高新技术的标尺。那么,谁是美国汽车文化的象征呢?答案是:亨利·福特(Henry Ford),人称"为世界装上轮子的人"。在探讨美国汽车文化的成因时,美国历史学家们是绝不会忘记亨利·福特为之所做出的贡献的。亨利·福特与美国的汽车文化有着难解难分的渊源,甚至当人们被问及"是谁发明了汽车"时,许多人都会回答:"亨利·福特。"这是个误解,但也正说明了亨利·福特之于汽车文化的影响力。

关于亨利·福特的故事可谓不胜枚举。关于他的三个关键词绝对是具有划时代意义的,是人们所念念不忘的,这就是"T型车"、"流水线"和"5美元日薪"。

亨利·福特出生在一个农民家庭。16岁时,他离家来到底特律,在爱迪生照明公司当工人。当时汽车刚刚诞生不久,亨利·福特迅速被这种新奇的玩艺儿吸引住了。1903年,亨利·福特用他和其他11位投资人共同筹措来的2.8万美元,在底特律创办了福特汽车公司(Ford Motor Company),当时,那只不过是一间由货车车间改造而成的小工厂而已。然而,就是这样一家简陋的小工厂却成了美国汽车文化的摇篮,闪动出无数智慧与思想的光辉。

亨利·福特是一个敢于思考而又勤于动手的人。在公司成立的最初五年中,他和工程师们狂热地制造了19种车型,其中不乏非常成功的车型。然而这些都无法与1908年诞生的T型车相媲美。它对于福特公司、美国汽车文化乃至世界汽车业发展的意义,再怎么形容都不为过。

T型车赢得了千千万万美国人的心,人们亲切地称之为"Tin Lizzie"或是"Flivver"①。T型车在第一年的产量就打破了汽车业的历史纪录。随后,当T型车的价格降至259美元时,数百万的美国家庭拥有了自己的第一辆汽车。美国普通人的汽车梦由此得以实现。

从一定意义上说,T型车创造了美国汽车工业史,也使"福特"从此成为世界最知名的汽车品牌之一。福特公司在很短的时间里一跃成为世界上最大的汽车制造商。到了1913年末,福特汽车公司的产量已经占全国汽车总产量的一半,但仍然供不应求。

为了满足市场需求,亨利·福特随后接连进行了两项具有革命性意义的创新。其中一项就是发明了流水线(assembly line)生产方式。1913年,世界上第一条流水线问世,创造了一项至今仍未被打破的世界纪录。流水线的诞生大大降低了生产成本。"它使产品的生产工序被分割成一个个环节,工人间的分工更为细致,产品的质量和产量大幅度提高,极大促进了生产工艺过程和产品的标准化。制成品被大量生产出来,尤其是多样的日用品在流水线上变成了标准化商品。"流水线使每辆T型车的组装时间由原来的12小时28分钟缩短至10秒钟,生产效率提高了4,488倍! 随着流水线的出现,汽车工业迅速成为美国的一大支柱产业,成为经济发展的"火车头"。

亨利·福特的另一项革新是大幅度提高员工的工资。1914年,他宣布

---

① 在理查德·巴克所写的《传奇公司真实兴衰:福特帝国》中对此进行了这样的解释:"Tin Lizzie"(便宜的小车)成为T型车的代名词,它的由来至少有一千个版本;而另外一个昵称"Flivver"的出处也不可考。有一种说法是,有些人认为驾驶福特车的震动对肝脏(liver)有益,因此按照发音将其缩写为Fliver或Flivver。

福特汽车公司员工的最低日薪为 5 美元。这一举措震惊了全美乃至全世界！因为 5 美元几乎相当两倍于当时的最低日薪水平。在亨利·福特看来，采用流水作业后，汽车的成本大幅下降，生产价格低廉的汽车变成了现实，如果提高员工们的薪金，他们就能够买得起车，这样就可以极大地提高汽车公司的销量。他说："我可以找到创造高工资的生产方法。如果降低薪水，就是降低顾客的数量。"5 美元日薪及其蕴含的哲学引发了一场社会变革。

T 型车走进了越来越多的普通百姓家庭，也进一步塑造了福特汽车的亲和力和平民形象。美国第 38 届总统福特①宣誓就任副总统发表简短演说时有句名言："I am a Ford, not a Lincoln."许多人把它译成："我是一辆福特，不是一辆林肯。"多数人把这句话理解为一语双关。在美国，"林肯"既是最伟大的总统之一，又是最豪华的名牌房车；"福特"则是当时最普通化和大众化的汽车。福特说这句话，一来表示谦虚；二来标榜自己像福特车一样，是心系普通大众的。

1947 年 6 月 6 日，亨利·福特逝世。《纽约时报》在悼念他时写道："当他来到人世时，这个世界还是马车时代。当他离开人世时，这个世界已经成了汽车世界。他为大众造车；大众，即是熟练的机械师亨利·福特的受益人。"

的确，亨利·福特总是人们津津乐道的话题人物。他的努力成就了美国汽车文化的精髓——公路成为社会福利，旅行变成室外消遣，还衍生出汽车旅馆、汽车电影院、汽车银行、汽车饭店、汽车教堂等新生事物，汽车在不知不觉中将城乡差别轻轻地抹去……

三、汽车文化的今时今日

作为"车轮上的国家"，美国不仅是全球拥有汽车数量最多的国家，恐怕也是汽车体形最大的国家。在四通八达的高速路上，跑着世界各国的汽车品牌，大多数美国本土品牌的汽车都是又高又大，个性张扬，比如凯迪拉克、

---

① 美国唯一一位非民选总统。他身为副总统时，总统尼克松因水门事件下台，他补任总统。

悍马、福特、雪佛兰、克莱斯勒等。

美国人对汽车的钟爱是那样深切和狂热。将近四分之三的美国家庭拥有自己的汽车,在大街上跑的汽车更是五花八门,有皮卡(pickup)、迷你车(mini)、房车等。崭新的车以及陈旧不堪、古董级的老爷车一同驰骋在路上,构成了一道别样的风景线。如果仔细观察,你会发现汽车的种类、制造厂家以及车的型号等与车主的身份有着很密切的联系。比如,Dodge Caravan 最典型的驾车人当是 40 岁开外的中年男人;日本运动休闲车的车主以年轻妇女以及所谓的"Soccer mom"①居多;医生们有很多人开 Volvo;让白人富豪们情有独钟的是 GM Cadillac 或 Lincoln Towncar;半大的男孩子驾着 GM Pontiac 或 BMW 在高速公路上狂奔;年轻成功的专业人士以驾驶 SAAB 为荣;华尔街的新贵开着 GM Hummer 招摇过市;东方女性则偏爱日本的 Sedan 车……这种车以人分的现象也算是美国汽车文化的一部分。美国街道上的外国车以日本品牌居多,主要是丰田、尼桑、本田等。因为日本车轻便、便宜,年轻人、新移民、蓝领工人比较喜欢。

美国各大城市的汽车卖场几乎是清一色的品牌专卖店。品牌专卖店采用仓储式销售,一律为单层结构,占地面积很大,每一家周围都停满了同一品牌各种型号待售的汽车,从轿车到皮卡,数量一般都在 100 辆到 200 辆之间,以致于乍一看还以为这里是大型停车场。专卖店一般沿高速公路分散在城郊结合部。在亚特兰大等城市,一家紧挨一家的汽车专卖店形成了"汽车卖场一条街"的壮观景象。在远离城市的郊外,则是"另类"汽车的领地,大、中、小各类房车——有引擎的和无引擎的,以及各类工程车整齐地停靠在高速公路的两侧,让人一目了然。

美国的驾驶习惯与中国一样,都是左舵驾驶,交通法规也大致相同,但也有部分法规差别很大。城市内及其附近的平交路口都设有"停止"(STOP)标志,车辆到达该处时,无论路口是否有其他车辆通过,司机都必须先将车停稳,审视前、左、右三方是否有车通过,确信没有其他车辆接近路口或是自己的车离路口最近的情况下,方可继续前进。高速公路法定时速为 65 英里(约合 104 千米),超过 5 英里(约 8 千米)即被视为违法。一旦被巡

---

① 指那些家住市郊,每天开车接送孩子们参加各种体育活动的妈妈们。

逻交警抓住,既要被扣分又要被罚款,即使外国公民驾车违法也不能豁免。美国警察非常权威,一旦开了罚单绝不容辩解,如果被罚者不服,唯一合法的途径是向法院起诉。在中国人看来,罚单的金额都很重,而且各州的法律不尽相同。一般而言,一次罚单金额大约为200至300美元(超速罚金视其实际超标时速而定,超速越多罚金越高),而从车上向外乱扔垃圾者,一次被罚则会高达1,000美元!美国驾驶员遵守法律的意识,是美国难以发生堵车状况的主要原因。

汽车多,停车场当然也多。美国的停车场可简单分为两大类:平地停车场和空中停车场。平地停车场主要包括营业场所(如超市、普通汽车旅馆等)停车场、高速路边休息站的临时停车场和旧城区街边停车带三类。前两种面积都很大,一般不用付费,而旧城区本来就比较狭窄的街道划出的一溜停车带则"寸土寸金",一般不提供"免费的午餐"。空中停车场主要包括酒店停车场和公共场所的专业停车场两类,一般一次或一天要付费10美元左右。酒店停车场紧挨着酒店,一般有五层左右,面积都很大;公共场所的停车场则可高达十层,都能泊车数千辆。而在奥兰多迪斯尼世界的冒险岛和好莱坞影城门口的两个空中停车场,竟能分别泊车上万辆,成为世界停车场之最。美国的胖人数不胜数,而且坐轮椅的胖人还特别多,各类停车场都设有"胖子专位",其标记类似我国在一些公共场所所用的残疾人专位图案,正常人停车不得非法占用。在纽约等城市,新闻采访车停车可享受"特权",即可在街头普通车辆不能停靠的地方停车。

"汽车旅馆"(motel)实际上有两种:一种是驾车出行者中途栖息的旅馆,这在美国的城郊结合部路边比比皆是,对住汽车旅馆的人而言,最大的好处是停车十分方便,住宿价格也比城里的酒店、宾馆便宜得多。这类汽车旅馆几乎都是两层结构,有简单的接待处和餐饮部,早上为旅客供应免费的早餐——面包、蛋糕以及牛奶、果汁、可乐等饮料。汽车旅馆的房间一般为双人间,有空调、彩电、微型冰箱、卫浴间和盥洗台,住起来还是比较舒适的。另一种是专门针对房车车主的汽车旅馆,那里拥有宽阔的停车空间,房车在那里一停,旅馆即可为其提供水、电、煤气或汽油等必要物资,从而使房车得以工作,变成名副其实的"流动的家"。房车的主人当然不必再另外登记房间住宿了。

在美国的城市工作、生活,没有汽车可谓寸步难行。如果暂时没有买车或者只是短期旅居,租辆汽车来开也是个不错的选择。一家租车行一般都拥有上百辆中档或中档以上的轿车、越野车及多功能车可供选择。而机场附近的大型租车行大得超乎我们的想象,拥有上千辆之多的各类汽车,而且成色较新,很难看到破旧的汽车。上规模的租车行不少都是多城市连锁经营,这为租车者异地还车提供了便利。在美国租车,是否是该国公民并无所谓,美国公民只需持本人有效身份证件和信用卡即可现场办理租车手续;而外国公民则只需要提供国际银行卡和在签证有效期内的护照。租车的费用各个城市不尽相同,当地租车当地还车,租车费加上保险费大约每车每天 50 美元。

四、房车——生活在路上

如果你喜欢车而且也爱看电影,那么隆重向你推介以下几部绝不应错过的影片。

1.《**拜见岳父大人 2**》(*Meet the Fockers*)

在前 CIA 探员杰克·伯恩斯(由美国著名演员罗伯特·德尼罗扮演)眼中,未来的女婿格雷格·福克简直一无是处:愣头愣脑、其貌不扬,偏偏还是个男护士。但是,就是这么一个傻小子却被杰克的宝贝女儿帕姆相中。在生活中,杰克做起事情来有板有眼,无时无刻不透着警探特有的严谨,他精心设计了重重障碍以考验格雷格,格雷格倒也还走运,竟然勉强通关。6 个月后,格雷格和帕姆就要结婚了,杰克一家决定在周末去拜访未来的亲家,他驾驶着心爱的高级房车载着一家人,其中还包括刚学会走路的小外孙,浩浩荡荡地出发了。

2.《**房车之旅**》(*RV*)

工作狂老爸鲍勃(由美国著名喜剧演员罗宾·威廉姆斯扮演),总是为了工作牺牲和家人享受天伦之乐的时间。一天,全家计划前往夏威夷度假,修复一下疏远已久的家庭情感。可是每每到这种时刻,鲍勃的工作总会出现状况。这回的旅行恐怕又得泡汤了,因为有一个国内会议非得鲍勃亲自参加不可。鲍勃情急之下想出了办法。他先向孩子们隐瞒了这个坏消息,然后租下一台长相怪异的房车,并磨破嘴皮说服全家将旅游的计划改成到科罗拉多州的野外去露营。当然,这个目的地就是鲍勃开会的地点啦!拖着极端不情愿的妻子杰米、15岁的女儿凯茜和12岁的儿子卡尔,一家人竟也磕磕碰碰地上路了。

3.《美国的迷惘》(Lost in America)

一对年轻夫妇已经拥有了外人所艳羡的一切:舒适的生活和前途光明的事业。即便如此,日复一日的单调生活却渐渐磨灭了他们的激情,幸福指数越来越与优越的物质生活不成比例。于是,他们做出了一个大胆的决定。他们放弃了身边的一切,买来一辆房车,去寻找能够点燃希望的新生活……

之所以为大家推荐这几部片子,原因很简单,因为影片中都有异域风情的元素:房车。在中国,房车实在算是稀罕,然而在美国却很寻常。通过观看这几部片子,完全可以从中感受到美国汽车文化的另一个境界,领略到房车给生活带来的全新改变,还有那"生活在路上"的动中有静、静中带动。

正像前面所提到的,美国人是很不安分的(restless)。他们不愿意把自身局限在某一个固定的环境里,他们认为,只有在不断地迁移和流动中,生命才是最具活力的。从某种意义上说,中国的那句老话——"人挪活,树挪死"用来形容美国人恐怕是再合适不过的了。房车的出现,也正好满足了美国人好动的性格特征和提升生活质量的不断追求。还有什么能够比把生活的全部必需品都带在身边更方便的呢?又有什么比能够随时随地洗澡、睡在自己的床上、享受自己下厨做的晚餐更像家的感觉呢?这就是美国人,即使是在路上,生活也要精彩!

追溯历史,房车的雏形在汽车发明前就有了。浪迹天涯的吉普赛人所使用的大篷车恐怕就应算是最早的房车了吧!在欧洲,旅行房车被称做"caravan",意思就是"大篷车"。发动机的出现、汽车的发明以及普及,让房车开始了其舒适而自在的旅程。第一次世界大战末,美国人就把帐篷、床、厨房设备等搬上了家用轿车,改装成初级的房车。第二次世界大战后,美国发达的公路交通系统使得房车工业开始迅猛发展。给排水、供电系统以及其他一切能够方便生活的东西逐渐被加载到车上,形成了真正意义上的房车。一辆好的房车就是一个"移动的家",它不仅仅是车轮上的小屋,还有炉灶、烤箱、冰箱、沐浴设施、厕所、床、暖气,以及供电设备。规模小一点儿的房车至少也要有卧室和热水系统,一些奢华的超级房车甚至要有客厅、空调、浴缸、微波炉、彩电并自带发电机。

具有这样功能的车自然价格不菲。昂贵的房车售价超过25万美元不足为奇,一些超级房车的标价甚至高达100万美元。这类房车一般是以城际大巴为基础设计而成的,这也是此类房车造价高昂的原因——大巴的造价是房车造价的一部分,而大巴本身就非常昂贵。此外,这种房车的内部也相当讲究,车内的装饰和车身色调保持着和谐的搭配,车内的家庭影院甚至比普通人家中的设备还要复杂。即使是在路上,这种房车也可以随时接收到卫星电视节目。房车在设计上非常人性化,考虑进了生活的种种细节,甚至还为女主人专门准备了步入式衣橱。这种房车,简直就是将房和车完美地融合成了一体。正因为如此,目前在美国,房车几乎成了有钱人招待客户的一种特殊礼遇,也是高档酒店用于接送VIP(very important person)客人以彰显其特殊身份的工具。

然而,房车昂贵的价格自然也将很多普通人挡在房车市场之外了。不过,他们还有别的门路。在美国,很多人最早接触的是二手房车。二手房车通常都很便宜,甚至花费不到1万美元就能够买到具备供能装置的房车。此外,租用一辆房车也是不错的选择。根据地理位置、车型和使用年限的不同,房车的租赁价格从每周350美元到750美元不等。当然,"买总比租合适",对于很多人而言,拥有一辆属于自己的房车可能是他们一生中仅次于购房的重要的置业计划了。据统计,美国一年生产房车30多万辆,全美大约有800万的房车族,占人口总数的7%。

美国人管房车叫RV,即Recreational Vehicle。其中,"recreational"的意思是"休闲的",由此可见房车的休闲本质。在20世纪80年代,房车旅行成为新兴的休闲方式,迅速风靡欧美国家。人们或举家开着房车到郊外露营,或驾驭着它穿梭于大漠、森林进行冒险、传奇的浪漫旅行。不少美国人都渴望退休后过上彻底的"在路上的生活",或者是在自己的房车里度过一切休闲时光。美国演员保罗·纽曼(Paul Newman)曾经说过:"只有在房车里的时光,我才觉得是唯一安宁和平静的时光。"

现在,房车已经不仅仅是车、是空间、是家了,它已经变成了一种"没有地基的"居住文化,变成一种关于存在方式的哲学了。热爱自由的美国人对"在路上"这种无拘无束的生活状态心驰神往。房车仿佛就是他们的"世外桃源",在那里,人们能够一心一意地休息,全然抛开世间的琐事和烦恼。中国人喜欢以这样的概念来解释"隐"与"现"的存在哲学:小隐隐于野,中隐隐于市,大隐隐于朝。那么对于美国人而言,是不是还要再加上一个"超隐隐于房车"呢?

五、汽车文化拾趣

1. 搭便车

在约翰·斯坦贝克(John Steinbeck)获得诺贝尔文学奖的作品《愤怒的葡萄》(*The Grapes of Wrath*)的开头,有一段对主人公约德(Tom Joad)搭便车到西部谋生的描写。美国作家杰克·凯鲁亚克(Jack Kerouac)的小说《在路上》(*On the Road*)更是对"搭便车"进行了淋漓尽致的展示,使人们对这种随意不羁的生活方式无限神往。小说中的主人公萨尔为了追求个性,与狄安、玛丽露等几个年轻男女沿途搭车或开车,几次横越美国大陆,最终到达墨西哥。一路上,他们走累了就挡道拦车,夜宿村落,从纽约游荡到旧金山,最后作鸟兽散。

"搭便车"在英语中有很多说法,如:hitchhike,lift,hitch。由于在搭便车时,人们通常会站在马路边,朝驶过来的车辆伸出一只拳头并翘起大拇指,所以搭便车也可以形象地说成"thumb a lift"或者"thumb up a ride","thumb a lift"等。

搭便车其实是美国汽车文化的一个副产品。"hitchhike"这个词就源于美国,最早出现在大约1923年,表示"(向过往的汽车或卡车里的陌生人)求得免费搭乘"。

"hitch"的本义是"系在一起",特指临时性的动作,比如,我们可以把马车"套在"马身上。hike表示"步行或行军",特指精力蓬勃的远足。远足多数是为了游乐,但如果要走很远的路去某地的话,走路产生的疲劳会令人沮丧。因此,请求搭便车的行为在汽车发明以后就多了起来。但直到20世纪20年代左右,"hitchhike"这种诙谐的说法才正式形成,表示通过将自己临时"系"在路过的车子上,以解除徒步旅行的"痛苦"。

对于某些人来说,搭便车完全是出于自身生活的需要;而有些人则实属想以此寻找乐趣。对这些人而言,搭便车是一种刺激的消遣。在美国,最初搭便车的人都是一些为了生计而四处奔波的流动工人(hobo)。由于他们生活十分拮据,通常无力负担路费,所以只能够搭乘别人的顺风车,就像《愤怒的葡萄》一书中的主人公约德一样。从20世纪四五十年代起一直到60年代,搭便车的风气迅速在一些嬉皮士(hippie)①中间风靡起来。《在路上》的主人公们就是嬉皮士文化的代言人。而给这股潮流真正降温的,是在搭乘顺风车的途中所出现的人身安全问题。

现在在世界上许多国家中,搭便车并不是违法的。然而也有一些国家专门制定了法律禁止在高速公路、监狱附近以及一些危险的地方搭便车或者给人提供搭车之便。

美国经济学家曼柯·奥尔逊在其1965年发表的《集体行动的逻辑:公共利益和团体理论》(The Logic of Collective Action Public Goods and the Theory of Groups)一书中提出了著名的"搭便车理论"(free ride),其基本含义当然取自现实生活中免费搭车完成旅途的事实。在经济学中,"搭便车理论"具体指的是不付成本而坐享他人之利。现在这一理论还屡屡被人提及,被用于指出那些获得利益而逃避付费的行为。网络上曾经有过一个非常有趣的关于搭便车现象的报道:在北京举办奥运会之际,很多人都梦想着免费搭乘"奥运会"这班车来获利。其中,最让人啼笑皆非的是某地一个瓜农的做法。瓜农在路边摆了一个地摊,旁边立起一个"广告牌",上面红纸黑字赫然写着:

国家指定中国奥运健儿专用瓜——

宁夏石头瓜

高营养·美容·防癌

抢鲜购买!

这一事件虽然很搞怪,但却很形象地演示出经济学家曼柯·奥尔逊的"搭便车理论"。这一理论也让汽车文化多了一个现象,多了一层令人会心一笑的回味。

---

① 指西方国家20世纪60年代和70年代反抗习俗和当时政治的年轻人。

2. 保险杠贴纸

在中国,我们偶尔也会看到汽车车主在汽车尾部贴上"别吻我"的标识,提示后车保持车距;或是贴上"有熊(虎)出没",提醒驾驶员保持清醒;更有奥拓车车主风趣地贴上"奥迪是我哥"的字样等等。美国的"车屁股文化"要比中国丰富得多。在美国,汽车是美国人"发出声音"的重要载体,很多人喜欢在自己汽车尾部的保险杠上贴上各种内容的贴纸。这种保险杠贴纸(bumper sticker)在美国十分流行,它就像印着标语的T恤衫一样,让车主宣告着自己的观点、立场以及个人爱好。

"黄丝带"是美国一种最为常见的保险杠贴纸。因为在美国文化中,"黄丝带"有很特殊的含义。

1971年10月14日《纽约邮报》(New York Post)刊登了专栏作家皮特·海米尔(Pete Hamill)根据一个民间传说撰写的文章《回家》(Going Home):

长途车上坐着一位沉默不语的男子,与他同车的是几名去海边旅行的大学生,他们之间开始了一段谈话。原来,这个男子刚从监狱出来,释放前他曾写信给妻子。他对她说,如果她已另有归宿,他不会责怪她;如果她还爱着他,愿意他回去,就在镇口的老橡树上系一根黄丝带;如果他没有见到黄丝带就会随车而去,永远不会再去打扰她……汽车快到目的地了,车上的人们都坐在靠窗户的位子上往外看,只有这位男子不敢张望,他害怕迎面而来的会是失望……突然间,全车的人都沸腾起来——远远望去,镇口的老橡树上挂满了上百条黄丝带,那些黄丝带像欢迎的旗帜正迎风飘扬……

有一首与这一故事情节相呼应的民谣歌曲,叫做《老橡树上的黄丝带》(Tie A Yellow Ribbon Round The Ole Oak Tree)。这首歌曲在美国几乎是家喻户晓。歌中这样唱道:

I'm coming home I've done my time
Now I've got to know what is and isn't mine
If you received my letter telling you I'd soon be free
Then you'll know just what to do if you still want me

If you still want me

Oh tie a yellow ribbon round the old oak tree
It's been three long years do you still want me?
If I don't see a ribbon round the old oak tree
I'll stay on the bus forget about us put the blame on me
If I don't see a yellow ribbon round the ole oak tree

Bus driver please look for me
'Cause I couldn't bear to see what I might see
I'm really still in prison and my love she holds the key
A simple yellow ribbon's what I need to set me free
I wrote and tell her please

Oh tie a yellow ribbon round the ole oak tree
It's been three long years do you still want me?
If I don't see a ribbon round the ole oak tree
I'll stay on the bus forget about us put the blame on me
If I don't see a yellow ribbon round the ole oak tree

Now the whole damn bus is cheering
And I can't believe I see
A hundred yellow ribbons round the ole oak tree!
I'm coming home…

中文大意：
我的刑期已满，正要赶回家
我必须知道有哪些东西还属于我
若你收到了我的信
告诉你我将重获自由

那么，你知道该怎么做
如果你还要我的话

在老橡树上系条黄丝带
漫长的三年过去了，你还要我吗？
如果我看见老橡树上没有系黄丝带的话
我会留在巴士上，忘了我俩的过去并责怪我自己
如果我看见老橡树上没有系黄丝带的话

司机先生，请帮我看一下
因为我无法承受即将看到的
我其实仍在监牢，只有吾爱握有钥匙
我需要的仅是黄丝带，即可将我释放
我已写信告诉过她

在老橡树上系条黄丝带
漫长的三年过去了，你还要我吗？
如果我看见老橡树上没有黄丝带的话
我会留在巴士上，忘了我俩的过去并责怪我自己
如果我看见老橡树上没有黄丝带的话

现在，整车的乘客都在欢呼
我无法相信我所看到的——
老橡树上挂满了上百条的黄丝带！
我要回家……

就这样，黄丝带成了美国"欢迎被囚禁的人重获自由"的标志。它也有其他的象征意义，比如期待爱人或者暂时不能回家的军人能够平安归来与家人团聚，祈福和求得平安。美国人渐渐形成了一种风俗：在家门前的树上系上黄丝带，以欢迎久别归来的亲人。

美国发动阿富汗战争和伊拉克战争后,汽车上的黄丝带就曾骤然增多——人们祈求军队能够平安归来。

另外一大类贴纸则是表达自己的政治观点,例如关于自己在选举中的立场。在首都华盛顿,就有人使用了这样的贴纸:"我要选举,我要说话。"还有的贴纸引用了托马斯·杰斐逊的话:"持有不同政见是爱国主义的最高形式。"类似的贴纸还有:"不要再用鲜血换石油"(no more blood for oil)等。

美国人还喜欢利用保险杠贴纸来暗示自己的志趣爱好。汽车上贴着印第安人头像的,说明车主是华盛顿红皮美式足球队(Washington Redskin)的"粉丝"。喜欢棒球的车主,可能会贴上他所支持的棒球队的标志。

另外,把自己母校的标志贴在自己的汽车上面,也是美国人表达自己对母校认同感的最好方式。这种情况在美国十分常见。弗吉尼亚理工大学(Virginia Polytechnic Institute and State University)曾经发生震惊世界的校园枪击案,32条生命被无情地夺去。枪击案发生后,很多汽车保险杠上都出现了印有"VT"两个字母的贴纸,这是弗吉尼亚理工大学的标志。人们用这种方式,默默地表达自己对母校的支持与关心,以及对亡者的哀悼。

保险杠是懂得幽默的美国人的"乐土"。即便是开车,美国人也不失幽默本色。

美国波音公司(Boeing)的大本营在西雅图,毫无疑问,它为当地带来了一定规模的经济效益,因此,西雅图人对于波音公司有着特殊的感情。

为表达自己对于"波音"的钟爱,在西雅图的路上,常常会看到车子的保险杠上贴着"If it's not Boeing, I'm not flying!"(非波音不飞!)的字样。

还有更让人啼笑皆非的贴纸:

Hit me! I need the money!　　撞我吧!我需要钱!①
I may be slow, but I'm ahead of you.　　我开车也许很慢,但我就是在你前面!

---

① 因为被撞后,可以领取保险赔偿费。

I stop for Teddy Bears.　我为泰迪熊而停留。①

If a woman's place is in the home, why am I always in the car?　假如女人的生活圈子是在家里,那为什么我每天都把汽车开来开去忙个不停呢?

A woman's place is in the mall.　女人的生活就是在采购中心。②

Born to party!　我生性就爱参加派对!

这一切或是严肃认真,或是愤世嫉俗,或是幽默机智,甚至是玩世不恭的保险杠贴纸文字,成为美国汽车文化中一道别样的风景。

---

① 这是女生贴在车上的。意思是,我在寻找漂亮而善良的男人。因为"泰迪熊"是不会伤害人的可爱玩具。

② 意味车主喜欢花钱购物。

◎美国社会文化细节观察

第十一讲　美式慈善

Many persons have a wrong idea of what constitutes true happiness. It is not attained through self-gratification but through fidelity to a worthy purpose.

——Helen Keller

很多人对于什么是真正的幸福的看法是错误的。真正的幸福并不是通过自我满足获得的,而是通过执着于某个崇高的目标而实现的。

——海伦·凯勒

在《圣经·新约》(*Bible New Testament*)中有这样一句话:"骆驼穿过针眼比富人进天国还容易呢。"(It is easier for a camel to go through the eye of a needle, than for a rich man to enter into the kingdom of God.)也许,富人们只有散尽家财才能够得到上帝的恩准升上天堂吧!

而这种散尽家财,也就是一种在富人中非常流行的做法——"裸捐"①。美国就有这么一位进行"裸捐"的富人。

2008年6月27日这天,比尔·盖茨(Bill Gates)正式退休,离开了微软。年届52岁的他将把自己580亿美元的财产全部捐赠给其名下的比尔及梅林达-盖茨基金会(Bill & Melinda Gates Foundation),而不会留给自己的子女。在今后的日子里,他将每周只去微软上班一天,从而能够更多地投身于慈善

---

① 将全部财产捐献出来,有人将其翻译成 all-out donation 或是 naked donation。

事业。一石激起千层浪,比尔·盖茨的这一举动使得美国的慈善事业再一次成为世人瞩目的焦点。

众所周知,美国是一个移民国家,其历史虽然并不漫长,但其慈善文化的积淀却非常深厚。美国人参与慈善事业的广泛性也是世界上独一无二的。不仅有各种慈善组织、社会福利团体和宗教组织,普通大众也以自己的方式参与到慈善事业当中,他们有钱的出钱,有力的出力,有时间的则出时间。据统计,美国现有慈善机构超过 73 万个,这些机构在文化教育、医疗卫生、妇女与儿童权益保护、老年人服务、消除贫困、移民就业、环境和文物保护、预防犯罪、社区改造、帮助少数族裔等方面发挥着十分重要的作用,很多中小学、博物馆、图书馆、慈善基金会都靠私人捐赠支持。

一、美国慈善思想的发展

在进行深入探讨之前,有必要先讨论一个关键词。英语中有两个词:"charity"和"philanthropy",翻译成中文分别是"慈善"和"仁慈",没有什么区别,但是两个词在内涵上却不同。"charity"源自拉丁语中的"caritas",意思是"发自内心"(from the heart),它所指的"慈善"通常旨在消除由社会问题所引发的苦难,是施舍、救济,是直接的济危扶困行为,这种施舍要解除的是直接的痛苦,即为饥饿者提供食物,为病痛者提供救治,为无家可归者提供住房,为失学者提供求学之所等,从某种意义上讲这更像我们中国人所熟悉的"授人以鱼"。这种施舍可以是个人行为,也可以是有组织的集体行为。而"philanthropy"一词源于希腊语中的"philanthropos"(philos + anthropos),philos 指"爱"(love),anthropos 指"人类"(mankind),所以"philanthropos"的意思是"热爱人类"(love mankind),它所指的"慈善"的目标要比"charity"的内涵宏大,它的宗旨是消除造成贫穷与疾苦等问题的根源,增进人类福祉。认为给饥饿的人提供食物,只能果腹一时,未来还有饥饿的可能,而真正重要的在于要教会他们如何获得食物,即"授人以渔"。因此,有人建议将"charity"翻译成"慈善",而将"philanthropy"翻译成"公益"。在本讲中,我们不对这两词的涵义进行区别,统一称其为"慈善"。

人类的慈善活动由来已久。古代中国人就有为弱势群体提供经济救助的行为。《礼记·礼运篇》中,更是提出了"使老有所终,壮有所用,幼有所长,鳏寡孤独废疾者,皆有所养"的慈善理念。在欧洲,为人所知的最早的慈善机构是公元前387年由柏拉图在古希腊首都雅典所建的"柏拉图学院"。柏拉图建立这一学院的目的主要是致力于学术研究。后来他将学院连同一片肥沃的土地一起遗赠给其侄子,并规定所有这一切都要服务于其门徒的利益,资助他们的研究活动。古罗马也不乏慈善传统,在古罗马帝国时期,罗马人就曾建立起了一些慈善机构,这些机构利用获得的捐赠来帮助受疾病、贫困等问题困扰的人们,并对某些宗教活动提供资助。与上述这些古老的国度相比,美国虽然建国时间不长,但其慈善文化却是从欧洲人移民美国开始便与之相生相伴的。

美国是一个由来自世界各地的移民组成的"大熔炉",移民们在来到美国的同时也将其母国的慈善文化带到这片崭新的土地。由于欧洲移民在早期移民潮中占据了绝对优势,所以说,美国慈善文化源于欧洲,特别是在美国东部建立了13个殖民地的英国。

1. 早期的慈善理念

英国有着很悠久的慈善活动历史。1601年,英国女王伊丽莎白一世颁布了《慈善使用法》(Statute of Charitable Use),确立了政府对慈善基金会的管辖权和慈善机构既有公共性质、又具私人性质这一基本原则。法案还规定,慈善基金会享受某些优惠的待遇,并免除其若干税赋,这极大地推动了慈善基金会的发展。经过几个世纪的演变,《慈善使用法》的条款发生了很大变化,但它们并未被完全抛弃,时至今日,其基本精神仍在被英国遵循,并在美国被发扬光大,为美国的慈善捐赠提供了法律依据和基础。

1620年,首批英国清教徒乘坐"五月花号"(Mayflower)帆船横渡大西洋,抵达新大陆,其慈善文化也随之漂洋过海,在新的土壤上扎根,传播开来。在充满艰辛的移民过程中,很多移民都曾得到过慈善团体或个人的某种慈善资助。为了帮助新移民适应全新而陌生的生存环境,英国人在其北美殖民地建立了很多慈善机构,并捐助了大量资金。一批图书馆、院校也相继建立起来,对于殖民地的教育发展以及宗教与文化的传播起到了积极的促进作用。对于这些远道而来的英国移民来说,他们既深受其母国慈善观念的熏陶,又从其一系列的慈善实践中获益。这些人也在日后成为传播慈善思想、开展慈善活动的重要力量,就这样,慈善文化在新大陆上薪火相传开来。

谈及殖民地时期北美地区慈善思想的传播,以下这些人功不可没。1630年3月,一批英国人乘坐"阿尔贝拉号"(Arbella)帆船离开英国的怀特岛,经过3个月的航行终于抵达北美。他们这些人的领袖是后来曾经连续12次担任马萨诸塞海湾殖民地(Massachusetts Bay Colony)总督的约翰·温思罗普(John Winthrop,1588–1649)。温思罗普是虔诚的清教徒,他在这次航行中写就了其一生中最有名的演讲词——《基督教慈善的规范》(A Model of Christian Charity),并向同船共渡的人布道。他主张:"每个人都应该向身处贫困与危机中的人提供帮助。"(…every man afford his help to another in every want or distress.)"优秀而富裕的人需要展现的是仁爱、慈悲、亲切与节制等。"(…in the great ones, their love, mercy, gentleness, temperance etc.)"每个人都有需要别人的时候,因此他们应该以兄弟般的情谊紧密联合在一起。"(…that every man might have need of others, and from hence they might be all knit more nearly together in the bonds of brotherly affection.)"慈悲可以以这些方式体现出来:给予、借与、免除债务。"(This duty of mercy is exercised in the kinds: giving, lending and forgiving [of a debt].)

另一位对殖民地时期慈善思想在美洲的传播起到推动作用的是清教徒牧师科顿·马瑟(Cotton Mather,1663–1728)。在其所著的450多部作品中,他于1710年写成的《论行善》(Bonifacius 或 Essays to Do Good)一书在移民中产生了深远的影响。在书中,马瑟主张不论男女、不论是个人还是某个组织的成员,都应加入到行善的行列中来。他认为,行善是一种自愿的行为,也是对上帝应尽的义务。他还认为,基督徒应该通过帮助别人来给上帝增光。在他看来,"每个人大概都应该能够说:'我为别人的利益做了些事情。'"(Every man ordinarily should be able to say, "I Have something wherein I am occupied for the good of other men.")马瑟还看到了周遭生活中的一个矛盾。他认为懒惰是一种罪过,但是受贪婪之心而驱使的人,即使很勤劳也并不值得称道。更重要的是,如果他们为富不仁、一毛不拔,则更难获得宽恕。富人要广施善行,这样才能够获得上帝的佑护。他号召人们至少要将收入的十分之一拿出来服务于上帝和救助那些不幸的人。

宾夕法尼亚州的奠基人威廉·宾也对美国慈善思想的发展做出了贡

献。宾是教友派信徒，他认为财富不能够用在放纵自己和奢侈享乐上，也不能将其贮藏起来，而应该用于帮助那些需要帮助的人。

在美国家喻户晓的人物本杰明·富兰克林①(Benjamin Franklin,1706 - 1790)深受马瑟和佩恩慈善理念的影响。他主要关注的是如何消除贫穷。他主张从宗教的虔诚向世俗化过渡；强调"慷慨并不是意味着多多地捐赠，而是明智地捐赠"(Liberality is not giving much but giving wisely)，富人要以财富做好事，进而用知识服务于大众。他认为单纯的施舍只会加深贫困，强调帮助穷人之道不在于使他们安于贫困，而应该积极引导他们走出贫困。他理想中的最终目标是改造社会，为所有的人创造自力更生的机会，消除贫穷。富兰克林本人非常热衷于慈善事业，他创办了第一家公共图书馆——费城图书馆，还有成为宾西法尼亚大学前身的高等学院以及美国哲学学会等。

2. "科学"慈善的理念

随着工业化和城市化进程的开启，在19世纪六七十年代，美国的慈善事业进入到现代阶段。尤其是在1877年至1893年间，犯罪、暴力以及其他一系列社会问题来势凶猛，很多美国人开始认真地思考起社会进步与贫困之间的关系问题。

传统的慈善理念通常更侧重于满足需要帮助的人们的即时需要，以解其"燃眉之急"。在实践中，人们更多地选择捐钱或做义工、当志愿者来帮助别人。然而在某些社会达尔文主义②的拥护者看来，通过慈善事业对此进行校正是反自然的"适者生存"，相对于复杂的社会问题而言，似乎非常低效，不过是"杯水车薪"而已，其结果必然是在一定程度上加深了某些人对于慈善捐助的依赖更加重了社会问题。他们认为解决饥饿、贫困等社会问题的

---

① 18世纪美国的实业家、科学家、社会活动家、思想家和外交家。他是美国历史上第一位享有国际声誉的科学家、发明家和音乐家。为了对电进行探索，他曾经做过著名的"风筝实验"，在电学上取得了显著的成就。他最先提出了"避雷针"的设想，并获得成功，避免了雷击灾难，也破除了迷信。他参加起草了《独立宣言》和美国宪法，积极主张废除奴隶制度，深受美国人民的爱戴与尊敬。他也是美国第一位驻外大使(曾驻法国)。

② 将达尔文进化论中"自然选择"的思想应用于人类社会的一种社会理论。最早提出这一思想的是英国哲学家、作家赫伯特·斯宾塞(Herbert Spencer,1820 - 1903)，其关键在于论证社会意义上的"适者生存"。

关键不是捐钱、捐物,不在于教堂多设立一些"施粥站"(soup kitchen),而在于找到这些问题的根源所在。19 世纪 70 年代,社会达尔文主义在美国非常流行。当时美国最富有的钢铁大王安德鲁·卡耐基(Andrew Carnegie, 1835–1919)便是这一理论在美国的"代言人"(spokesperson)。

1889 年,卡耐基在《北美评论》(North America Review)上发表了题为《财富》(Wealth)的文章。该文章问世后在英国引起的反响比在美国更为热烈,人们褒贬不一,就连他向纽卡斯尔市捐赠的图书馆也被人指责为是建立在"成千上万劳工血汗"(sweat and blood of thousands of workers)基础之上的。一家英国杂志还以讽刺的笔调指称卡耐基提出了"财富的福音"。卡耐基对此并不见怪,反而觉得这个题目很好,欣然采纳,后来此文便以《财富的福音》(The Gospel of Wealth)为题流传于世。卡耐基在这篇文章和其他的几篇关于财富的文章中,系统明确地阐述了有关现代"科学"(scientific)慈善事业的思想,就此奠定了 20 世纪美国慈善事业蓬勃发展的理论基础。据说,沃伦·巴菲特(Warren Buffett)曾经将由这些文章结集而成的书作为礼物赠送给盖茨,而盖茨本人也非常钟爱这本书。

卡耐基提倡的"科学"慈善理念首先体现在对于"标"、"本"问题的认识上,他曾经这样写道:

Those who would administer [wealth] wisely must indeed be wise; for one of the serious obstacles to the improvement of our race is indiscriminate charity. It were better for mankind that the millions of the rich were thrown into the sea than so spent as to encourage the slothful, the drunken, the unworthy. Of every thousand dollars spent in so-called charity today, it is probable that nine hundred and fifty dollars is unwisely spent-so spent, indeed, as to produce the very evils which it hopes to mitigate or cure.

…

…the best means of benefiting the community is to place within its reach the ladders upon which the aspiring can rise — free libraries, parks, and means of recreation, by which men are helped in body and mind; works of art, certain to give pleasure and improve the public taste; and public institutions of various kinds, which will improve the general condition of the people; in this manner returning their surplus wealth to the mass of their fellows in the forms best calculated to do them lasting good.

大概意思是：

掌控财富的人要做到真正的明智。不加选择的、盲目的慈善是社会进步的绊脚石。富人要是把钱花在懒人、酒鬼和不配获得这些钱的人身上，还不如将其抛进大海。我们今天所花在慈善事业上的钱，有九成多都是不明智的，非但没解决问题，反而还"惹祸上身"。

……

……恩泽社会的最好方式是帮助那些上进、有抱负的人搭建起一个能够向上攀登的梯子，诸如有益于人们身心健康的免费图书馆、公园、娱乐健身设施；能够带来美的享受以及提升公众品位的艺术品；能够提高整体生存环境的各类公共建筑，从而将富人们所掌控的剩余财富以最精打细算的方式回馈于大众，永远造福于他们。

从中我们不难看出，卡耐基所主张的是利用个人所积累起来的财富来消除贫困和对于社会的依赖性所产生的根源，而不是以慈善的方式来变相加重一切社会问题的表征。在他看来，治"标"不治"本"是行不通的。

另外，卡耐基还主张财富在社会范围内的重新分配。卡耐基虽然是一个社会达尔文主义者，但他绝非一味地支持社会达尔文主义所提出的社会意义上的"适者生存"的理论，他也有更多自己关于社会与个人关系的思考。卡耐基将社会生活看做是一个集体现象，在生存竞争中，人与人之间实际上构成了一种带有等级意味的相互依赖关系。"掌控财富的人"与他们的雇员之间是相互依存的。整个社会的发展在于它的自我更新能力，在于它为企业的成长壮大以及个人主动性所创造的一切条件。在这个目标下，通过慈善事业而进行的财富重新分配是十分重要的。他提出："拥巨富而死者以耻辱终。"(He who dies thus rich dies disgraced.) 这不仅是他投身于慈善事业的宣言，更承认了社会、经济进步与财富循环之间的关系。他还积极主张征收遗产税和循序渐进地征收收入所得税，以此推动财富的重新分配。

"科学"慈善理念还体现在对于慈善投入与产出的认识上。与传统的慈善理念所不同的是,善于经营、懂得管理的卡耐基将慈善投入与产出相联系,极力主张提高慈善投资的使用效率,即"投资回报率"。他认为,慈善投入的价值需要用其所产生的效果、效用来进行衡量,所以,慈善家们(philanthropists)必须将注意力从治"标"转向治"本",并将个人要求得到救助的主观需求(needs)和是否具备得到救助的资格(eligibility)相联系,看他们是否真的"值得"(worthy)进行投资。

在卡耐基看来,"赚钱需要多大本领,花钱也需要多大本领"。为了能够最大限度地发挥慈善投资的效用,他创办了以商业化运作的方式管理慈善资金的纽约卡耐基基金会(Carnegie Corporation of New York)。卡耐基不主张把财富零零碎碎地分给普通百姓,而是通过设立基金会,以企业化的方式进行科学的管理,而这也是美国现代"科学"慈善理念的很好体现。这种方式不仅使"卡耐基基金会"得以历经100多年而屹立不倒,也奠定了美国现代慈善组织的基本模式。

尽管卡耐基的有些想法比较激进,但大体上还是为美国社会所接受和认可的。他也作为美国现代慈善事业的开创者,启发了包括比尔·盖茨在内的一代又一代美国人。作为美国第一代的超级富翁,卡耐基进行了一次我们现代意义上的"裸捐"——临终之际,他捐出了全部个人财产,实践了他的慈善理念和财富观念。时至今日,安德鲁·卡耐基这个名字依然在美国享有很高的知名度,还时常出现在众多美国的报刊之中。他所捐赠的图书馆遍布全美,他建立的主要基金会和信托基金仍然是美国慈善事业的一支重要力量。

二、国家对于慈善的政策支持

1. 遗产税制度

有人这样比喻:卡耐基为美国的慈善事业下了一只蛋,盖茨把它喂成了一只鸡,其饲料则是税收制度。因为在美国,个人所得税是超额累进的:收入越高,个税起征点越低;收入越高,税率越高。另外,美国的遗产税、赠予税也是超额累进的——当遗产在300万美元以上时,税率高达55%。

遗产税和赠与税是世界上普遍征收而且历史悠久的税种。遗产税起源于古埃及法老胡夫当政时期。由于修造金字塔和战争频仍,财政入不敷出,于是国家对财产继承人开征遗产税,直接用于军事支出。美国遗产税的产生也与战争有着密切的关系。1797年,美国联邦政府为筹集海军经费首次开征遗产税,1802年废止。南北战争期间,再次重新开征,战争结束后又被废除。直到1916年,遗产税才作为一个经常性的税种开征直至今日。现行的美国遗产税实行超额累进税率,也就是说,遗产数额越大,税率越高,最高可达55%。从2006年起,起征额为200万美元。这样,假如一个人要继承一笔500万美元的遗产,纳税之后真正到手的也就只剩200多万美元了。而且美国税法规定,遗产受益人必须在继承遗产前,先缴纳遗产税,然后才能办理继承手续。这也就是说,如果父亲留下了1,000万美元的遗产,儿子在继承的时候得先掏550万美元交税,才能拿到那1,000万美元。如果后人不争气,掏不出这550万,那就一分钱都无法拿到了。在这种情况下,美国富翁们想把全部资产留给子女是很难的。这就促使个人将遗产拿出来捐赠。捐赠的方式有成立私人基金会、设立或加入专项基金或订立慈善信托等。盖茨捐赠的方式属于成立私人基金会;而巴菲特将财产的85%捐给比尔及梅林达-盖茨基金会,属于加入专项基金的形式。

  美国的富豪们经常选择慈善事业作为避税和树立公众形象的途径。很多世界级的富豪同时也是世界级的慈善家,如本讲中所提到的卡耐基和比尔·盖茨。不想缴税的唯一途径就是捐助慈善事业,因此即使是最吝啬的富豪也会积极投身慈善事业。

  由于对遗产税的看法存在分歧,近几年来美国围绕遗产税的保留与废止发生了一场颇具戏剧性的风波,至今余波未平。

  1999年和2000年,美国国会曾经先后两次通过关于逐步废止遗产税的法案,但是最终被当时在任的总统克林顿否决。

  而另一任美国总统乔治·布什早在就任美国总统之前就曾表示:每一个家庭、每一个农场主和每一个商人,都应当自由地将其一生的勤劳所得留给他们所爱的后人。因此,美国应当取消遗产税。

  2000年布什当政以后,立即将他的主张付诸实施。2001年2月8日,布什总统向美国国会提交了关于近期内大幅度削减遗产税的提案。此后,国会众议院、参议院分别通过了该项提案。同年6月7日,经过布什总统签署,该项法案成为正式法律,于 2002 年 1 月 1 日起实施。对于遗产税的这些重大调整,起初美国国会有比较大的分歧,共和党议员大多支持布什的提案,而民主党议员则大多持反对态度。但是后来一些反对者改变了立场,转为赞同这些调整,从而最终使调整遗产税的法案得以顺利通过。

2002 年和 2003 年,美国国会先后两次审议关于永久取消遗产税的议案。这项议案先后两次在众议院表决的时候获得通过,但是却在参议院表决的时候搁浅,布什总统对此表示失望。

2004 年,布什再次竞选总统获胜以后,提出了继续减税的主张,但此后未见他对遗产税问题发表新的意见。

从美国的社会舆论来看,对于遗产税的改革也有着截然不同的两种看法。虽然取消"劫富济贫"的遗产税将给拥有巨额财产的最富有阶层带来巨大的利益,但也有人指责布什总统提出的取消遗产税计划是向富人献媚。更出乎许多人意料的是,富翁们并不领布什总统的情,率先反对取消遗产税的不是"无产阶级"———贫困阶层,而正是一群亿万富翁。2001 年 2 月,拥有数百亿美元资产的世界第一富豪比尔·盖茨的父亲威廉·盖茨,世界第二富豪、著名投资家、享有"股神"之称的沃伦·巴菲特,"金融大鳄"索罗斯,金融巨头洛克菲勒等 120 名亿万富翁联名向美国国会递交请愿书,反对取消遗产税,并在《纽约时报》上刊登广告:"请对我们征税。"(Please tax us.)他们还说,取消遗产税将使亿万富翁的孩子不劳而获,使富人永远富有,穷人永远贫穷,这将伤害穷人家庭。

2003 年 1 月 27 日,盖茨又在其与恰克·柯林斯(Chuck Collins)题为《遗产税万岁》(Long Live the Estate Tax)的署名文章中再次表示不应该取消遗产税。他写道:"我们现在正处在第二个'镀金时代'。然而,我们非但没有采取措施来加强民主,反而却在后退,越来越向一个世纪前出现的财富不平等靠近。我们应该在州和联邦政府的层面上维持正在受到动摇和破坏的遗产税制度。在民主社会中,当由财富集中所带来的权力明目张胆地试图塑造政治辩论中的话语以及制定社会规则时,我们就会受到威胁。"(We are now in a second Gilded Age. Instead of taking steps that would strengthen our democracy, we're heading backward to the wealth inequalities of a century ago. We need to preserve the estate tax in states and at the federal level for exactly the reason it is under assault. In a democracy, we should be offended when the power of concentrated wealth brazenly attempts to shape the terms of policy debate and dictate the rules of our society.)

2. 个人所得税制度

"在美国,死亡和纳税同样是不可避免的。"这句话很多人都听说过,事实上也的确如此。美国成熟的个人所得税制度也促进了慈善事业的发展。美国的个税同样实行累进税率,所以美国高收入者每年至少要将超过三分之一的个人所得上交给税务部门。但美国税法也规定,慈善和公益捐款在个人所得中予以扣除。所以美国的富人们非常愿意设立慈善基金,捐资助教,支持公益事业。美国从20世纪初起大量出现的私立大学、慈善机构和非政府组织,对高等教育事业的贡献、对社会弱势群体的帮助以及在环境的保护等方面所做到的,远远超出了政府所做的。而热心于慈善和公益事业的富人们,既少交了税,又获得了良好的声誉和人们的尊重,真是皆大欢喜。

三、对慈善机构的管理

美国是一个慈善事业十分发达的国家,美国人也乐于捐献善款。据不完全统计,美国现有大小慈善机构约140万个,总资产占美国经济的5%。仅2006年,美国的慈善捐款总额就达到2,600亿美元。如此巨额的资产,如此众多的机构,使得对善款使用的监督至关重要。在总结多年经验教训的基础上,美国已逐步形成了一套机构自律和政府监管并重的机制。

机构自律来自几个方面,一是采用公司化运营模式,美国慈善机构的决策权在董事会,其成员必须把机构利益置于个人利益之上,不可牺牲机构利益从事为个人谋利的活动。否则轻则免职,重则将受到法庭审判。

此外,自律观念在美国也深入人心,因此慈善基金会中也多采取内部监管的政策。它们都建立了约束本组织和成员的较完善的标准、规则等,有一套严格的操作程序。同时,任何一个公民都可以到慈善机构去查阅账目,看看这些善款或慈善物资究竟都流向了哪里。

美国慈善机构除了进行内部自律外,还有行业自律。美国慈善机构每年进行行业评级,按信誉等级由高到低分为四星到无星,同时提供各个标准下的前十名排行榜,其中不少是负面排行榜,比如筹款回扣率排行榜、财务危机排行榜、劣等机构首席执行官薪水排行榜、赠款囤积花不出去排行榜等等。还有一些专业网站,供捐助人随意调阅各慈善机构的评级、资质的详细情况。

公共监督也在某种程度上保证了慈善机构的透明度。一旦丑闻发生,就会引起媒体的高度关注,其影响会十分深远,这无形中也给所有慈善机构增加了自律压力。

第十二讲 "足球"都是圆的吗

Football is, afterall, a wonderful way to get rid of your agressions without going jail for it.

——Heywood Hale Brown

毕竟,足球是你发泄攻击性,但却不会为此坐牢的绝纱方式。

——黑伍德·黑尔·布朗

喜欢看美国情景喜剧《老友记》(*Friends*,又名《六人行》)的朋友是否还记得第四季第 15 集——《橄榄球》(*Season 4, Episode 15, The One With All The Rugby*)呢？在这一集中,围绕着橄榄球爆出了很多笑料,令人捧腹。罗斯(Ross)在纽约街头偶遇其英国女友艾米丽(Emily)的英国"老乡"——廉姆(Liam)和戴文(Devon)。下面是他们之间的对话：

Ross: Oh, Liam. So uh, what, were you guys playing soccer or something — or should I call it (*In an English accent*) football?

罗斯：哦,廉姆。你们在玩什么,是足球吗——我可不可以把它叫做你们英国人所说的"football"(用英音说)？

Devon: We were playing rugby.

戴文：我们玩的是橄榄球。

Liam: In fact we're playing a game at the park tomorrow. You're welcome to play too if you want.

廉姆:实际上我们明天在公园有一场(橄榄球)球赛。如果你有兴趣,也可以来参加。

Emily: (*laughs*) Ross play rugby? I don't think so.

艾米丽:(笑)罗斯玩橄榄球? 我可想不出来。

Ross: What's ah, what's so funny about that?

罗斯:这有什么好笑的?

Emily: Well I mean, you're American to start with. You don't even have rugby here.

艾米丽:我的意思是你是美国人。你们这儿连橄榄球都没有。

Ross: Well, we didn't have freedom here until 1776, either so…

罗斯:嗯,我们这里在1776年以前还没有自由呢①,不也……

Devon: So good then! We'll see you at Riverside Park at 2:00! Cheers!

戴文:那好! 明天下午两点河边公园见! 再见!

Liam: Cheers!

廉姆:再见!

Ross: Cheers!

罗斯:再见!

看上去,这只是一个普通的邀请,那么接下来发生了什么事情呢? 我们大概能从比赛开始后,朋友们之间的对话中找到些答案:

Phoebe: She's right! You have to stop!

菲比:她说得对! 你还是别玩了!

Ross: What? No! No, I'm not stopping. I'm Red Ross!

---

① 意指美国在独立前是英国的殖民地。

罗斯：什么？不！不，我才不会退出。我可是"红脸罗斯"①。

Joey: Dude, if you go back out there, you're gonna be Dead Ross!

乔伊：哥儿们，如果你不及时退出，你可就成"死人罗斯"了。

Ross: I don't care! I am not quitting! I insist on finishing this game!

罗斯：我不在乎！我就是不当逃兵。我一定要坚持打完这场比赛！

Emily: All right, all right, if you insist on doing this, at least let me help you.

艾米丽：好吧，好吧，既然你这么坚持，那至少也得让我帮帮你。

Ross: No, God no! That is no place for a woman. Those guys will grab anything.

罗斯：不，上帝，不要！这里没你们女人的份儿。这些家伙什么都敢抓的。

Emily: No. That's not what I'm saying. I just may know a few things that might help you inflict some pain.

艾米丽：不。我不是这意思。我知道怎么样能让你少受点儿罪。

如果没有些美国文化的背景知识，这些情节会让人一头雾水。rugby，soccer和football这三者之间究竟有着怎样的关系呢？罗斯为什么会在一次小得都算不上是比赛的比赛中弄得这么惨，连命都差点儿丢掉呢？另外，总有人将"rugby"等同于美式足球（中文译成"美式足球"或"美式橄榄球"），真是这样吗？无论是rugby还是美式足球，对我们中国人来说都是陌生的。然而，越是了解少的东西，越是有了解的必要。尤其是在对待文化现象时，我们更应该要尽量打开视野。

一、复杂的"足球"

从上述罗斯与艾米丽的老乡的对话中，我们不难发现，美国人将令全世

---

① 一次罗斯排队买票看电影《与狼共舞》(*Dance with Wolves*)。有人夹个儿，排到了罗斯前面。一向彬彬有礼的罗斯发起了脾气，他对那个人大喊大叫，气得满脸通红。"Red Ross"（红脸罗斯）就是指罗斯生气时面红耳赤的样子，暗示他这个满腹经纶的古生物学博士也是很有脾气的。

界人都为之疯狂的"足球"(football)称为"soccer"。事实上，football 比 soccer 出现得要早，soccer 是现代足球最早的说法，是"association football"的简称。英美两国关于"football"的含义是不同的，因此，罗斯才会用英国英语的腔调再一次向戴文强调地问是不是"football"。在美国，"football"所指的是"American football"，我们将它翻译成"美式足球"，由于其球的形状很像橄榄，所以又被形象地说成是"(美式)橄榄球"。我们所说的"足球"，在美国被称做是"soccer"，而"soccer"一词在美国比在英国使用的频率更高。英国人更喜欢用的是"football"或者是更严谨一点儿的"association football"。

在这里，很有必要了解一下足球运动的历史。虽然，中国的"蹴鞠"被认为是足球运动最早的起源。但是，真正将足球玩出名堂的却是英国人。正如英国大法官泰勒在历史上著名的《泰勒报告》中所称，足球已经渗透到英国人的骨髓之中，英国人血液里流淌的都是足球，无法遏止。起初，在英国，很多人都声称自己玩的是 football，但是他们所奉行的游戏规则却是不同的。有些 football 不允许用手持球或是用胳膊停球，但有些则允许用手抱球以及踢、扳、拉、扯、持球等动作，如 rugby football 就是如此。这种百家争鸣的状态也在一定程度上引起了混乱。为了统一规则，英国在 1863 年成立了足球总会(The Football Association，或称足球协会，也即 association football 的由来)。这就可以解释为什么"世界足联"叫做"The Fédération Internationale de Football Association"（名称为法文，因为当初是在公元 1904 于法国巴黎成立的，现总部设于瑞士苏黎世了）。尽管成立了足球总会，但是不同的规则间并未达成一致，很多 rugby football 的支持者愤然退出。由此分化出 rugby football 和 association football 两个彼此独立的派别。它们分别制定游戏规则，发展职业协会。Association football 的规则跟我们今天的足球相近，而 rugby football 的特色是用手持球，也就是《老友记》中《橄榄球》这一集中所说的 rugby。我们现在经常提起的 rugby，其实全称就是"rugby football"。rugby 跟"橄榄"(olive)毫无瓜葛，只是中国人觉得比赛所使用的球形似橄榄，才将其称做"橄榄球"的。

rugby football 这种运动为什么叫 rugby 呢？这其中还有一段掌故。19 世纪时，英格兰中部有一个地方叫"Rugby Town"，在这里有一所历史悠久的学校——Rugby School。足球在这所学校里风靡一时。1823 年，在一次校内的足球比赛中,有名叫做威廉·韦伯·埃利斯(William Webb Ellis)的球员因求胜心切,情急之下居然以双手抱住球跑进球门内。毫无疑问,这种行为在当时的足球比赛中属于犯规动作,但也正是这次犯规给了人们创新的灵感。人们开始觉得如果足球比赛允许用手,它必定会变成一项更好玩、更有看点的运动。从这以后,Rugby School 的学生就开始在足球比赛中用手持球跑动。为了纪念这所学校的创新精神,人们就把这项运动命名为"rugby football",现在这所学校内还有一个纪念碑,上面刻有这样一行文字:"此碑纪念威廉·韦伯·埃利斯的勇敢行动。"(This stone commemorates the exploit of William Webb Ellis.)今天,连 rugby football 的最高荣誉——橄榄球世界杯(Rugby World Cup)的奖杯也是以威廉·韦伯·埃利斯的名字命名的,称"韦伯·埃利斯杯"(Webb Ellis Cup)。这就是 rugby 的缘起。

二、美式足球小常识

英国移民将 football 和 rugby football 传到美国,美国人将其发扬光大,制定了若干新的规则,并取名为"美式足球",即 American football。由此可见,我们不能将 rugby 等同于美式足球。确切地说,rugby 所指的更多的是 rugby football,它是属于英国的;美式足球是 football 和 rugby football,是在美国这片全新的土壤上开出的一朵奇葩。做个类比,football 和 rugby football 犹如母亲,而美式足球则是它们的孩子,孩子深得母亲之神形,却也有很多不可复制的独特之处。正如 American English 一样,在 football 前加上"American"这个修饰词,一下子就多了很多美国特色,也足见得它的与众不同。

为美式足球做出巨大贡献的是耶鲁大学(Yale University)的足球运动员和教练沃尔特·坎普(Walter Camp)。1880 年,他修订了美式足球的规则。在沃尔特·坎普以及高校足球协会(Intercollegiate Football Association, IFA)的努力之下,美式足球作为一项独立的运动诞生了。正如美国著名美式足球队的教练克努特·罗克尼(Knute Rockne)①所说:"美式足球来源于耶

---

① 他是圣母大学圣母美式足球队(Notre Dame)的教练。曾经以他的生平经历为背景拍摄过一部电影《克努特·罗克尼》(Knute Rockne)。里根总统因在这部影片中扮演了克努特·罗克尼的爱徒——伟大的球员乔治·吉帕(George Gipper)而获得"Gipper"这一终身昵称。

鲁。"(All football comes from Yale.)沃尔特·坎普也因此被称做"美式足球之父"(Father of American Football)。

无论是英式橄榄球还是美式足球,所采用的都是椭圆形的球,但相比之下,美式足球的球更小、更长。因为美式足球比赛中,队员的身体冲撞过多,所以为了防止运动员受伤,现在在比赛中,球员们通常都是"武装到牙齿"(armed to the teeth)①——钢质头盔、肩甲、胸甲、肩垫、肘垫、臀垫、膝垫、股垫、护手、护胫……这一整套的东西既让人瞠目结舌,又让人有些摸不着头脑。这到底是运动还是打仗呢?装扮得这么"隆重",简直就是一群气势汹汹的天外来客!此外,由于衬垫太厚,比赛中队员们往往都听不清自己的同伴在吼些什么。于是为了方便交流,队员们的头盔里还得再加配一副无线耳机。这从头至脚的装备起码要花费上百万美元。看来,美式足球还是一项用钱堆起来的运动。不过,在美式足球诞生之初,球员们的装备并没有像现在这么复杂。当时,球员们上身穿着长袖运动衫(jersey或者sweater),外面裹上一件紧身帆布(canvas)背心(jacket或者vest);下身则是帆布及膝短裤(knee pants)。穿上这种帆布的球衣,不便于对手拉扯。这身"行头"使得美式足球队员们常将自己戏称为"帆布潜鸭"(canvasback)②,实在非常形象。最初,球员对于保护措施大都不屑一顾,通常只是戴上一对肩垫和一对肘垫。临近比赛赛季时,他们还会蓄发——头发是他们脆弱的头部唯一的保护。

英式橄榄球的行头比较简单。队员们无需浑身上下包足海绵,只穿平常的队衣,嘴里塞个牙套,就可以上阵了。但是这并不意味着英式橄榄球很"温柔",且看罗斯与艾米丽的英国老乡的比赛场面以及他被弄得鼻青脸肿、九死一生的惨状就知道"游戏"的厉害程度了。

美式足球场通常被昵称为"烤肉架"(gridiron),因为球场上标示线的样式让它看起来很像是一个烤肉的架子。美式足球场长是120码(相当于110公尺),宽是53又三分之一码(相当于49公尺)。较长的边界称为"边线"(side line),较短的边界称为"底线"(end line)。底线旁边的标示线称为"得

---

① 英语成语,形容武装得彻底、完备。
② 是一种产于北美的灰背野鸭。

分线"（goal line），双方得分线之间的距离为100码。得分的区域位于底线与得分线之间10码宽的区域，称为"达阵区"（end zone），"达阵"叫做"touchdown"。

比赛开始前3分钟，对阵双方的队长会在球场中央掷硬币猜正反面（coin toss）决定攻防两方。美式足球里的开球是由防守的一方踢球，这叫"kickoff"，而进攻的一方在接到球之后开始回攻，这叫"kickoff return"。

美式足球对阵双方各上场11名队员，他们在场上可以持球跑动，也可以互相扭抱以摔倒对手。跟其他运动不同的一点是，美式足球分工很细，每个人都各司其职，通常打进攻位置的球员就专打进攻，这些人被通称为"offense"或"offensive line"。另外还有一批球员是专门负责防守的，这个防守的阵容就叫"defense"或是"defensive line"。同时还有一个特别组（special team），他们在踢球时上场。特别组的球员也各司其职，有负责弃踢（punt）的弃踢手（punter）和负责开球、射门及追加得分射门的踢球手（kicker）等。

在美式足球的比赛里，换人十分频繁，特别是从防守变成进攻或从进攻变成防守时，常常是整批进攻的球员全部被换下来，换上另一批专门防守的球员，甚至还有特别组以专门应对某些情况。因此，一支美式足球球队可以动辄上百人，这样庞大的阵容使得职业球员的平均薪金是所有职业运动项目里最低的。

比赛中，拿球的一方总共有四次进攻机会（play），而每当持球的球员触地或是跑出边界，就算是一次"down"，这也就是下一次进攻机会的开始。所以，比赛中的"first down"，"second down"，"third down"，"fourth down"，就分别是指第一次到第四次的进攻机会。而美式足球比赛的最重要规则之一，就是进攻方从"first down"的位置算起，必须在四次的进攻当中向前推进超过10码，不然的话就要换对方进攻。但是如果在任何一次的进攻机会当中推进了10多码，则可以重新再获得一次"first down"，也就是重新获得四次进攻机会。所以取得"first down"是非常重要的，想要让自己的攻势绵延不断，就必须不断取得出色的"first down"，以得到新的进攻机会。

10码到底有多长？举个例子说明一下。美式足球比赛双方得分线之间的距离为100码（约91.4公尺），两队各分得50码，算是各自的"领地"（territory），而从底线自己方的达阵区算起，地上每5码会画一条横线并注明5、

10、15,一直到 50。再接着又是 50、45、40,一直到 5,一直抵达对方的达阵区,这就是自己一方要进攻的目标。假设今天的"first down"是从对手的 45 码线开始,那么自己方就必须在四次进攻机会当中至少前进到对方 35 码线的位置,才可以重新获得一次"first down"。

上面讲到要"向前推进",在美式足球里,向前推进的方法有两种:一种叫"rush",也就是由球员抱着球往前冲,即 run the ball;另外一种进攻方式叫"pass",也就是把球往前传,即 throw the ball。

通常,run the ball 所能前进的码数较少,但是比较安全,不会有球在中途被对方截走的状况;而 throw the ball,通常可以推进比较多的码数,但也比较危险,队友可能接不到球,或者球被对方拦截(interception)。

防守球员的杀手锏是"tackle"(擒抱),就是用擒抱的方式来阻止对方前进。tackle 里面最精彩的一种叫"sack"(擒杀),就是防守球员在对方的"四分卫"还没将球传出去之前就把他抱住。在这种情况之下,对方的这次进攻不但没法前进还得后退,即所谓的"不进则退"。所以,当有擒杀出现时,观众通常都会报以非常热烈的掌声。

不断向前推进的最终目标,就是要攻入对方的达阵区得分。刚刚提到,双方得分线之间的距离为 100 码,如果从 20 码处开始进攻,则必须向前推进 80 码才能达阵成功。达阵的方法是,当进攻的球员把球带到底线达阵区之后,就算是达阵(touchdown),可以得 6 分。此外还可以得到一次"罚踢"(one-point conversion)的机会,如果踢进的话可以再多得 1 分(extra point),所以一般达阵都可以拿下 7 分。

美式足球的球门也比较特别。它由两根直立的柱子(upright)和一根横杆(crossbar)组成,而有效范围则是两根柱子之间和向横杆之上无限延伸的。所以如果踢球员在得到罚踢机会时,只要成功地把球踢进上面所说的范围,就能够得到 1 分,即"The kick was good."。

三、骚乱的运动

英国著名的词典编纂者塞缪尔·琼森(Samuel Johnson)在他的第一本字典中曾将"运动"(sport)一词定义为"tumultuous fun",意思是"骚乱的乐事"。虽然,这听起来似乎有些尖刻,但是用这来形容美式足球可能再合适不过了,因为在足球场上,双方对阵厮杀的场面真是够混乱的!

美式足球的规则非常复杂,比赛充满着危险。其最大的特点就是激烈的身体冲撞。虽然有保护装备以及相关规则来保障参赛者的安全,然而队员受伤的情况依然屡见不鲜。脑震荡司空见怪,偶尔还有人因伤致死。在美国的一些消遣活动或业余比赛中,由于没有合格的装备,更是令受伤的风险倍增。1905年一年中,美国有18名橄榄球员死亡,159人负伤。西奥多·罗斯福(Theodore Roosevelt)总统对此事亲自过问,使这项运动得到了很大改进。

在比赛中,为了阻止攻方的进攻,守方须擒抱拦截对方的持球球员。在这个过程中,身体的接触自然是不可避免的。守方只有通过身体接触,才能将攻防符合球例的进攻拦截下来。球例规定:守方实施擒抱动作的队员不能踢打或绊倒对手;也不可以拉扯对方的面罩,用自己的头盔来拦截,或把对手抱起再摔下;同时也不能使用其他一些过分粗暴的拦截动作。除此之外,其他方式的擒抱都不算犯规。这么多"亲密接触",令美式足球看上去十分危险,甚至有些粗野(brutal),惊心动魄、人仰马翻的险情频繁出现。

有人批评美式足球是一种暴力运动——它与躲避球(dodgeball)、摔跤(wrestling)、曲棍球(hockey)及拳击(boxing)等同被列为"暴力"运动。跟篮球、足球及其他美国流行的运动比较起来,美式足球的确有较多激烈碰撞。擒抱式美式足球在美国很多校园都被禁止,取而代之的是以双手触碰来取代擒抱的触碰式美式足球。体育课上的足球运动大多采用这种双手触碰式,而课后则因为可以提供合适的装备及指导可以开展擒抱式美式足球。

美式足球绝对是一项男人的运动,其激烈的身体碰撞以及比赛的高风险度往往令女性望而却步。在需要擒抱拦截的美式足球比赛中,强壮的"大块头"及身体敏捷的球员比较有优势。因此在过去几年中,国家美式足球联盟(NFL)球员的平均体重有上升的趋势。19世纪时,那些能够在拳击场上出彩的选手通常都是美式足球队竞相争夺的对象。

美式足球也是非常残酷的。我们常常可以在电影里看到足球英雄们在比赛中忍受着足以致命的冲撞,在休息室里,他们则鲜血淋漓、心情低落。为了一个长途达阵,他们甚至会付出一生的代价。一个技术犯规,就可以在一瞬间葬送一位球星的所有梦想。他们多数人无法获得职业明星的掌声和荣耀,也无法获得良好的医疗条件,甚至连生计都是问题,生活处于贫困线边缘。每逢比赛,他们都要面临人生最重要的挑战。

四、智慧的运动

即便有种种危险,仍然不可否认美式足球是一项非常能够提高团队合作精神和训练智慧与头脑的运动。

美式足球在美国经常被称做"草地象棋"。它强调奔跑、精准的投掷和出色的接球。此外,这项运动还体现出广泛参与的精神,即便运动员身材有些胖,也不会因其动作笨拙而受到嘲笑和讥讽。欧洲人在踢足球时,坐在冷板凳上的替补队员上场的机会屈指可数,因而会受到嘲讽,而在美国人喜爱的橄榄球运动中,教练为了保护"四分卫"往往会很早派板凳队员上场。

此外,美式足球对教练和球员的智慧都有很高要求,绝对是一项需要智慧的运动。美国女诗人玛丽安·莫尔(Marianne Moore)曾经说:"今天的足球运动似乎更加的科学、讲究策略了——不再像50年前那样,队员们乱作一团,人压人堆成人山的情况少了,人山下面被压得喘不过气来的倒霉蛋儿也少了。"(Football seems scientifically tactical nowadays—not so conglomerate as fifty years ago, with fewer mounds of bodies, and victims exanimately breathless at the bottom of the pile.)

对很多美式足球的球迷来说,最吸引他们的地方,大概就是对赛双方教练团在场上所迸发出的智慧火光。每一队都有一本"兵书"(playbook),里面详细列举了各门"武功秘籍",是各支队伍绝对的精神食粮。

美式足球的战术可谓千变万化,有一些交锋计谋较为保守,大概只能攻下对方几码而已;有些计谋则有能力攻下对方大量码数,但相对地,自己丢失阵地和对球失控的机会亦会大增。一般来说,跑阵比传球更为安全。不过,亦有一些较为保守的传球和较为冒险的跑阵。为了掩人耳目,有些传球阵会摆出一副跑阵冲球的样子,反之亦有。美式足球有很多诡计或花招,例如有时会摆出踢球的阵型,但又突然尝试去传球或持球冲锋去争取第一进攻的机会。成功的高风险计谋都会让球迷们兴奋不已。当然,如果对手已经洞悉了计谋的话,也会为球队带来不幸的下场。

有人说,美式足球是最像行军打仗的运动,简直就是"球场如战场"。因此毫无疑问的,美式足球在美国军队中是最受欢迎的。军人们通过这项运动达到锻炼身体,进而间接达到提高作战能力的目的,也更加能够理解如何才能获得自由,以及自由的意义。难怪英国海军名将威灵顿公爵(The Duke of Wellington)这样说:"滑铁卢一役①是在伊顿公学②的运动场上打赢的。"(The battle of Waterloo was won on the playing fields of Eton.)

五、时髦的运动

自 20 世纪 60 年代开始,美式足球在美国已经超过篮球成为最受喜爱、最流行的运动项目,几乎所有的主要城市里都有职业美式足球队。这些职业队员差不多全是原大专院校球队的主力。美国不少大专院校非常重视发展美式足球运动,它们常常用提供奖学金和给予免费食宿的办法鼓励中学生中的优秀美式足球队员入校。许多大专院校的运动费用仅靠出售美式足球票就可以完全收回成本。20 世纪 70 年代以来,每年都有 600 多个一流大学队在频繁的全国大学联赛中争夺桂冠,其高潮是在各大城市举行的赛季后比赛:"玫瑰杯赛"、"糖杯赛"、"棉花杯赛"、"柑橘杯赛"等都久负盛名,极具吸引力。重大的比赛常常在盛大的典礼中举行。赛前半个小时,军乐队在女队长的带领下绕场一周,鸣号奏乐——他们的绕场表演有时会喧宾夺主,比正式比赛更加引人注目。在比赛的半场间隙,受过训练、穿着统一制服的拉拉队拼命为自己的球队欢呼"加油"。拉拉队队长通常由漂亮的姑娘担任。

在美国的大中学校中,球迷对美式足球的喜爱程度简直到了如醉如痴的地步。一旦有比赛,几乎是全校出动,为自己的球队呐喊助威。全校师生员工通过美式足球比赛发扬团结友爱精神,极大地增强了集体荣誉感,从而形成了对自己身份的认同。在没有拥有美国职业美式足球联盟球队的地

---

① 1815 年 6 月 18 日,在位于比利时首都布鲁塞尔以南约 20 公里处的滑铁卢镇,以拿破仑为统帅的法国军队同以英国人威灵顿公爵为统帅的欧洲联军,展开了一场惊心动魄的大决战。这场决战持续了大约 12 个小时,最终以不可一世的法国皇帝拿破仑战败而告终。从此,拿破仑一蹶不振,滑铁卢也成了"失败"的代名词。

② 威灵顿公爵毕业于伊顿公学(Eton College)。伊顿公学是英国著名的男子贵族学校,非常重视通过体育运动来塑造学生的品格。

方,美式足球尤其叫座。一些大学的球场拥有超过 10 万个座位,而且经常能售完所有门票。就算是高中学校的球赛也常会吸引超过 1 万名观众入场,在美式足球最受欢迎的地方,如得州、俄亥俄州、佛罗里达州、乔治亚州等地,此类现象尤为常见。而在许多美国的小城市,秋季每周所举办的大学与高中美式足球赛事,以及其中的乐仪队与拉拉队表演,已成为当地重要的文化特色之一。在美国的学校里,最牛的男生是美式足球队的,他们个个都是校园里的明星,打不上美式足球的,才去打棒球、篮球,最后才是踢足球。如果能够从大学队进入职业联盟,那将是万里挑一、人人艳羡的英雄、偶像!

近代美国历任总统中也有不少美式足球迷,像里根、老布什、克林顿,以及近期的小布什。布什一家可以说全是美式足球迷。老布什退休后定居休斯顿,凡有休斯顿队的主场比赛,老布什总要亲临现场和球队的老板坐在一起观赏。小布什曾经是一个棒球职业队的老板,遇到美式足球开赛,他也不忘借机表演一番。小布什的弟弟杰伯身为佛罗里达州的州长,也时常观战美式足球比赛。美国还有一条不成文的规矩:每年美式足球总冠军队都会受到总统的邀请前往白宫做客。许多记者都会心地写道,这样的聚会能使总统沾上球星的光,和这些明星们在一起可以提高总统的"知名度"。

六、超级碗杯

在所有美式足球比赛中,最吸引人眼球的就是"超级碗杯"(Super Bowl),这是国家美式足球联盟(NFL, National Football League)的年度冠军赛,参与球队为该赛季的美国美式足球联会(AFC)冠军以及国家美式足球联会(NFC)冠军。比赛的同时还会有盛大的庆祝活动。"超级碗杯"一般在每年 1 月最后一个星期天或是 2 月第一个星期天举行,那一天称为"超级碗星期天"(Super Bowl Sunday)。"超级碗杯"多年来一直都是全美收视率最高的电视节目,并逐渐形成一个非官方的全国性节日。"超级碗星期天"在美国已被视为非正式的国庆日。在"超级碗杯"开赛前和中场休息的时候,会有很多流行歌手和音乐人进行演出。此外,"超级碗星期天"是美国单日食品消耗量第二高的日子,仅次于感恩节。

"超级碗杯"是比赛双方所争夺奖杯的名字,亦是比赛的名字。1967 年,堪萨斯酋长队老板亨特在家中偶然跨过女儿的玩具——超级球(Super Ball)

时,灵机一动,建议比赛取名为"超级碗杯"(Super Bowl)。"超级碗杯"的历史主要与两个足球联盟有关。当时美式足球是分开的两个联盟,分别是美国美式足球联盟(AFL)和国家美式足球联盟(NFL)。第一届"超级碗杯"的另一个说法是"AFL – NFL 世界冠军赛"(AFL – NFL World Championship Game)。从 1969 年第三次 NFL 和 AFL 冠军对抗赛中开始,NFL 正式启用"超级碗杯"这一名称,并以罗马数字标识届数。后来,这两个联盟于 1970 年合并为美国美式足球联会(AFC,American Football Combination)和国家美式足球联会(NFC,National Football Combination)。

"超级碗杯"的届别是以罗马数字命名的,例如 1967 年的第一届"超级碗杯"是"Super Bowl I",而 1968 年举行的"超级碗杯"是"Super Bowl II",以此类推。

美式足球队如果要跻身"超级碗杯",首先要在常规赛中取得好成绩,才有机会晋身季后赛。当球队在所属联会的冠军战中取得胜利后,就可以晋身"超级碗杯"了。

在美国,"超级碗杯"拥有很高的收视率,在高收视率的吸引之下,不少企业在"超级碗杯"比赛期间进行宣传,因此"超级碗杯"就具有了另外一个意义——各大厂商赶在比赛间隙发布自己的新广告,如今它已经成为美国最集中的广告展示大赛。甚至,有些观众收看"超级碗杯"只是为了观看新的广告以及中场休息时间的表演。近年来,"超级碗杯"亦在世界各地同步直播,以第 41 届"超级碗杯"为例,有 200 多个国家和地区对此进行了电视直播或转播。

第十三讲　节日欢歌

What everyone wants from life is continuous and genuine happiness.
　　　　　　　　　　　　　　　　　　——Baruch Spinoza ①

人们所要从生活中获取的是源源不断的、真正的快乐。

　　　　　　　　　　　　　　　　　　——巴鲁克·斯宾诺莎

　　节日是一个国家社会文化的重要组成部分。节日,总是富有深沉的历史感,充满着人文关怀;节日,打破了生活中日复一日的沉闷,让人们快节奏的生活能够有机会放缓脚步;节日,也是联系你、我、他(她)的纽带,让我们在各自忙碌后能够相聚在一起,分享生活的点点滴滴。正因为如此,节日成了人们总在渴求盼望的美好时光。

　　在人们的印象中,美国是一个喜欢享受生活的国家。托马斯·杰斐逊在《独立宣言》中就已经为此定下了基调:"我们认为以下这些真理是不证自明的,即所有人都是生而平等的,他们都有天赋的不可让与的权利,包括生存的权利,自由的权利以及追求幸福的权利。"(We hold these truths to be self-evident, that all men are created equal, that they are endowed by their Creator with certain unalienable rights, that among these are life, liberty and the pursuit

---

　　① 荷兰哲学家。后改名为贝内迪特·斯宾诺莎(Benedictus Spinoza),西方近代哲学史重要的理性主义者,与笛卡尔和莱布尼茨齐名。他出生于阿姆斯特丹的一个从西班牙逃往荷兰的犹太商人家庭。他的父母以经营进出口贸易为生,生活颇为宽裕。

of happiness.）由此可以看出，快乐、幸福不仅是美国人生活的目标，更是天赋的人权，生活的准则。在日常生活中，美国人也在努力地践行着这种权利。为了享受人生，美国人发明了如今非常流行的"信用卡"（credit card），开创了"超前消费"的先河，"透支"（overdraw）就是他们生活的标签，为他们带来了许许多多当下的快活。此外，美国人还喜欢将"努力工作，尽力玩乐"（work hard，play hard）挂在嘴边。而当我们把目光转向美国丰富多彩的节日文化时，美国人的这种生活态度更是一览无余。

美国有着丰富的节日传统，其中有一些与其他西方国家的节日相重叠，具有浓厚的宗教意义，如圣诞节。尽管在字面上，"holiday"（节假日）即"holy day"（圣日），但美国的节假日大多与宗教没有关系，而是其历史、社会发展的产物，是独一无二的，如独立日。不管怎样，美国人都会让自己最大限度地从中体会到生活的快乐与幸福。对于他们，一个节日就是一场欢乐、庆祝的盛宴。

1971年，时任总统的理查德·尼克松将很多联邦节假日的日期正式改到距其最近的星期一。只有四个节假日不一定在星期一：感恩节、元旦、独立日和圣诞节。如果元旦、独立日或圣诞节正好是星期天，那么第二天仍为休息日；如果赶上星期六，则其前一天也为休息日。下面就来看一看美国的主要节日。

一、1月1日——新年（New Year's Day）

在美国，尽管圣诞节才是最大的节日，但是新年在人们的心目中仍然占有不可替代的重要地位。新年是全美各州一致庆祝的主要节日。美国人过新年，最热闹的是除夕晚上。除夕之夜（New Year's Eve），晚会是庆祝新年到来必不可少的活动。化装晚会尤其受欢迎。来宾们把尊严和谨慎藏在面具之后，把自己打扮得稀奇古怪。大家无拘无束，尽情玩乐，行为与平日的循规导矩大相径庭。同时，也有很多人聚集在教堂、街头或广场，唱诗、祈祷、祝福、忏悔，辞旧迎新。午夜12点，全国教堂钟声齐鸣，乐队高奏怀旧歌曲,人们手挽手高唱《友谊地久天长》(Auld Lang Syne)①这首著名的苏格兰民歌(也叫做《一路平安》)。在音乐声中,人们激动地拥抱在一起,互道一声"新年好"(Happy New Year)!

美国人还有一个非常值得借鉴的习惯,就是在新年许愿立志,人们称之为"新年决心"(New Year's resolutions)。据说,这一传统可以追溯到古巴比伦时期。当时的人们在新的一年来临之际,最大的心愿就是要归还借来的农具。美国人现在所下的决心,与其说是宏图大志,倒不如说是一些朴实而实际的打算。曾经有人总结过最受美国人青睐的 10 条"新年决心"。它们是:多与家人和朋友在一起;保持健康;节食;戒烟;享受生活;戒酒;还清债务;学习新东西;帮助他人;变得有条理。

有些美国人还喜欢在新年时悬挂婴儿的照片和写有"New Year"的横幅。因为,婴儿是新生的象征,正好契合了新年的寓意。这一传统是由德国传到美国的。

也有一些美国人认为,新年第一天吃的东西会影响到来年的运程。他们喜欢在这个特殊的时刻吃上一些豇豆荚(black-eyed pea),以期来年会有好运降临。卷心菜和猪肉、火腿通常象征着富足与繁荣,所以也是美国人新年的"幸运"食品。

此外还有不少州会举行新年美式足球赛。在鲜花盛开的加利福尼亚州,有"玫瑰杯"美式足球赛;在盛产棉花的得克萨斯州达拉斯城,有"棉花杯"美式足球赛;甘蔗产地路易斯安那州新奥尔良,则有"糖杯"美式足球赛;等等。

---

① 这是一首英国歌曲,原名为《过去的好时光》。这首歌曲原有不同的歌词和不同唱法。到了 1788 年才有了定稿,是苏格兰诗人罗伯特·彭斯(Robert Burns)从一个老人那里记录下来的。1794 年出版时有五段歌词,后来被略去了第二段歌词,曲调也不是彭斯当年从老人那里听到的了。据说曲调是由英国戏剧音乐作曲家威廉·希尔德所做。在威廉的歌剧《罗西娜》中,这段曲子作为序曲的一部分,由双簧管吹奏主旋律,大管则模仿苏格兰风笛上的固定低音。希尔德是在离苏格兰边境不远的达拉姆长大的,所以有人觉得《过去的好时光》很像苏格兰歌曲。20 世纪 40 年代,美国米高梅电影公司拍摄的影片《魂断蓝桥》(Waterloo Bridge)中,将其用作插曲,但原来的旋律已经被变成了圆舞曲。这首歌曲还有另外两个名字:《友谊地久天长》和《一路平安》。《友谊地久天长》是影片作者根据影片中故事的特定情节给定的,《一路平安》是观众们给起的。自从影片《魂断蓝桥》问世以后,这支曲子在世界各地广为流传。

据说美国的印第安人也有独特的新年习俗。每到除夕之夜,他们就举办富有特色的篝火晚会,一家人围在篝火旁边,载歌载舞。等到黎明即将到来的时候,他们就把破旧衣物付之一炬,作为除旧迎新的象征,正所谓"旧的不去,新的不来"。

二、2月12日——林肯纪念日(Lincoln's Birthday)

亚伯拉罕·林肯(Abraham Lincoln)是美国南北战争的领导者,为废除奴隶制立下了不朽功勋。其诞辰日2月12日现为美国除南部外26个州的法定纪念日。

在古往今来所有的美国总统中,林肯是最受美国人怀念与爱戴的。

1809年2月12日,林肯诞生于肯塔基州一个农民家庭。1834年,林肯被选入伊利诺斯州议会,1847年当选为国会众议员,他公开抨击蓄奴制。1860年,林肯当选美国第16任总统,为白宫注入诚实、廉正的新风气,人们永远记得他是"诚实的艾比"(honest Abe,林肯的绰号)。这时南部7州组成南方邦联政府,企图分裂国家,独立出去。林肯政府决定用武力维护国家的统一。1861年,南北战争(The Civil War,内战)爆发。1863年1月,林肯宣布了《解放黑奴宣言》,使美国所有的奴隶从法律上获得了自由,他也因此被尊称为"伟大的解放者"(The Great Emancipator)。

1863年7月初,在南北战争中,南北两军在葛底斯堡①进行了一次重要战役,史称"葛底斯堡战役"(The Battle of Gettysburg),它在当时的美国历史上是流血最多、最为惨烈的一次战役。联邦军死伤和失踪2.3万人,南军2.8万人。葛底斯堡战役是南北战争的转折点,从此,南方军队失去战略主动权,再也未能向北进军,联邦军队转入进攻。葛底斯堡战役的胜利,更加坚定了美国人民夺取最后胜利的决心。4个月后,林肯在葛底斯堡战场参加国家烈士公墓(Gettysburg National Cemetery)落成典礼时,发表了著名的《葛底斯堡演说》(*Gettysburg Address*)。此篇演讲是美国文学史上最漂亮、最富有诗意的文章之一。虽然这是一篇庆祝军事胜利的演说,但它没有好战之气。相反,却是一篇感人肺腑的颂辞,赞美那些做出最后牺牲的人们,以及他们

---

① 位于美国宾夕法尼亚州。

为之献身的那些理想。其中,"政府应为民有、民治、民享"(of the people, by the people, for the people)的名言被人们广为传颂。

1865 年,历经 4 年苦战,美国内战终于结束,北方获得最后胜利,为美国资本主义的发展彻底扫清了道路。1865 年 4 月 14 日,林肯在华盛顿福特剧院(The Ford's Theater)看戏时,被一个名叫约翰·布思(John Booth)的南方暴徒连击数枪,子弹射中林肯头部,伤及大脑,转天早晨林肯去世。美国举国为这位伟人的殒落哀悼。美国著名诗人沃尔特·惠特曼(Walt Whitman)更以一首如今在美国家喻户晓的长诗《啊,船长!我的船长!》(*O' Captain! My Captain!*)向林肯总统致敬:

Oh Captain! My Captain! Our fearful trip is done,
The ship has weather'd every rack, the prize we sought is won,
The port is near, the bells I hear, the people all exulting,
While follow eyes the steady keel, the vessel grim and daring;
But Oh heart! heart! heart!
Oh the bleeding drops of red!
Where on the deck my Captain lies,
Fallen cold and dead.
…

啊,船长!我的船长!我们可怕的航程已经终了,
我们的船安渡所有的风暴,我们所追求的胜利成果已经得到,
港口就在面前,我已经听见钟声,人们欢呼成一片,
所有的眼睛都在跟着我们的船安稳前进,它是如此的庄严和勇敢,
可是,啊,心!心!心!
啊,鲜红的血在滴!滴!
我的船长就在甲板上躺下了,
他已浑身冰冷,停止呼吸。
……

除了丰功伟绩外,林肯还是"美国梦"最真实的写照——尽管他出身贫寒,却靠着个人的努力和强大的人格魅力成为美国总统。林肯的经历激励着无数美国人不断地向前闯。

多少年过去了,林肯仍然在美国人民心中占有崇高的地位。每逢林肯诞辰日,人们便举行讲演,发表纪念文章,去林肯纪念堂(Lincoln Memorial)①瞻仰的人更是络绎不绝。从纪念堂落成之日起,每年2月的"总统纪念日",在林肯纪念堂台阶上人们都会举行纪念仪式,仪式的重要内容之一就是朗读《葛底斯堡演说》。

三、2月14日——圣瓦伦丁节(St. Valentine's Day,即情人节)

2月14日,是西方传统的圣瓦伦丁节,又称"情人节",关于它的由来众说纷纭。

相传,公元3世纪时,古罗马有一位暴君叫做克劳多斯(Claudius)。离暴君的宫殿不远,有一座非常漂亮的神庙,修士瓦伦丁(Valentine)就住在这里。罗马人非常崇敬他,不论男女老幼,不论贫富贵贱,总会群集在他的周围,在祭坛的熊熊圣火前,聆听瓦伦丁的祈祷。

古罗马的战事一直连绵不断,暴君克劳多斯征召了大批公民前往战场,人们怨声载道。男人们不愿意离开家庭,小伙子们不忍与情人分开。克劳多斯暴跳如雷,他传令不许人们举行婚礼,甚至连所有已订了婚的人也马上要解除婚约。许多年轻人就这样告别了爱人,悲愤地走向战场。年轻的姑娘们也因失去爱侣而抑郁神伤。

瓦伦丁对暴君的虐行感到非常难过。当一对情侣来到神庙请求他的帮助时,瓦伦丁在神圣的祭坛前为他们悄悄地举行了婚礼。人们一传十,十传百,很多人来到这里,在瓦沦丁的帮助下结成伴侣。

消息终于传进了宫殿,传到了暴君的耳朵里。克劳多斯又一次暴跳如雷,他命令士兵们冲进神庙,将瓦伦丁从一对正在举行婚礼的新人身旁拖走,投入地牢。人们苦苦哀求暴君放过瓦伦厂,但都徒劳而返。瓦伦丁终于在地牢里受尽折磨而死。悲伤的人们将他安葬于圣普拉(St. Praxedes)教

---

① 华盛顿最受欢迎的景点之一,也是华盛顿的标志。纪念堂气氛庄严,鼓舞人心。

堂。那一天是公元 270 年 2 月 14 日。

另外还有一个版本。传说中，瓦伦丁是最早的基督徒之一，那个时代，做一名基督徒意味着危险和死亡。为掩护其他殉教者，瓦伦丁被抓住投入了监牢。在那里，他治愈了典狱长女儿失明的双眼。当暴君听到这一奇迹时，感到非常害怕，于是将瓦伦丁斩首示众。据说，在行刑的那一天早晨，瓦伦丁给典狱长的女儿写了一封情意绵绵的告别信，落款是：寄自你的瓦伦丁(From your Valentine)。

圣瓦伦丁节曾是英国人喜爱的节日，随着新大陆的开发，英国移民把这一富有浪漫色彩的节日带到了北美，并逐渐在美国盛行。

年轻人是圣瓦伦丁节当之无愧的主角，他们要在这一节日里郑重其事地为恋人选择礼物、赠送鲜花，表达自己的爱慕之情。痴情的姑娘可能会按照古老的传说，在圣瓦伦丁节前夜把月桂(laurus nobilis 或者 bay tree)树叶放在枕头上，盼望在梦中同自己的心上人相会。

在美国，圣瓦伦丁节已不仅仅是青年人的节日，亲人朋友之间都可以互送小礼品以表达感情，增进友谊。不少商店专门出售这类礼品，如装饰成心形的巧克力糖，或是系着缎带的红玫瑰和郁金香花束。至于各式各样的情人卡，更是比比皆是。

四、2 月 22 日——华盛顿诞辰日(Washington's Birthday)

乔治·华盛顿作为美国的开国元勋和第一任总统而被美国人民永远纪念，其诞辰日 2 月 22 日是美国各州的法定假日。

1732 年 2 月 22 日，华盛顿诞生于弗吉尼亚州，早年曾在英国殖民军中服役。1756 年至 1763 年，他在英法七年战争中因作战有功被升为上校。1775 年至 1781 年独立战争期间，他当选为大陆军总司令，率领殖民地人民浴血奋战，迫使英国于 1783 年正式承认美国独立。1789 年，华盛顿当选美国第一任总统，并连任两届。任期内，他为新生国家的巩固做出了巨大贡献。美国最高法院、国务院、财政部以及其他重要政府机构都是在华盛顿执政时期设立的。1797 年，华盛顿功成身退，为美国确立总统制、废除总统世袭制起到了决定性作用。1799 年 12 月 14 日，华盛顿病逝。

美国独立前，人们每年都要为英国国王庆祝诞辰。宣布独立后，美国人民转而庆祝华盛顿将军的生日。这一习惯始于 1778 年。当时华盛顿正率军坚守瓦利要塞,一支炮兵乐队在他生日之际为他演奏了小夜曲。现在,华盛顿诞辰日已成为联邦各州的法定节日,届时各州都普遍举行隆重的公众仪式、盛大宴会等庆祝活动。美国人在这一天还喜欢吃樱桃馅饼,玩纸制小斧——这一习俗来源于华盛顿幼小时用斧头砍坏樱桃树后勇敢向其父诚实认错的故事。

五、3 月 17 日——圣帕特里克节 (St. Patrick's Day)

圣帕特里克节为 3 月 17 日,为纪念爱尔兰守护神圣帕特里克而设立。这一节日于 5 世纪末期起源于爱尔兰,美国从 1737 年 3 月 17 日开始庆祝这一节日。

公元 432 年,圣帕特里克受教皇派遣,前往爱尔兰劝说爱尔兰人皈依基督教。他从威克洛上岸后,当地愤怒的异教徒 (pagan) 企图用石头将他砸死。但圣帕特里克临危不惧,当即摘下一片三叶苜蓿 (shamrock,也叫做三叶草),形象地阐明了圣父 (Holy Father)、圣子 (Holy Son)、圣灵 (Holy Spirit) 三位一体 (Trinity) 的教义。他雄辩的演说使爱尔兰人深受感动,接受了圣帕特里克主施的隆重洗礼。公元 493 年 3 月 17 日,圣帕特里克逝世,爱尔兰人为了纪念他,将这一天定为圣帕特里克节。

圣帕特里克节的传统是在 1737 年流传到美国的。当时波士顿人开始公开庆祝这一节日。现在,这一节日在美国非常受欢迎。

美国人在圣帕特里克节这一天通常要举行游行、教堂礼拜和聚餐等活动。美国的爱尔兰后裔喜欢佩带三叶苜蓿,用爱尔兰国旗的颜色——绿黄两色——装饰房间,身穿绿色衣服。圣帕特里克节的传统颜色之所以为绿色,是因为爱尔兰是个多雨的国家,因而植物繁茂,绿意盎然。有些人把圣帕特里克节在美国的流行归因于它处在春季来临之际,是春天的象征,人们所穿着的绿色衣服被视为"春天的第一抹绿意"。

同时,爱尔兰人还会向宾客赠送爱尔兰的象征——三叶苜蓿形状的饰物以及爱尔兰帽子、爱尔兰烟等。这一天的传统饮食为啤酒、咸牛肉炖卷心菜以及爱尔兰咖啡。猪(为了纪念圣帕特里克及爱尔兰传统家畜)以及土豆(为了纪念爱尔兰传统的农作物)也是圣帕特里克节的标志。

六、4月1日——愚人节(April Fools' Day)

4月1日是西方,也是美国的民间传统节日——愚人节。愚人节起源于法国。1564年,法国首先采用新改革的纪年法,即目前的公历,以1月1日作为一年之始。但一些因循守旧的人依然按照旧历,固执地在4月1日这一天庆祝新年。主张改革的人对这些守旧者大加嘲弄,在4月1日给他们送假礼品,邀请他们参加假招待会,并把这些受愚弄的人称为"四月傻瓜"或"上钩之鱼"。从此,人们每逢4月1日便互相愚弄,这成为法国流行的习俗。18世纪初,愚人节习俗传到英国,接着又被英国的早期移民带到了美国。愚人节,人们常常组织家庭聚会,用水仙花和雏菊把房间装饰一新。典型的传统做法是布置假环境,如把房间布置得像过新年一样,等客人到来时则祝他们"新年快乐",令人感到别致有趣。愚人节最典型的活动是大家相互开玩笑,捉弄对方。如今的愚人节在美国主要是淘气的男孩子们的节日。

七、春分月圆后第一个星期日——复活节(Easter)

很多人都知道,圣诞节是庆祝耶稣降生的日子,会有礼物、庆典和欢乐。然而,却很少人晓得什么是复活节,复活节背后又有着怎样的宗教故事。

上帝的儿子耶稣降生在马厩(stable)里。在他30岁的时候,挑选了12个门徒,到各地去传道。在三年半的时间里,他为人们解除疾苦,广施善行,将道理说给人们听。一直到上帝所安排的时候到了,耶稣就被自己的门徒出卖、被官兵捉拿、被无理审问、还被钉死在十字架上、被埋葬在坟墓里。耶稣的死,让许多曾经追随他的人非常忧伤、绝望。他们所爱、所盼望的拯救者居然死了,而且死得如此悲惨,他们的希望破灭了。他们忘记了耶稣曾经说过,他在死后第三天要复活。在第三天清晨,有一群爱戴耶稣的妇女来到耶稣的坟墓边。她们在那里找不到耶稣的尸体,却遇见了天使。天使告诉她们:"他不在这里,照他所说的,他已经复活了!"耶稣复活之后,和爱戴他的人共处了40天,和他们谈论天国的事,之后才升到天上去。有一次,耶稣甚至出现在500多人聚集的场合中。耶稣虽然像犯人一样被钉在十字架上,但却并不是因为他有罪,而是要按照上帝的计划替世人赎罪。他的复活说明他为人类赎罪成功。所以,复活节是庆贺耶稣为人类复活的。

彩蛋是复活节最典型的象征。彩蛋，象征新生命——即使是坚硬的蛋壳也无法限制里面正在孕育的新生命。很早以前，人们就把"蛋"视为多子多孙和复活的象征。后来基督徒又赋予蛋以新的涵义，认为它是耶稣坟墓的象征，未来的生命就是从其中挣脱而出世的。复活节那天，有许多人会将煮熟的蛋用颜料画上与复活节相关的图案。例如：十字架、钉子、百合花、兔子等等，装饰得五彩缤纷，然后互相交换，提醒耶稣的复活。百合花也是复活节的象征。因其象征神圣与纯洁，所以人们喜爱以在春天复活节左右盛开的百合花来代表耶稣基督的圣洁。而形状像只小喇叭的百合花，也像是正在大声宣扬耶稣基督复活的好消息。兔子则代表着强大的繁殖能力，所以人们也把它视为新生命的表现。根据欧洲古老的传说，野兔是一种终日不闭眼的动物，它们能在黑夜里观察四周其他的动物，因此，野兔就代表着那黑夜中一轮皎洁的明月。再加上复活节日子的计算是以春天月圆为基准的，于是人们就将春天繁殖力很强的野兔视为复活节的一个象征。这习俗传入美国后，美国人还为兔子取了一个可爱的名字，叫做"复活节的邦尼兔"(Easter Bunny)！

另外，人们也时常把蛋染成红色，这代表耶稣受难时流出的鲜血，同时也象征复活后的快乐。还有一种古老的习俗，是把煮熟的彩蛋送给街头的孩子们做游戏。孩子们把彩蛋从山坡上滚下，谁的彩蛋最后破，谁就获得胜利，全部彩蛋都将归他所有。美国白宫里每年也玩这种游戏，只不过是把蛋放在草坪上滚动而已。也有人喜欢玩寻找彩蛋的游戏，大人先将彩蛋藏在花园草丛中，让小朋友们去找。找到彩蛋的人，就要说出蛋上图案代表的意义。比如说，十字架代表"耶稣为我们死在十字架上"，钉子则是提醒我们"耶稣基督被钉子钉在十字架上"。

八、5月的第二个星期日——母亲节（Mothers' Day）

倡议定立母亲节的是费城的安娜·查维斯。查维斯夫人是一个有着10个子女的母亲，美国的南北战争结束后，她在学校里负责讲述美国国殇纪念日的课程。查维斯夫人在讲述战争中一个个为正义捐躯的英雄的故事时，一个想法涌上心头：为祖国贡献了这么多英勇战士、保证了战争胜利的，不就是那一个个含辛茹苦地抚育着子女的母亲们吗？承受了最大痛苦和牺牲的,不也正是这些默默无闻的母亲吗?因此她提出,应该设立一个母亲节,以表达儿女们对母亲的情感。她曾亲自在教堂安排仪式,组织活动,要求前来参加的人在胸前佩戴白色石竹花。这一活动引起了不少人的关注和兴趣,翌年便有更多的教堂纷纷组织同样的活动。美国著名作家马克·吐温曾经代表全美国的人民写信给安娜·查维斯:"在我的余年里,将佩戴母亲节纯洁和爱情的标志——白色的石竹花。"后来,查维斯夫人去世了。她的女儿写出几十封信,发给美国国会、地方州长和妇女组织,提议创立母亲节。1914年5月7日,美国国会通过决议,确定每年5月的第二个星期日,也就是查维斯夫人忌日的那一天为母亲节。

由于查维斯夫人生前喜爱石竹花,这种花也就成了母亲节的象征。石竹花很平凡,象征着慈母的爱,是美国人纪念母亲节的标志。在胸前佩戴石竹花,颜色是有讲究的。初时一律为白色,后来则变成那些母亲已经去世的人佩带白色石竹花,而母亲仍然健在的人则佩带红色石竹花。石竹花常被人们称为"母亲之花"。1934年5月,美国还首次发行"母亲节"纪念邮票。邮票图案中,一位慈祥的母亲双手交叉放在膝上,默默地凝视着面前的一瓶花,那瓶中插的正是一束美丽的石竹花。

九、5月的最后一个星期一——阵亡将士纪念日(Memorial Day)

1866年这一年,美国正在慢慢地从漫长血腥的南北战争中恢复过来。幸存的士兵们回到家乡,带着伤残的身体和想要诉说的故事。亨利·韦尔斯(Henry Welles),纽约滑铁卢的一个药店老板听到士兵们的故事后有了一个主意。他建议城里所有的商店停业一天,为埋葬在滑铁卢的士兵们默哀。5月5日早晨,市民们将花束、花圈和十字架放在公墓里北方士兵的墓碑前。大约与此同时,乔纳森·洛根(Jonathan Logan)将军正在准备另一个纪念仪式,这个仪式是为了纪念在战争中幸存的士兵的。他带领退伍军人穿过市镇来到墓地,用旗帜装饰曾与自己共同作战的士兵们的墓地。这并不是一个令人快乐的庆祝活动,而是一种纪念。

乔纳森·洛根将军曾经这样说:"1868年5月30日,我们要在士兵们的墓上撒上鲜花,或是用其他方式来装饰他们的墓地,他们在保卫自己国家的战斗中牺牲,他们的身体被埋葬在这块土地上的几乎每座城市和每个小村落里。在悼念中没有既定的仪式,但是退伍军人协会的地方分会和伙伴们可以按照自己的方式安排环境允许的合适的活动和参拜仪式。"

这两个仪式在1868年合二为一,北方诸州在5月30日举行这一仪式。孩子们朗诵诗歌并演唱内战歌曲,退伍老兵则穿着制服、佩戴着勋章来到学校,给孩子们讲述内战的故事。然后,老兵们会在市民的跟随下来到墓地。他们装饰士兵们的墓地,为站在国旗旁边的士兵拍照,向空中鸣枪,向为保持美国完整统一献出生命的北方士兵致敬。

1882年,这个节日更名为"纪念日",同样哀悼在之前的战争中牺牲的士兵。在美国北方各州,这个日子被定为一个法定假日。南方各州则在不同的时间哀悼他们战死的士兵。1971年尼克松总统宣布"纪念日"和其他一些节日为国家假日,"纪念日"被定为5月的最后一个周一。美国的所有城市都在5月的最后一个周一举行仪式,向为国捐躯的人们致敬。

纪念日不仅限于向军队中的美国人致敬,它也是一个思念的节日,是追思的一天。家庭和个人在这个日子里怀念他们已经逝去的亲爱的人。他们去教堂祷告,拜访墓园,献花,甚至哀悼,使这一天显得庄严肃穆。但是如今的很多美国人则把这一天当做夏天的开始,在海滩上、山上或者家中休闲度过他们的三天周末。

但在纽约滑铁卢,这一传统非但没有丢失,其意义甚至变得更加特殊。林登·约翰逊总统在1966年第一个仪式开始的100年后,宣布滑铁卢是"纪念日"的发源地。每年的5月30日,市民们还是会徒步走到墓地举行一些纪念的仪式。他们用旗帜和花朵装饰墓地,然后走到市中心的公园。在公园的中央,一座献给士兵、海员和水兵的纪念碑旁边,人们会宣读林肯的《葛底斯堡演说》,并由乡村歌唱团演唱爱国歌曲。学校的孩子们会在晚上参加游行。

位于弗吉尼亚的阿灵顿国家公墓是美国最大的国家公墓。这里埋葬的不仅有士兵还有宇航员、探险家和其他杰出的美国人,他们都在此享有特殊的位置。肯尼迪总统被葬在这里一个可以俯瞰华盛顿的位置上。

"纪念日"之前的那个星期五,一大早,美国第三步兵团的士兵们会走过这里的一排排墓碑。士兵们在每一个墓碑前停留,从所扛的一捆旗子中取出一面,铺在墓地上。这些士兵们属于一个特殊兵团——"老近卫军"。大多数士兵认为把旗子放在20多个曾浴血奋战最终战死沙场的士兵们的墓地上是一种特殊待遇。"他们尽职了,"一位士兵说:"现在该轮到我了。"

常年守卫这些无名士兵的墓地也同样是一种荣耀。事实上有在四次大战中战死的士兵被埋葬在这个地方:两次世界大战、朝鲜战争和越南战争。第三步兵团的士兵们一天24小时不间断地守卫着这块墓地。花圈安放仪式全年都在进行,来自全世界的人们都来观看士兵换岗。在阿灵顿公墓的另一座山上,还有一个在内战中阵亡却无法辨明身份的士兵们的墓园。

在"纪念日"这天,总统或副总统会发表演说并在墓地安放花圈。老兵和他们的家人会来摆放花圈并祷告——埋葬在这里的士兵有可能就是一个父亲、一个儿子、一个兄弟或朋友。每逢阵亡将士纪念日,美国现役军人和老战士也会排成长长的队伍前往墓地,鸣枪向阵亡将士致意,吹响军中熄灯号,让死难将士安息。

十、6月14日——国旗日(Flag Day)

国旗日是为纪念美国大陆会议1777年6月14日通过了美国第一面正式国旗。目前,每逢是日,到处可见美国国旗迎风飘扬,全国各地都要举行纪念活动,以示对国旗的敬意。

美国第一次大规模的国旗纪念活动是在1876年庆祝建国100周年时进行的。19世纪90年代,不少公立学校倡议每年在6月14日举行国旗纪念活动,很快得到了广泛的响应。1893年费城首先承认6月14日为国旗纪念日,1897年纽约州也承认了这一节日,并要求这一天各大建筑物上必须悬挂国旗。进入20世纪后,美国国旗协会再次发起纪念活动,国会为响应他们的倡议,于1949年正式确认6月14日为美国国旗日。

十一、6月的第三个星期日——父亲节(Fathers' Day)

人们在庆祝母亲节的同时,也没有忘记父亲的功绩。1909年就有人建议确定父亲节。据说第一个提出这种建议的是华盛顿的夫人多德。多德夫人的母亲早亡,其父独自一人承担起抚养、教育孩子的重任,把他们全部培养成人。1909年,多德夫人感念父亲的养育之恩,同时想到所有父亲对家庭和社会的贡献,于是给当地一家教士协会写信,建议把6月的第三个星期日定为父亲节。该协会将建议提交会员讨论，获得了通过。1910年6月，人们庆祝了第一个父亲节，当时，凡是父亲已故的人都佩戴一朵白玫瑰，父亲在世的人则佩戴红玫瑰。这种习俗一直流传至今。

最初，父亲节的日期在各地有所不同。而且有的地方用蒲公英作为父亲节的标志，有的地方则用衬有一片绿叶的白丁香作为父亲节的标志。1916年，父亲节得到了美国第28任总统威尔逊的首肯。1924年美国第30任总统柯立芝建议将其定为全国性节日。1934年6月，美国国会统一规定6月的第三个星期日为父亲节。

十二、7月4日——独立日（即美国国庆节）

《独立宣言》由托马斯·杰弗逊起草，1776年7月4日由大陆会议主席约翰·汉考克（John Hancock）签字生效。这也为美国语言增添了一种新的表达方式。在《全民超人汉考克》（Hancock）这部电影中，汉考克之所以会被叫做"Hancock"，是因为80年前他在医院苏醒时，护士对他说了一句："I need your John Hancock."汉考克误以为"Hancock"就是自己的名字。原来在美国，"I need your John Hancock"是"我要你的亲笔签名"的意思。因为在历史上，约翰·汉考克是第一个签署美国《独立宣言》的人。而因为他在宣言上的签名特别明显，结果英文中的"John Hancock"就成了"亲笔签名"的代名词。

《独立宣言》提出了一切人生而平等，具有追求幸福与自由的天赋权利，政府的权力来自人民；历数了英国对北美13州进行殖民统治的罪行；最后庄严宣告美利坚合众国脱离英国而独立。从此，通过《独立宣言》的这一天被称为"独立日"，它也成为美国人民的国庆日。

早期独立日的庆祝活动主要是游行和演讲，后来又增加了户外活动、体育比赛等项目。燃放爆竹、烟花的活动曾一度十分流行，20世纪后为防止发生火灾等危险而被取消。

今天，独立日在美国是一个相当热闹的节日，每逢这一天，全美大大小小的教堂钟声齐鸣，首先敲响的是费城自由钟。各地居民自发地举行庆祝游行，各种彩车、小型乐队和欢乐的人群排成浩浩荡荡的队伍，景象十分壮观。

十三、9月的第一个星期一——劳动节(Labor Day)

劳动节是美国全国性的节日,为9月的第一个星期一,放假一天,以示对劳工的尊重。1882年,美国木工兄弟会主席彼得·麦奎尔首先提出设立一个劳动节。同年,美国劳动骑士团也通过同样的决定,并在纽约举行了庆祝游行。1884年,劳动骑士团进一步决定,每年劳动节都要举行游行等庆祝活动。

1887年2月,俄勒冈州第一个通过立法,确定劳动节为法定节日,紧接着卡罗来纳、新泽西、纽约、马萨诸塞各州也通过了同样的立法,均把劳动节的日期定为9月的第一个星期一。1894年,美国国会正式宣布劳动节为全国性节日。

十四、10月12日——哥伦布日(Columbus Day)

哥伦布日为10月12日或10月的第二个星期一,以纪念哥伦布于1492年首次登上美洲大陆。

克里斯托弗·哥伦布是意大利航海家,出生于热那亚,1476年移居葡萄牙。他相信地圆说,认为自欧洲大西洋沿岸西行,可达东方。1492年10月,哥伦布率船3艘、水手87人,横渡大西洋,到达巴哈马群岛中的圣萨尔瓦多岛,成为西方第一个发现美洲新大陆的人。1493年、1498年和1502年,他先后三次航行到美洲大陆沿岸进行实地考察。但他至死都误认为他所到达的美洲大陆是印度,故称当地居民为"印第安人"。

哥伦布日是美国于1792年首先发起纪念的。当时正是哥伦布到达美洲300周年纪念日,纽约市坦慕尼协会发起举办了纪念活动。1893年,芝加哥举办哥伦布展览会,再次举办了盛大的纪念活动。从此,每年的这一天,美国大多数州都要举行庆祝游行、教堂礼拜和学校活动,以纪念这个具有历史意义的日子。

十五、10月的第四个星期一——退伍军人节(Veteran's Day)

10月的第四个星期一是退伍军人节。这是美国全国性节日,以向历次战争的退伍军人表示敬意。退伍军人节是从原11月11日的第一次世界大战停战日演变而来的。1919年一战结束后,美国人每年都要照例举行庆祝活动。但是事过境迁,到1953年,人们的庆祝热情已经明显削减。1954年6月1日,美国总统艾森豪威尔签署了一项国会法案,将停战纪念日更名为"退伍军人节",将纪念的意义也扩大为向全体退伍军人表示敬意。从此每逢这一天,美国总统和各州州长都要宣布向全体美国退伍军人致敬,缅怀他们在战争期间的功绩。这一天,到处旗帜招展,退伍老兵纷纷集合游行。在华盛顿的阿灵顿国家公墓无名战士墓前,人们还举行各种纪念活动。在美国人眼里,无名战士墓象征着所有为保卫国家而战死的军人。

1968年,美国国会通过了"星期日假日法",将退伍军人节改在每年10月的第四个星期一,以使人们可以度过三天周末。这一立法从1971年开始生效,目前美国大多数州都采用这个日期作为退伍军人节。

十六、10月31日——万圣节(Halloween)

在西方国家,每年的10月31日有个"Halloween",辞典解释为"The eve of All Saints'Day",中文译作"万圣节之夜"。万圣节是西方国家的传统节日。这一夜是一年中最"闹鬼"的一夜,所以也叫"鬼节"。而今,万圣节变成了狂欢夜,是儿童们纵情玩乐的好时候。它在孩子们眼中,是一个充满神秘色彩的节日。美国人也非常热衷于万圣节狂欢。

万圣节有个小孩子们特别喜欢的"要恶作剧还是给款待"(trick or treat)的传统。这个挨家挨户要糖的习俗据说是起源于爱尔兰。古西欧时候的爱尔兰异教徒们,相信在万圣节前夜鬼魂会群集于居家附近,并接受设宴款待。因而,在"宴会"结束后,村民们就扮成鬼魂精灵,游走村外,引导鬼魂离开,避邪免灾。与此同时,村民们要在屋前院后摆放些水果及其他食品,喂足鬼魂,以让它们不要再伤害人类和动物或者掠夺其他收成。后来这一习俗一直延续下来,成了孩子们取笑不慷慨之家的玩笑。

另外,万圣节还有把南瓜雕空当灯笼的故事。这也是源于古代爱尔兰。相传有一个名叫杰克(Jack)的人,是个醉汉且喜欢恶作剧。一天,杰克把恶魔骗上了树,随即在树桩上刻了个十字,恐吓恶魔令他不敢下来,然后杰克与恶魔约法三章,以让恶魔答应施法让杰克永远不会犯罪为条件让他下树。杰克死后,其灵魂却既不能上天又不能下地狱,于是他的亡灵只好靠一根小蜡烛的光亮指引着在天地之间倘佯。在古老的爱尔兰传说里,这根小蜡烛是在一个挖空了的萝卜里放着的,称做"杰克灯"(Jack lantern),而古老的萝卜灯演变到今天,就成了用南瓜做成的南瓜灯(Jack-o-lantern)了。据说爱尔兰人到了美国不久,即发现南瓜不论从来源还是雕刻来说都比萝卜更胜一筹,于是南瓜就成了万圣节的宠物。南瓜灯也成为最普遍存在的美国万圣节风情之一。

万圣节流传到今天已经完全没有了宗教迷信色彩,它成了一个孩子们的节日,也是年轻人化装舞会的节日。公共场合以及居家的节日布置都是自愿的。鬼脸南瓜灯、白网黑蜘蛛等,都是节日的装点,已全然没有骇人之鬼魅色彩。有的女学生还端端要在这时候买上一对南瓜或者鬼骷髅的耳环来佩戴。学校在万圣节是不放假的。有时学校里会组织晚会;有时不甘寂寞的学生们也会自己举办小型晚会;而朋友、家人间互寄贺卡祝万圣节快乐则成为每年10月间流行的习俗。万圣节前夜最流行的游戏是"咬苹果"。游戏时,人们让苹果漂浮在装满水的盆里,然后让孩子们在不用手的条件下用嘴去咬苹果,谁先咬到,谁就是优胜者。

总之,万圣节已成为美国人一个很普通的季节性节日。有很多人将此看做秋的结束以及冬的到来。万圣节一过,人们就开始期盼感恩节、圣诞节乃至新年了。

十七、11月的最后一个星期四——感恩节(Thanks-giving Day)

11月的最后一个星期四是感恩节。感恩节是美国人独创的一个古老节日,也是美国人合家欢聚的节日,因此美国人提起感恩节时总是备感亲切。

感恩节的由来要一直追溯到美国历史的发端。1620年,著名的"五月花号"(Mayflower)船满载不堪忍受英国国内宗教迫害的清教徒100多人到达美洲。1620年和1621年之交的冬天,他们遇到了难以想象的困难,处在饥寒交迫之中,冬天过去时,活下来的移民只有50来人。这时,心地善良的印第安人给移民送来了生活必需品,还特地派人来教他们怎样狩猎、捕鱼和种植玉米、南瓜。在印第安人的帮助下,移民们终于获得了丰收。在欢庆丰收的日子,按照宗教传统习俗,移民规定了感谢上帝的日子,并决定为感谢印第安人的真诚帮助,邀请他们一同庆祝节日。

在第一个感恩节的这一天,印第安人和移民欢聚一堂,他们在黎明时鸣放礼炮,列队走进一间用做教堂的屋子,虔诚地向上帝表达谢意,然后点起篝火举行盛大宴会。第二天和第三天又举行了摔跤、赛跑、唱歌、跳舞等活动。第一个感恩节非常成功。其中许多庆祝方式流传了300多年,一直保留到今天。初时感恩节没有固定日期,由各州临时决定,直到美国独立后,感恩节才成为全国性的节日。每逢感恩节这一天,美国举国上下热闹非常,人们按照习俗前往教堂做感恩祈祷,城乡市镇到处都有化装游行、戏剧表演或体育比赛等。在外辛苦奔波了一年的亲人们也会从天南地北归来,一家人团团圆圆,品尝美味的感恩节火鸡。

感恩节的食品富有传统特色。火鸡是感恩节的传统主菜,通常要在火鸡肚子里塞上各种调料和拌好的食品,然后整只烤出,由男主人用刀切成薄片分给大家。此外,感恩节的传统食品还有甜山芋、玉蜀黍、南瓜饼、红莓苔子果酱等。

感恩节宴会后,人们有时会做些传统游戏,比如南瓜赛跑——比赛者用一把小勺推着南瓜跑,规则是不能用手碰南瓜,先到终点者获胜。比赛用的勺子越小,游戏就越有意思。

多少年来,庆祝感恩节的习俗代代相传,无论在岩石嶙峋的西海岸,还是在风光旖旎的夏威夷,人们几乎在以同样的方式欢度感恩节,感恩节是不论何种信仰、何种民族的美国人都庆祝的传统节日。

十八、12月25日——圣诞节(Christmas)

12月25日圣诞节是美国最大、最热闹的节日。可以说从感恩节过后,美国人就开始为圣诞节大忙特忙起来了。感恩节和圣诞节也构成了美国的"购物季"(shopping season)。圣诞节的许多风俗都来源于《圣经》中的传说。根据"耶稣诞生在夜里"这种说法,圣诞节的庆祝活动从12月24日夜间开始,午夜时分达到高潮,这一夜就被称为"平安夜"(Silent Night 或者 Christmas Eve)。美国人通常通宵达旦地进行庆祝。他们有的聚在酒馆、舞厅、俱乐部中尽情欢乐;有的全家共进丰盛的晚餐,然后围坐在壁炉旁边享受天伦之乐;还有些虔诚的信徒们则在灯火通明的教堂里,参加纪念耶稣诞生的午夜礼拜。

圣诞夜里最有趣的活动要数"报佳音"(caroling)。教会(或由信徒自发地组成)组织一些唱诗班挨门挨户地在人家的门口或窗下唱圣诞颂歌,这叫做"报佳音",再现了当年天使向伯利恒郊外的牧羊人报告耶稣降生的喜讯时的情形。"报佳音"的人称为"Christmas Waits"。深夜来临,唱诗班走到哪家门前齐声唱起圣诞颂歌,这家人便会走出来加入合唱。唱罢,主人把大家邀入屋中,以茶点相待。说笑一番后,唱诗班再到别人家去唱,主人一家也往往随同前去,"报佳音"的队伍愈来愈壮大,他们一家家地唱,人数越来越多,歌声越来越大,大街小巷满城尽是歌声,欢乐的气氛有增无减,常常持续到天明。唱诗班也会选择美国的一些购物中心、医院或者老人院去"报佳音"。

圣诞节里最典型的装饰是圣诞树,人们会在小杉树或小松树上挂满礼物和彩灯,树顶再装上一颗大星。这些装饰都是有象征意义的,树上的彩灯象征耶稣给世界带来光明,树顶的大星则代表耶稣降生后将三位东方贤士引到伯利恒的那颗星。除了圣诞树,冬青(holly)和槲寄生(mistletoe)也是圣诞节里常见的点缀。美国人常常用冬青树枝编成花环挂在大门上,或是将几枝冬青摆放在餐桌上作为节日的装饰。还有一些家庭会在门框或天花板上悬挂一束槲寄生。按照传统习俗,圣诞节时,凡是女子站在槲寄生下面,任何人都可以去亲吻她。顽皮的男孩子常常故意把女孩子引到槲寄生下,理直气壮地吻她一下。

圣诞节在美国如此受人重视,人们恐怕很难想象,他们的祖先曾经禁止过圣诞节。当年英国清教徒受尽英国国教的迫害,千里迢迢来到新大陆,他们对英国国教的倒行逆施深恶痛绝,以至发展到凡是国教所实行的,他们都加以反对,对圣诞节的庆祝也因此被严加禁止。他们规定,凡移民中有人胆敢庆祝圣诞节者,必须罚款。这条禁令一直到19世纪德国及爱尔兰移民大量移入美国后才逐渐被解除。今天,圣诞节已成为美国人民最喜爱的节日之一,这段往事也成为一件历史趣闻了。

第十四讲　民以食为天

We provide food that customers love, day after day after day.

—Ray Kroc

我们提供顾客所喜爱的食物,日复一日。

——瑞·克罗克

"民以食为天。"这不仅仅是中国人的传统观念,对于世界上任何一个民族来说,吃都是一件极为重要的事情。甚至有的时候,吃还是一件极为讲究的事情。一个民族的饮食文化,在很大程度上可以体现出一个民族的特性。美国作为一个超级大国,自然也有自己的饮食文化。不过它的饮食文化所讲究的东西却有些特别,因为这种讲究既不体现在食物的口味上,也不体现在食物的选材上,而是体现在整个进餐过程的时间上。正是由于这样一种讲究,一种简单方便的食品在极短的时间内迅速风靡了整个美国,这就是快餐食品(fast food)。

快餐与美国人的生活息息相关。据美国新近出版的《快餐国家》(Fast Food Nation)一书的作者埃里克·施洛斯尔(Eric Schlosser)所说:"如今快餐食品不仅对我们用餐习惯的变化起到很大作用,而且对我们的经济、文化以及人们传统价值观念等都产生了巨大的影响。"全美每年大约消耗130亿只汉堡,如果将这些汉堡排成行,可以环绕地球23圈。大约有八分之一的美国工人的薪水来自麦当劳(Mcdonald's)。美国人目前每年要花费1,340亿美元购买快餐食品,比花费在教育、电脑、软件和汽车上的费用都要高。在美国,有将近 350 万快餐工人,是低收入人群中人数最多的群体。美国儿童每年会收看 2,000 条垃圾食品广告,他们每年得到的玩具有三分之一来自于快餐店。每天有五分之一的美国幼童会吃炸薯条。从这些数据我们可以看出,作为美国独特饮食文化中的主体构件,快餐是如此深重地影响着美国人的生活。下面我们就来深入地了解一下美国的快餐文化。

一、快餐的起源

有人说现代美国人是在"汽车文化"①的熏陶下成长起来的。的确,汽车在美国人的生活中扮演了极其重要的角色,离开汽车美国人几乎无法正常地生活下去。而美国快餐的出现,从一开始就是为了适应这种"汽车文化"。汽车、公路以及快餐之间,似乎注定要彼此形影相随。只要有公路的地方,汽车就会开到那里;汽车开到了哪里,人也会跟着去到那里;而只要有人,就一定需要解决吃饭问题。对于司机们来说,将车子扔在路边,而自己却进到餐厅中花上大把的时间来吃饭,肯定不是一件让人放心的事情。为了满足这些汽车司机的用餐需求,美国的快餐产业应运而生。

快餐产业的先驱者是一个叫做卡尔·卡彻(Carl Karcher)的男孩儿,他在俄亥俄州(Ohio)的一个工厂中长大。在他 24 岁的时候,他移居到美国加利福尼亚州的阿纳海姆(Anaheim),在他叔叔的工厂中工作。不过和大多数美国人一样,他也有着自己的"美国梦"——努力工作,以此来获得更好的生活。1939 年,卡尔为自己购买了一辆出售热狗的小车,开始在街上将热狗出售给那些开车的人,提供让他们在车中享受美食的服务。这大大节省了这些开车人的时间,所以卡尔的生意非常红火。不久,卡尔便开了一家叫做"卡尔免下车餐厅"的汽车餐厅。

这一时期,在车内进餐成了一件非常时髦的事情。很多人都认为能够在汽车餐厅里面要一份汉堡(burger)或热狗(hot dog)是一件非常"酷"的事

---

① 对于美国人来说,汽车就像是一个无法离开的朋友、伙伴、家人,或者是自己最钟爱的一个情人。加拿大哲学家马歇尔·麦克卢汉这样评说美国的汽车文化:"美国是一个坐在汽车上的国家,我们不能想象,没有汽车的美国会变成什么样子。"

情。美国得克萨斯州一家叫做"Pig Stand"的早期汽车餐厅的创始人曾说："开车的人都太懒了,他们可不愿意从车里出来吃!"(People with cars are so lazy they don't want to get out of them to eat!)当然,也有很多人把这件事情归结到美国冬季的寒冷上。

当时,汉堡的种类并不像现在这样丰富。汉堡包的来历,据传是由德国汉堡演变而来的,而德国汉堡又是从俄罗斯引进而来的。中世纪(Middle Ages)①时,生活在草原上的鞑靼人(Tatars)②用钝刀剁下牛肉,再在上面撒上一些盐、胡椒和洋葱汁生吃。当时的一些德国水手在波罗的海各港口尝到了这一美味,就将这种吃法带回了家乡汉堡。在德国,人们将这些被他们称为"汉堡"的食物放在火上炙烤,就成了著名的汉堡牛排。19世纪,德国移民又将汉堡牛排带入美国。1900年,康涅狄格州新港的一个叫做路易斯·拉森的人灵机一动,效仿英国的三明治将汉堡牛排夹在了两片面包中出售,这就是现代汉堡的雏形。

这种吃法在很大程度上满足了驾车外出的人的需要。而首先想到像流水线一样地制作并出售汉堡以提高营业速度的人却是麦克唐纳两兄弟。

在"免下车饭店"风靡于美国的同一时期,莫里斯·麦克唐纳(Maurice McDonald)两兄弟离开了他们位于新罕布什尔州(New Hampshire)的家乡,到南加州(Southern California)去寻找工作。最初,他们想要开一家电影院,可惜没有成功。随后,他们便开了一家名为"麦当劳汉堡店"的汽车餐厅。当1973年,麦克唐纳兄弟在洛杉矶东部的巴沙地那(Pasadena)开始经营汽车餐厅时,那还是一间规模简陋的小餐厅,两兄弟自己煎热狗、调奶昔,此外还雇佣了3名汽车服务员,负责招待停车场内车中的客人。由于当时汽车餐厅行业的整体兴盛,到1940年,兄弟两人又在圣伯丁诺(San Bernardina)开设了一家规模更大的汽车餐厅。该餐厅呈八角型,前半部自天花板到柜台为大窗户,并把厨房暴露在顾客眼前,餐厅内没有设桌椅,沿着柜台旁边倒是放了几张凳子。柜台以下的壁面全部包以不锈钢,就是这样一家餐厅

---

① 约公元476年–公元1453年,是欧洲(主要是西欧)历史上的一个时代。从西罗马帝国灭亡(公元476年)数百年后封建制度占统治地位的时期,直到文艺复兴时期(公元1453年)以后资本主义抬头时期为止。

② 这里指东欧伏尔加河中游地区的居民。

却引起了消费者的注意。到 20 世纪 40 年代中期,餐厅已经扩大到可容纳 125 部汽车,一共雇佣了 20 名服务员,菜单上可提供 25 种食品,年营业额竟达到 20 万美元! 到了 1948 年,麦克唐纳兄弟已经积累了相当的财富。同时他们也感到了一系列的压力:效仿者越来越多。为了在竞争中将汽车餐厅更好地经营下去,兄弟俩对餐厅做了一系列的改革,例如:提高服务速度以增加产量;将原来的服务员点餐模式改为顾客直接到厨房窗口自助点餐的形式;用一次性餐具代替原有餐具;降低食品价格;培养以儿童为主的新型顾客群等等。一系列的变革使麦当劳更受欢迎。1951 年,餐厅的销售额已高达到 27.7 万美元,较变革前增长了 40%。而到了 20 世纪 50 年代中期,麦当劳的收益已高达每年 35 万美元。1952 年 7 月,《美国餐厅杂志》(*American Restaurant Magazine*)以封面故事的形式介绍了麦当劳的全新经营模式,使得全美许多人都想加盟麦当劳,经营麦当劳的连锁店。这时,麦克唐纳兄弟开始寻找连锁店代理人。而雷蒙德·艾伯特(Raymond Albert Kroc 1902 – 1984)就在这个时候来到了两兄弟的面前。

雷蒙德·艾伯特原是一名推销员。1954 年,他见到麦当劳兄弟并决心加盟到麦当劳连锁店时,他已经是一个 52 岁的老人了。1955 年 3 月 2 日,雷蒙德·艾伯特作为麦当劳连锁店的代理人,在芝加哥创立了麦当劳系统公司(McDonald's System. Inc.)。随后,他以麦克唐纳兄弟原先制定的麦当劳营运方式为基础,在增进效率和系统一致的营运工作中做出了一系列变革,制定出了麦当劳连锁店运营方案及机制,将麦当劳推向连锁经营的辉煌时期。1961 年,雷蒙德·艾伯特从麦克唐纳兄弟手中完全买下"麦当劳"这一品牌,在此后的 30 年中将麦当劳推向了世界。如果麦克唐纳两兄弟可以预见到麦当劳连锁店日后成就的话,怕也会后悔当初轻易地就将麦当劳的产权售出了吧! 而有意思的是,现在全球大部分地区的麦当劳分店都仍是以英文"*McDonald's*"作为名称,只有中国、日本以及俄罗斯的麦当劳分店是以当地国家的官方文字作为名称的。

与麦当劳同样在美国具有巨大影响的是肯德基。这一品牌是由一位 66 岁、月领 105 美元社会保险金的退休老人创建的。人们将这位老人称为"山德士(Sanders)上校"。其实山德士并非军人,这个"上校"的头衔完全是一种荣誉性的尊称。在他所在的肯德基州,任何在地方上有头有脸的人物都有可能被称为"上校"。在美国英语中有一个称谓就是"肯德基上校",但这只是个虚衔,而非军衔。

山德士上校生于1880年,他在年轻的时候曾经做过各种各样的行当,如铁路消防员、养路工、保险商以及轮胎销售员等等,直到最后成为肯德基品牌的创始人。他的一生可以说是充满了美式传奇的一生。当他在肯德基州经营加油站时,为了增加收入,他自己制作各种小吃,提供给过路游客。生意缓慢却平稳地发展,他烹饪的美味吸引了过往的游客,肯德基州州长于1935年封他为"肯德基上校",以表彰他对肯德基州餐饮业做出的贡献。上校最拿手的好菜就是他精心研制出的炸鸡。上校66岁的时候,开着他那辆1946年的福特老车,载着他11种独门配料和他的得力助手——压力锅,开始上路。他到俄亥俄州及肯德基州各地的餐厅,将炸鸡的配方及制作方法卖给感兴趣的人。令人惊讶的是,在短短5年内,上校在美国及加拿大就已拥有了400家连锁店。而上校的形象也成为肯德基在全世界的品牌象征。

二、美式快餐的特点

所谓"快餐",顾名思义,其最大的特点就是方便和快捷。快餐店的最初设立本来就是为了方便那些匆匆赶路,不愿为了吃饭而在路上耽误太多时间的人们。时至今日,快餐店也仍然保持着这样的传统——点餐和供餐迅速,不会耽误顾客太长的时间。在美国,许多快餐店就设在公路旁边,驱车赶路的人只需准备好零钱,放慢车速,连车门也不必开,只要将车窗打开,便能够购买到一顿美餐。快餐店的服务人员们往往会脚踩旱冰鞋,手托餐盘提供"送餐到车"的快捷服务。而这部分"急着赶路"的客人,只消一刻给车加油的功夫,便解决掉了自己的吃饭问题。

现在,很多快餐店也开设到了人口比较密集的闹市区。这些快餐店的服务对象更多的是进入到餐厅中用餐的人们。但是,快餐店仍然不是可以让你慢慢消遣,甚至饭后闲聊的地方。为了节省时间,快餐厅的柜台上往往设有多台计算机同时运作,方便顾客的点餐和取餐。餐厅中低声轻放的音乐,通常也都节奏很快,以催促顾客在用完餐后赶紧上路。可以说,美国快餐厅的这种特点,正是美国快速生活节奏的一个最好体现。

美国的快餐产业不仅讲究方便和迅速,而且在口味上也下了很大的工夫，力求做到老少咸宜。事实上，在美国，儿童虽为快餐店的主体消费人群，但除了儿童之外，大人们也非常喜欢到快餐店用餐。美国人喜欢吃酥脆的油炸食品，又都不愿意自己在家里面做，一来做油炸食品需要耗费大量的油，二来他们也讨厌那种油烟的气味，所以他们更愿意跑到快餐店去满足自己的口腹之欲。在美国，快餐算是一种较为便宜的食品，绝大多数人都能够消费得起。所以经常会有一家人一起去快餐店吃饭的情况出现。在这种情况下，快餐店必须符合家庭用餐的需求——食品不能做得太腻，周围的环境也一定要干净清爽。

另外，美国的快餐店也极其重视食品的色泽，食物看起来一定要非常新鲜，豆子要碧绿，番茄要绯红，菠萝要金黄，草莓要鲜红，鱼肉要洁白，生菜也一定要鲜嫩。

三、美国快餐的就餐环境

那些建在大路两旁的快餐店为了吸引在公路上开车的人群，往往在外观造型设计和色彩上显得格外醒目，好让开车一族们在高速公路上从大老远的地方就能够一眼看到这些店面。快餐店的室内环境、家具布置，甚至所用装涂往往都会注意与出租车、集装箱货运大卡车的车体颜色相呼应。因为这类从业者的职业特点决定了他们就是这些建于公路旁的快餐店最为忠诚和稳定的消费对象。他们不仅需要用餐时的高效快捷，也需要在用餐环境中寻到那么一点儿熟悉的感觉。

美国快餐的用餐环境设计致力于追求"人性化"。设计师们十分注重满足消费者的心理需求，尤其注意给人一种宽敞、简洁、大方且干净的第一印象。快餐店的室内设计往往都比较重视现代的感觉，地板图案也通常都选择色彩对比强烈的方格来强调一种明快的印象。而在营业过程中，快餐店也非常重视给前来消费的客人留下一种干净整洁的印象。店内的桌椅在前一拨儿客人走后，必须马上整理干净。洗手间要随时保持洁净卫生，餐厅也要明亮通风，给前来就餐的客人营造一个良好的用餐环境。

四、美国快餐业成功的原因

从美国快餐快捷方便的特点到简洁大方的就餐环境，无不是美国快餐得以成功的重要原因,但是除此之外,美国的快餐产业在其经营的理念上也有着独特的生存之道。

首先,美国快餐业得益于福特主义(Fordism)的管理模式。所谓"福特主义",是由美国的汽车大王——亨利·福特①(Henry Ford,1863-1947)所创立的一种流水作业的方法,包括精密分工,降低生产成本,节省生产时间,以及采用自动化设备代替手工操作。快餐店的老板在快餐的制作方面,严格遵循了这样一种流程,并且大批量雇佣年轻的非熟练工人,以降低雇佣成本。施洛斯尔②说:"麦当劳开辟了一条雇佣劳动的新途径,那就是非全日制工人、低报酬和不提供保险。"如今,在美国从事快餐业的员工流动性很大,由于他们大都是临时打工族,因此,辞职或被"炒鱿鱼"的现象十分普遍,而快餐公司却能从联邦政府那里得到大量补贴,这是对它们为贫困人员创造就业机会的奖励。按施洛斯尔的话说,"美国的纳税人实际上在给这一高流动率行业发放补助金"。

其次,美国的快餐品牌通过出让特许经营权的方式来将他们的产品推向世界。美国快餐品牌的大多数分店都为当地人所有,当地店主只要付出一笔钱购得特许经营权,就可以出售母公司的产品,从母公司获得经营管理方面的指导,并由母公司提供广告宣传上的支持。这种大小企业联合体的做法,投资少,成功率高,风险小,使得美国的快餐业迅速从东海岸扩展到西海岸,乃至其他国家。

以麦当劳为例,他们在全世界70%的分店是特许连锁店。筛选出一个这样的特许店并不容易。选中一个特许商需要一个为期两年的甄选过程。他们必须有一家店面,在得到最后批准之前要接受培训。特许商要同麦当劳签订一份为期20年的合同,保证向麦当劳上缴其销售额的4%作为特权使用费,外加8.5%或更高比例的销售额作为名牌出租费,再加上销售额的4%用作广告费。这就意味着特许店每收入1美元,就要拿出来16美分来上缴。但是没有一个麦当劳特许商会为此感到心疼,事实上,每一个能够得到

---

① 美国汽车工程师、企业家、福特汽车公司的建立者,于1903年创立福特汽车公司。他也是世界上第一位采用流水线大批量生产汽车的人。

② 前文提到的《快餐国家》一书的作者。

麦当劳特许经营权的人都将成为他人艳羡的对象,因为他们将自己编织进了一个公司和服务集团的网络,每间连锁店每年因此可赚得大约20万美元的利润。

而在亚洲市场,麦当劳则更喜欢进行合资经营,如在日本的1,000多家分店,就是麦当劳与一位日本亿万富翁合资经营的。这种五五分成的合资形式使麦当劳能够比较容易地打入合资伙伴的圈子,学会当地公司的经营策略。

为了迎合海外市场,这些快餐店也会在餐单的设置上做出一些更适合于当地饮食习惯的改变。如在委内瑞拉的美国快餐厅中,他们出售的就不是美式的快餐,而是委内瑞拉的传统食品,当地人也利用这些名店的声望,来经营本国食品。在印度的美国快餐店中,则是将食品的口味做了一些改变,因为印度人并不喜欢原汁原味的美国快餐。还有的地区的快餐店里,仍旧供应美国本土快餐店中可以找到的东西,但同时也添加了一些本土的特色食品。如麦当劳在波兰出售黑葡萄干饼;在德国供应有益身体健康的掺有小虾的沙拉;而在中国,他们也将一些中国大众每日上班都会从街边小店或小贩那里购买的早餐食物添加进了他们的餐单。

再次,与其他品牌或行业的联合也是美国快餐产业获得巨大成功的重要原因。

美国的快餐大多以汉堡、薯条、炸鸡一类的食物为主,这样的食物配上可乐的口感会相得益彰。因此,快餐产业与可乐公司的强强联手简直就是一件顺理成章的事情。不论是在麦当劳也好,还是在肯德基也罢,我们都可以轻易地看出他们究竟是"可口可乐"的伙伴,还是"百事可乐"的盟友,这样互惠互利的经营模式已经成为美国快餐产业的一大特色。

除了与饮料巨头的合作之外,快餐产业与好莱坞电影产业的合作也由来已久。在过去的10年中,迪斯尼与麦当劳便一直保持着亲密的市场营销合作伙伴关系。每当有像《超人总动员》(The Incredibles)或《加勒比海盗》(Pirates of the Caribbean)这样的大片上映时,各地的麦当劳快餐分店便会在店内为这些电影打出广告,并为购买特定套餐的顾客送上与电影相关的小礼品。这样,不仅吸引了影迷进麦当劳消费,也给这些电影做了很好的宣传。

不仅是麦当劳,很多的美国快餐连锁店都与电影产业有着千丝万缕的联系。当华纳兄弟公司推出电影《欢乐的大脚》(Happy Feet)时,就与"汉堡王"快餐连锁店合作——凡到"汉堡王"餐厅购买儿童套餐的顾客都可以获赠一个可爱的企鹅玩偶。

五、美国知名快餐店

在中国,人们已经对麦当劳、肯德基、必胜客等著名的美国快餐店非常熟悉了。但是在美国,除了这些品牌外,还有很多也许我们并不熟悉,但在美国本土却影响很大的快餐品牌。现在就让我们来了解一下其中比较有特色的一些新老快餐品牌。

1. 麦当劳(McDonald's)

尽管在美国的快餐产业上并不存在垄断一说,但无论是在中国还是在美国本土,麦当劳却毋庸置疑地担当着举足轻重的角色。麦当劳在美国的覆盖率非常高,几乎走不了多远就可以见到一家麦当劳的连锁分店。他们也非常舍得在广告上花钱,所以不论是就影响力来说还是就知名度来说,麦当劳都可以算得上是美国快餐产业的"龙头老大"。

相应的,麦当劳在其红红火火的经营过程中,也承受着一些批评。除有关食品健康、雇佣劳工等一些快餐产业的通病之外,麦当劳过分保护其形象和版权的做法也备受争议。麦当劳曾通过法律行动要求很多商标含有"Mc"或"Mac"的饮食公司除去其字。而其中一个值得关注的案件就是,麦当劳控告一间苏格兰咖啡厅的拥有者,只因其拥有者的名字为"McDonald",但实际上这家公司已成立了超过一个世纪之久。还有一起案件,麦当劳指英国华人开设名为"麦克中国"(McChina)的中国餐馆,侵犯了他们的商标,这宗案件最后以麦当劳败诉告终,法官指责麦当劳企图霸占全部以"Mc"作为开头的标语的使用权。

2. 汉堡王(Burger King)

在中国,汉堡王也许并不十分有名,但在美国本土,汉堡王却是仅次于麦当劳,在餐饮市场排名第二的大品牌。汉堡王和麦当劳一样,几乎遍布美国的每一个角落。对于美国人来说,只有在汉堡王才能够吃到真正的汉堡。

汉堡王从詹姆士·麦克拉摩(James Mclamire)和大卫·艾杰敦(David Edgerton)于1954年在美国佛罗里达州的迈阿密创建的第一家汉堡王餐厅

开始,两位创始人始终都以"为顾客提供最合理的价格、高品质的产品、快速的服务以及干净的环境"为理念。至今,汉堡王已经成为横跨全美 50 个州及遍布世界上 65 个国家的国际连锁快餐产业。

3. 赛百味(SUBWAY)

"SUBWAY"的中文翻译应该是尽得翻译的精髓了吧!赛百味于 1965 年在美国康涅狄格州诞生,其历史可追溯到创始人之———弗雷德·德鲁拉(Fred De lura)刚从高中毕业的时候。当时,弗雷德必须自己挣钱来支付高额的大学学费,于是他向家族里的一位朋友寻求帮助。他本想从那位朋友那里借到足以支付大学学费的金额,可是那位朋友却建议与他合开一家销售新鲜潜艇式三明治的店铺,并贷款 1,000 美元作为开业资金。于是,一个月后,也就是 1965 年的 8 月 28 日,赛百味的第一家店在康州的布里奇波特诞生。

一年以后,当弗雷德的大学学习计划还未实施时,他们就已开设了第二家店铺,不久又开设了第三家。此时,他们努力寻找一种有效的方式来扩展这项诞生不久的业务。经过几年的奋斗,他们最终发现,"特许经营"将会是达到目标的最佳方案。1974 年,第一家赛百味特许经营店终于开张了,此时共有 16 家店铺在正常运转。

赛百味以制作 12 英寸(30 厘米)和 6 英寸(15 厘米)的三明治而闻名。目前,赛百味在全球 87 个国家开设有超过 29,000 家分店,是世界上最大的潜水艇三明治(Submarine)①的特许经营机构。

赛百味一向都以保证提供新鲜健康而营养美味的食物而闻名。在北美,"七种赛百味三明治的脂肪含量低于 6 克!"是随处可见的广告。在美国快餐因为其引发的肥胖和营养失衡问题而遭受批判的今天,赛百味却凭借其"健康快餐"的口号在美国打出了一片天地。而且无论赛百味位于何处,

---

① 是最大型号的三明治,其长度为 30 厘米,宽度为 7-8 厘米。这种三明治通常用意大利面包来做,火腿(或其他肉类)、莴苣、番茄、洋葱和腌黄瓜等是最常见的潜水艇三明治的成分。据说,多米尼克·康蒂是第一个用"潜水艇"给这种三明治命名的人。他是意大利人,移民到美国后,在新泽西州开了一家小餐馆,他所经营的食物之一就是潜水艇三明治。1927 年的一天,他到纽约市的河边去观看在河里打捞上来的一艘潜水艇,这是世界上的第一艘潜水艇,名为"荷兰 1 号"。看到这艘潜水艇后,康蒂不禁脱口说道:"这真像我餐馆里的三明治!"回到餐馆后,他开始称他的大号三明治为"潜水艇"。

其核心菜单几乎都是相同的。当然,由于各地文化和宗教方面的差异,一些调整在所难免。

4. **肯德基**(Kentucky Fried Chicken)

同在中国的生意兴隆情况不同,美国本土的肯德基快餐连锁店基本上是处于低谷的态势。由于近年来,美国的肥胖问题受到广泛的关注,肯德基因其超标的脂肪含量而成为各团体攻击的主要目标。甚至在美国,还曾经有一个消费者权力组织将肯德基连锁店告上法庭,指其使用的烹调油反式脂肪①含量过高。除此之外,根据世界卫生组织的报告,肯德基所制作和出售的大部分食品属于不被推荐的食品,俗称"垃圾食品",因此肯德基在美国本土的销售额并不算好。不过肯德基在宣传上却有着匠心独具的地方——肯德基上校的形象在美国深入人心,其广告也一向以幽默逗趣著称。

5. **必胜客**(Pizza Hut)

必胜客隶属于世界最大的餐饮集团——百胜全球餐饮集团②,是排名全球第一的比萨连锁餐厅品牌。必胜客出现于1958年,由年轻的弗兰克·卡尼(Frank Carney)和他的兄弟一起创建。他们向母亲借了600美元,开设了美国第一家必胜客比萨餐厅。1959年,必胜客在堪萨斯州正式成立公司,并在堪萨斯州首府托皮卡(Topeka)开设了第一家特许经营的必胜客餐厅。这家餐厅由迪克·哈苏(Dick Hassur)自主管理。作为特许经营者,迪克被获准使用必胜客注册商标和秘密的产品配方,并同时得到卡尼兄弟在管理上的协助。1968年,必胜客在加拿大开设了第一家国外分店,从此开始走向国际市场。

---

① 又名"反式脂肪酸",一般是植物油等食用油经过氢化技术处理后产生的。反式脂肪的名字来自于它的化学结构。反式脂肪分子包含位于碳原子相对两边的反向共价键结构,和顺式脂肪相比,这种反向分子结构不易扭结。与一般植物油相比,经过氢化处理的食用油具有耐高温、不易变质、存放更久等优点。

近年来,美国和欧洲的一些研究结果显示,经常食用反式脂肪含量高的食品易增加人患心血管疾病的风险;如果育龄妇女过多食用含反式脂肪的食品,可能还会面临不孕的风险。为此,一些国家已经开始立法限制食物里反式脂肪的含量。

② 是世界上最大的餐饮连锁集团,总部设在美国肯德基州的路易斯维尔市。百胜餐饮集团拥有并经营着五大世界著名连锁品牌,包括肯德基、必胜客、塔可钟,以及近期收购的艾德熊(A&W)和Long John Silver's(LJS)。目前在全球100多个国家拥有超过30,000家的连锁餐厅。

6. 熊猫快餐(Panda Express)

熊猫快餐在美国算得上是一家极有特色的快餐店,因为它是由美籍华人程正昌所创建的一家快餐连锁经营店,当然,里面提供的各色快餐也都是中国式的。它主要运营于大型购物中心、超市和商业街中,提供创新口味的中式快餐,标榜使用就地取材的新鲜食材,所有菜肴均为现场烹煮。目前在全美35个州、波多黎各、日本已有500多间分店。

六、快餐的负面影响

就在美国快餐产业风靡全美乃至全球的同时,它也为美国带来了一系列的社会问题。

1. 健康问题

首先,快餐食品的营养结构不合理,导致肥胖,这已经成为美国的一个社会问题。营养学专家以"麦乐鸡"(Chicken McNuggets)为例,指出其中每盎司①所含的高脂肪成分是汉堡包的两倍,而用于煎制鸡块的含有氢化合剂的蔬菜油中,含有大量的反式脂肪酸,给人的心脏构成疾病隐患。由于人们贪食快餐,美国肥胖症患者越来越多,这已成为美国社会继吸烟之后容易引发疾病的第二大原因。

面对肥胖症患者数量逐年上升的趋势,美国一些专业人士向社会发出强烈呼吁,主张应该像禁止烟草广告那样,对那些快餐食品广告加以严格限制,并对市面上流行的快餐食品营养结构进行深入分析。

2003年,美国导演摩根·史柏路克(Morgan Spurlock)拍摄了一部关于麦当劳的纪录片,片名为《给我最大号》(Super Size Me)。史柏路克在片中暗示麦当劳的食品是导致美国民众体重超标的祸首之一。麦当劳后来更改餐单,取消特大号食品,以较健康的食物作为代替。更换餐单刚好是发生在此片于影展发表之后、戏院正式上映之前。

同肯德基一样,麦当劳也曾经因为反式脂肪含量过高而被告上法庭。2002年9月,麦当劳宣布自愿自2003年9月起减少煮食油中的反式脂肪含量。但是在其宣布的日期之后,他们所使用的煮食油却仍然没有改变。为

---

① 常衡制的一种质量单位,等于1/16磅,或约等于28.3495克。

此,麦当劳被告上法庭,引起诉讼,原告宣称麦当劳在没有改变油的情况下,并没有告知大众,却让大众误以为他们的煮食油已经降低了反式脂肪的含量。但后来,这条诉讼以和解的方式宣告结束。BanTransFats.com① 和一个私人团体要求麦当劳以后在油量没有改变时须告知大众,并要求麦当劳捐出 700 万美元给美国心脏学会去做关于反式脂肪方面的公众教育。另外麦当劳也被要求用 150 万美元去出版告知大众关于该公司食物的反式脂肪情况。如果出版宣传方面的费用少于 150 百万,所剩下的钱就要捐给美国心脏学会。而加州马林县最高法院(The California Superior Court for Marin County)也发出指令初步批准和解。

此外,快餐中的无机盐、维生素和膳食纤维的含量相对较低,常以快餐为食的人容易产生营养素缺乏和免疫力低下等症状。

2. 雇工问题

除健康问题以外,美国快餐产业的劳工问题也极为突出。从事快餐业的生产商为了降低劳动成本,纷纷把目光转向低技能的工人身上。由于缺乏足够的培训,该行业的受伤率比全美其他行业的平均值要高出好几倍,高额的医疗费用已成为难以解决的社会问题。而低额的工资也成为快餐产业经常被人诟病的主要原因。快餐产业往往会雇佣一些工读生,借以压低工资额度。快餐产业的雇佣人员通常都是一些流动性极大的非全日制工人,快餐店主不必为他们购买保险,这也使得店主们所付出的劳动成本大大降低,但是这却是对这些快餐工人的极大压榨。

3. 环境问题

快餐产业还引发了一系列的环境破坏。因为快餐产业使用的都是一次性的包装,这些包装废料在使用过后的处理问题现在已经成为了让很多地区头痛的问题。

2001 年在美国出版的《快餐国家》一书,更就一系列的快餐问题进行了深入的探讨。本书的作者埃里克·施洛斯尔调查了快餐行业多年,他在书中向人们提问:"你所吃的东西是你的缩影。然而,你知道自己都在吃些什么吗?"(You are what you eat. But do you really know what you're eating?)这本

---

① 是美国一个以反对使用反式脂肪为宗旨的网站组织。

书讲述了美国和世界对于快餐的迷恋,更在深入地调查了美国快餐产业的实际状况后,提出了一些非常严峻的问题。《纽约时报》(*The New York Times*)称这本书毫无保留地探索了"美国人饮食的阴暗面",并说:"本书不仅会让你在吃下下一个汉堡的时候三思而后行……更会让你对快餐产业给社会和文化所带来的一系列影响进行深入的思考。"(Not only will it make you think twice before eating your next hamburger ... it will also make you think about the fallout that the fast food industry has had on the social and cultural landscape.)当然,施洛斯尔写下这样一本书并不仅仅是为了要揭露快餐产业的阴暗一面,更是希望快餐产业在面临着这样一个因为健康和雇佣问题而备受争议的情况下,能够勇敢地面对必然来临的转型时期——不仅是从食品的营养结构上,更是要带动美国的经济、劳动力以及文化一同成功转型。

第十五讲　与艺术有关:《绝望主妇》的绝妙片头

Art is the desire of a man to express himself, to record the reactions of his personality to the world he lives in.

——Amy Lowell

艺术是人表达自我,记录他的个性,对于他身处的世界的反应之欲望。

——艾米·洛威尔

之前,在《向左走,向右走:枪支文化》一讲中曾经提及过曾热播的美国电视剧《绝望主妇》(Desperate Housewives)。该剧反映了居住在紫藤巷社区(Wisteria Lane)里五个女人的生活:苏珊,单身妈妈;勒奈特,拼命试图在家庭与事业中找到平衡的职业女性;加布丽拉,曾经的模特,除了一个好的婚姻外什么都不缺;布瑞,完美的主妇却有着不完美的婚姻;伊迪,房地产商,换男友如同走马灯。从第一眼看到的片头,我便深深地喜欢上了它,很有些一见钟情的意味。英谚说:"不要仅凭书皮来判断书的好坏。"(Don't judge a book by its cover.)而我在判断《绝望主妇》时,分明就是靠着它的"皮"——片头——决定了自己的喜好,毕竟还有另外一句英谚来佐证,那就是"好的开始是成功的一半。"(Well begun is half done.)据我所知,在现在的大学生中,喜欢这部美剧的人绝不在少数。

一部好的电视剧,从头至尾都能看出其中所蕴含的社会与文化符号,《绝望主妇》也不失为美国社会与文化的一面镜子。这部电视剧的确有很多值得探讨的地方，这里我们仅仅"品头"，期待有机会再去"论足"。

《绝望主妇》的片头是与众不同的。它有别于一般美国电视剧选取剧中精彩片段进行剪辑的办法，而是用一系列静止的画面来抓人眼球。这些画面色彩鲜艳、夺人视线，把人的胃口吊得高高的。但这些画面好像有点儿似曾相识，它们究竟与剧情本身有着怎样的联系呢？

在《绝望主妇》的片头中能看到很多幅世界名画的影子。其中既有油画，也有曾经风靡美国的波普艺术（Pop Art）。下面一一来做解读。

一、亚当和夏娃

第一个镜头与《圣经》（*Bible*）中《创世纪》（*Genesis*）里亚当（Adam）和夏娃（Eve）的故事有关。亚当与夏娃是人类的始祖。先有亚当，后有夏娃。上帝始造天地耗时七日，在第六日里用泥土按自己的形状捏成个泥人，然后吹了一口仙气于其中，亚当便有了生命。自从上帝造了亚当之后，对他关爱有加，让他当世间万物的主宰，还给他建了个园子来住，取名为伊甸园（Eden），其意为"乐事"、"愉快"，即为天堂（Paradise）。亚当在园子里快活了没多久就开始烦躁，因为他实在是太孤单了。于是央求上帝再造个伙伴给他。上帝答应了亚当，令其睡着后，取下他的一根肋骨（rib），塑造成女人身形，再吹之以仙气，变成了夏娃（意即"赋予生命"）。所以女人叫"woman"，意思是"男人的肋骨"。《圣经》中是这样写的："亚当说，这是我骨中的骨，肉中的肉，可以称她为"女人"，因为她是从男人身上取出来的。"（And Adam said, This is now bone of my bones, and flesh of my flesh: she shall be called Woman, because she was taken out of Man.）亚当、夏娃在园子里过的是天堂般的生活。伊甸园的中央有两棵树，一棵是"生命树"，另一棵是"智慧树"。上帝吩咐他们说，园内所有树上结的果子都可以吃，唯独智慧树上的果子不可以，一旦违命，必将受到惩罚。伊甸园中藏着一条毒蛇，据说是撒旦（Sadan）的化身。他告诉夏娃说，那两棵树一棵叫做"智慧树"，吃其果可以智慧如上帝；另一棵唤做"生命树"，吃其果可以长生如上帝。夏娃看着色泽鲜艳的果子，禁不住蛇的诱惑，便从智慧树上摘下一个来吃。同时又将余下的部分拿去给亚当吃。两人在吃下智慧树上的果子之后，便有了上帝的智慧，同样也便有了羞耻之心。见彼此都赤身裸体的不成体统，就摘了无花果的叶子（fig leave）

来遮羞。这便是《圣经》中人类始祖所犯下的"原罪"(the original sin),即"偷食禁果之罪"。上帝知道后非常生气,重重地处罚了亚当、夏娃及毒蛇。上帝罚亚当一辈子务农,春种秋收,要用自己的血汗来浇灌生他养他的大地才可免受饥饿之苦。上帝罚夏娃要饱受生育之苦,一辈子要受男人的奴役。而那条蛇呢,被砍掉了四条腿,一辈子要用肚皮走路,以泥土为食,并且终生与女人为敌,见到女人就咬其脚后跟。此后女人便开始怕蛇,而男人们则见蛇就打其七寸。

西方有很多画家都以亚当和夏娃的故事为题材创作作品。《绝望主妇》中这第一个画面就从这些作品中吸收了很多重要元素:智慧树、夏娃、禁果、无花果叶、亚当(他被写有"Desperate Housewives"字样的苹果砸倒)、诱惑的蛇。片头设计者的用意十分明确,意指上帝创造男女之初,女人就是第一个接受诱惑继而又殃及男人的。

二、阿尔诺芬尼夫妇

接下来的画面中有了更多的内容,也变得多姿多彩起来。

一个表情庄重的男子吃过香蕉后,随手将香蕉皮丢给身后正在扫地的妻子,明眼人很容易看出这一画面是对尼德兰画派画家杨·凡·艾克(Jan Van Eyck,1386－1441)那幅伟大的作品《阿尔诺芬尼夫妇像》(*Portrait of Giovanni Arnolfini and his Wife*)的戏仿。

《阿尔诺芬尼夫妇像》是杨·凡·艾克第一幅群体人像画,画的是阿尔诺芬尼与妻子举行婚礼时的幸福时光。新娘脸部线条柔和、丰满,神情恭谨;她头上白纱的多层花边都经过画家一笔一笔描绘,因为白纱反光而显得透明的左脸堪称杰作。这幅画的背景环境是阿尔诺芬尼的卧室,并以画中的镜子为中心线。如果你放大这幅画,可以发现镜子中杨·凡·艾克本人正被领进门,见证了这场仪式——镜子延伸了整幅画的景深。镜子作为道具,在尼德兰时期经常被使用,杨·凡·艾克在其组画《羔羊的崇拜》中,就尝试过用镜子分离画面的效果。

《阿尔诺芬尼夫妇像》不但是新型油画深入表现的最早尝试,也是后来发展起来的风俗画和室内画的最早先例。它之所以成为艺术史上流传百年的经典作品,乃至成为杨·凡·艾克本人的代表作,是因为画中的所有人物和物体都含有隐喻。

画中的男子阿尔诺芬尼,是当时有名的卢卡商人兼银行家,也是意大利美第奇家族在布鲁日的代理人。画面以写实和象征的手法表现了阿尔诺芬尼与妻子的真挚爱情:他的左手温柔地托起了妻子的右手,他的右手正在做出祈祷姿势,似乎是在向上帝感恩并发誓对爱情忠贞不渝;妻子把左手轻轻地抚在自己隆起的肚子上,微微低下了头,像在屏息凝神默默发誓——要尽忠尽责做个贤妻良母;她头上白色的头巾象征着纯洁无瑕;绿色的长袍和隆起的肚子象征着旺盛的生命力和生育后代的责任;地板上的小狗代表着忠诚;拖鞋和背景中的床铺象征着世俗生活;豪华的吊灯象征着上帝之光永远照耀;墙上,反照着室内全景的镜子,则象征一切都将永久不变。

三、一种文化象征

在阿尔诺芬尼夫妇出现后,紧接着映入人眼帘的是一对老年夫妻。这对夫妻其实是美国画家格兰特·伍德的画作(Grant Wood,1891 – 1942)《美国式哥特风格》(American Gothic)中的主角。人们常将《美国式哥特风格》、自由女神像(The Statue of Liberty)、芭比娃娃(Barbie)、野牛镍币(Buffalo Nickel)①和山姆大叔(Uncle Sam)并称为"美国文化的五大象征"。

那些在艺术史上很著名的画作中,只有为数不多的几幅能被提升到"文化符号"的层次,比如达·芬奇的《蒙娜丽莎》、蒙克的《呐喊》和安迪·沃霍尔的《玛丽莲·梦露》。伍德的《美国式哥特风格》也是一幅具有符号意义的作品。它被反复地以各种形式进行复制,甚至被丑化。2007年是《美国式哥特风格》诞生75周年,哈佛大学的历史学家斯蒂芬·贝尔(Steven Biel)出版了一本书,专门考察其成为文化符号的过程和原因。虽然这幅画让很多人看着都眼熟,但它的艺术成就并不是很高,因而很多人都不知道它的作者的名字。贝尔将它展示给59名哈佛大学二年级学生看,他们都能认得出来,但是

---

① 1911年,由美国著名艺术家詹姆斯·厄尔·弗雷泽(James Earl Fraser)开始设计,于1913年至1938年间生产的一种硬币。美国传统硬币上刻画的主要是美国政府的杰出人物,其中大多数是著名的历届总统。但是野牛镍币没有循规蹈矩,将在美国西进运动中被殃及并几近灭绝的两种形象——美国野牛和印第安人作为纪念——硬币的一面为野牛,另一面是三个印第安人的头像。

只有 31 人说得出作品的名字,只有 5 人说得出作者的名字。

除此之外,伍德到爱荷华州(Iowa)南部的小镇埃尔登(Eldon)去做客。在旅途中,他看见了一幢日后令他声名鹊起的房子。这座房子始建于 19 世纪 80 年代,共有五间屋子,属于木工哥特式(Carpenter Gothic)①风格。伍德被它那简洁、硬朗而又深沉的设计,尤其是三角墙(gable,也叫山墙)上那扇哥特式的窗户所深深吸引。这座具有欧洲大教堂般气质的民居给了他耳目一新的感觉,于是他决定把它画下来。这时,伍德的脑海中还浮现出一位农夫和他的女儿站在这座独特的房屋前的画面。他随即在纸上按照自己的想法画了张草图,并让身边的人给这座民宅拍了张照片。伍德返回工作室后,决定将维多利亚时期的老照片风格与 19 世纪的肖像画风格相结合进行创作。伍德的妹妹南·伍德(Nan Wood)和他的牙医拜伦·麦克比(Byron Mckeeby)成了他的模特。他们的穿着非常具有时代特征:南穿着整洁的维多利亚时期的带花边的围裙;麦克比医生穿着用斜纹粗布做的外套和无领衬衫。我们在画面中看到的是两个人站在一起。实际上伍德是在不同的背景下分别画下两个人的肖像的,因为他们两个人从未在那幢房子前出现过。

画面中麦克比医生的眼睛直直地向前平视,双唇紧闭,黄瘦的脸上表情十分严肃,鼻梁上一丝不苟地架着有圆圆镜片的眼镜。颇为显眼的还有他右手所执的一柄干草叉。这是伍德的精心设计。他想以此让人们联想到 19 世纪时晾晒干草的农夫,而不是 20 世纪的花匠。同时,干草叉也象征着男子气概。可以说,它既代表了农业占主导地位的年代和农民们勤劳耕作的精神,也象征着在 19 世纪男权社会中不容置疑的男性权威和力量。另外,干草叉又与画中人物椭圆形的面部以及背景中哥特式的窗户相映成趣。站在麦克比医生身边的南,从发型到服饰,甚至表情,都让人联想起简·爱。她也不苟言笑,因为维多利亚时期的女性以严谨、矜持、勤劳、克己为美德。南略微比麦克比医生站得靠后一些,眼睛望向他。这让人一眼看上去就知道谁在家里说的算。

---

① 也称做"木工的哥特式"(Carpenter's Gothic)或者"乡村哥特式"(Rural Gothic),是北美的一种建筑风格,即在木匠打造的木质房屋中体现某些中世纪幽暗深沉的哥特式复兴(Gothic Revival)风格中的元素。

这幅画历时两个月完成。1930 年秋天,伍德拿着这幅画到芝加哥艺术学院(The Art Institute of Chicago)①参评。评委认为这只是一幅情人节礼物式的绘画,准备淘汰它,幸好一位很有实力的艺术赞助人要求评委们重新考虑一下,后来这幅画被授予铜奖,伍德也因此获得了 300 美元的奖金。至今,这幅画还被保存在芝加哥艺术学院中。

后来,这幅画在一些报纸上被称为是《爱荷华农夫和他的妻子》。爱荷华州②的农夫和妻子们看到后很不高兴,认为这幅画歪曲了他们的形象,将中西部地区的农夫画成了表情痛苦、阴沉的清教徒。一位爱荷华农妇还威胁说要咬掉伍德的耳朵。更有评论家毫不留情地将这幅画说成是"对朴实的乡下农夫的侮辱性讽刺画"(an insulting caricature of plain country people)。面对这些批评,伍德宣称自己是一位"忠实的爱荷华人",坚持说他画的不是爱荷华州的农夫,而是普通的小镇居民。

20 世纪 30 年代,美国遭遇了经济大萧条。工业化程度高、生活讲究的东部人举步维艰,但是以种地为生的中西部人却照样可以自给自足。于是,人们开始对《美国哥特式风格》有了重新的定位。它不再被理解为对劳动者的讽刺,而变成了对他们的颂扬。甚至还有人把农夫和他的妻子看成是美国精神的化身,"美国的民主以有着勇敢的心和结实的下巴的劳动者为基础,就是这幅画所画的这样的人"。

《美国式哥特风格》所描绘的形象从地方性变成了整个美国人的特征之后,人们对它的戏仿也就开始了。1942 年,戈登·帕克斯让一位黑人清洁女工持着一个扫把站在一面美国国旗前,并将其命名为《美国式哥特风格》。此后,各种戏访相继出现在百老汇的戏剧、电影、电视剧和广告中。

历史学家斯蒂芬·贝尔认为这幅画之所以成为"美国的象征"有两个原因:一是因为它包含着很美国、很清教的元素;二是因为它是透明的,"你进入之后很快就出来了,继而进入一种超艺术的、跟绘画无关的东西之中"。

《绝望的主妇》的片头设计也继续了美国人对《美国式哥特风格》的戏仿,设计出爱荷华农夫"红杏出墙",而农夫太太只能垂下脸来,化身为一盒

---

① 1866 年成立,美国声望最高的艺术学院。
② Iowa,美国中西部的一个州。

罐头的商标的情节,这不能不说是一个十分有趣的创意。

四、美女与汤罐头

接下来出现在片中的是抱着很多罐头的美女。美女的原型是美国二战时期农业部(United States Department of Agriculture)推出的一幅著名的彩色海报——《我骄傲吗,我在家自制罐头食品对抗着饥荒》(Am I Proud, I'm Fighting Famine by Canning Food at Home)。画面中的黑发美女系着一条围裙,眼睛睁得大大的,怀里抱着三个大玻璃罐头,罐头里面装满了蔬菜。二战期间,美国鼓励人们多种蔬菜,并制成罐头以增加国家的食品储备,以防可能出现的饥荒,这与我们中国人所熟悉的"备战备荒"不谋而合。

当时,美国很流行战争宣传画,以此来发动全美人民以自己的方式为国效力,有钱的可以出钱,没钱的可以出力。美国政府还鼓励人民多生产产品,节约能源,争取早日取得反法西斯战争的胜利。正像二战时美国作战信息处(Office of War Information)的一位官员所说:"我们想要在篱笆上、建筑物的墙体上、农村的绿地中、酒店的大堂、商店的橱窗中看到这些海报、宣传画……它们出现在意想不到的地方,给人以战争紧迫感。"(We want to see posters on fences, on the walls of buildings, on village greens, in hotel lobbies, in the windows of vacant stores... [they should shout] at people from unexpected places with all the urgency which this war demands.)

在《绝望主妇》的片头,原海报中的玻璃罐头瓶被换成了锡罐,并且其中一个还从美女怀中滑落了下来。这个看似普通的罐头其实就是美国著名波普艺术①家安迪·沃霍尔(Andy Warhol, 1928 - 1987)的名画《坎贝尔汤罐头》(Campbell's Soup Can)中的罐头。

1960 年,沃霍尔开始在品牌产品和连环画上做文章。到 1962 年的时候,梦露和猫王的形象开始不断地出现在他的作品中。同年,他将丝网印刷技术②应用于创作之中,反复印制作品。

---

① 20 世纪五六十年代,波普艺术兴起于英美的各大都市。它是新型的艺术,以多种方式和手段来反映人们五彩缤纷而又瞬息万变的现实生活。
② 其原理是先在贴在木框内的丝网布上涂上药剂,再拓印出另外准备好的版下原稿以制版的方法。

沃霍尔最擅长反复使用同一主题。在其著名作品25格的《玛丽莲·梦露》(1962)中,沃霍尔将梦露的头像复制了25次,放在同一幅画中。

沃霍尔创作了成百上千张以汤罐头为特色的版画。他一生偏爱罐装汤,甚至在午餐时请来客人一起享用。《坎贝尔汤罐头》是反映物欲年代的经典作品,已经成为美国的一种消费符号。

此外,片头最后那幅卡通画,我认为它的原型是美国另一位波普艺术家——罗伊·利奇藤斯坦(Roy Lichtenstein,1923–1997)的作品。这幅卡通画中的男女主角看上去非常像利奇藤斯坦《想着他》(*Thinking of Him*)和《吻》(*The Kiss*)以及《在车里》(*In the Car*)中的男女主人公。另外,由圆点所构成的网状背景很像是对利奇藤斯坦所擅长使用的"本戴圆点法"①的致敬。利奇藤斯坦的另一大艺术特色就是将卡通画的风格与架上创作相结合,打破了高雅艺术与世俗艺术之间的界限。而片头中的卡通画风格跟他的风格极其接近,让人不禁产生这种联想。

---

① 用塑料宠物狗美容刷将油彩均匀点在画面上。该绘画技法再现了油印机通过留在纸张上的万千微小圆点产生明暗色调的过程。